Peucker/Bätge **Staatsorganisationsrecht**

JURIQ Erfolgstraining

Herausgegeben von JURIQ® Juristisches Repetitorium, Köln

Staatsorganisationsrecht

begründet von
Dr. Martina Peucker
Regierungsdirektorin

fortgeführt von
Dr. Frank Bätge
Professor an der Fachhochschule für öffentliche Verwaltung NRW

4., völlig neu bearbeitete Auflage

CFM C.F. Müller

Bibliografische Information der Deutschen Nationalbibliothek
Die Deutsche Nationalbibliothek verzeichnet diese Publikation in der Deutschen Nationalbibliografie; detaillierte bibliografische Daten sind im Internet über <http://dnb.d-nb.de> abrufbar.

ISBN 978-3-8114-9568-5

E-Mail: kundenservice@cfmueller.de
Telefon: +49 89/2183-7923
Telefax: +49 89/2183-7620

www.cfmueller.de
www.cfmueller-campus.de

Satz: TypoScript, München
Illustrationen: Mattfeldt & Sänger, München
Druck: Kessler Druck + Medien, Bobingen

Liebe Leserinnen und Leser,

die Reihe „JURIQ Erfolgstraining" zur Klausur- und Prüfungsvorbereitung verbindet sowohl für Studienanfänger als auch für höhere Semester die Vorzüge des klassischen Lehrbuchs mit meiner Unterrichtserfahrung zu einem umfassenden Lernkonzept aus Skript und Online-Training.

In einem ersten Schritt geht es um das **Erlernen** der nach Prüfungsrelevanz ausgewählten und gewichteten Inhalte und Themenstellungen. Einleitende Prüfungsschemata sorgen für eine klare Struktur und weisen auf die typischen Problemkreise hin, die Sie in einer Klausur kennen und beherrschen müssen. Neu ist die **visuelle Lernunterstützung** durch

- ein nach didaktischen Gesichtspunkten ausgewähltes Farblayout
- optische Verstärkung durch einprägsame Graphiken und
- wiederkehrende Symbole am Rand

= Definition zum Auswendiglernen und Wiederholen

= Problempunkt

= Online-Wissens-Check

Illustrationen als „Lernanker" für schwierige Beispiele und Fallkonstellationen steigern die Merk- und Erinnerungsleistung Ihres Langzeitgedächtnisses.

Auf die Phase des Lernens folgt das **Wiederholen und Überprüfen** des Erlernten im **Online-Wissens-Check**: Wenn Sie im Internet unter **www.juracademy.de/skripte/login** das speziell auf das Skript abgestimmte Wissens-, Definitions- und Aufbautraining absolvieren, erhalten Sie ein direktes Feedback zum eigenen Wissensstand und kontrollieren Ihren individuellen Lernfortschritt. Durch dieses aktive Lernen vertiefen Sie zudem nachhaltig und damit erfolgreich Ihre Kenntnisse im Staatsorganisationsrecht!

Frage 1 (Punkte: 1)

Was kann Gegenstand einer abstrakten Normenkontrolle sein?

Antwort

Aussagen	Antwort	Aussagerichtigkeit und Kommentar
a) eine Rechtsverordnung des Bundes	☑ ✓	Richtig, auch Bundesrecht im Rang unter dem formellen Gesetz ist möglicher Antragsgegenstand.
b) eine Richtlinie der Europäischen Union	☐ ✓	Falsch.
c) ein formelles Landesgesetz	☑ ✓	Richtig.
d) nachkonstitutionelle Gesetze	☑ ✓	Richtig.
e) vorkonstitutionelle Gesetze	☑ ✓	Richtig. Die Unterscheidung zwischen vor- und nachkonstitutionell spielt bei der abstrakten Normenkontrolle keine Rolle (anders bei der konkreten Normenkontrolle nach Art. 100 GG).

→ **Richtig**
Punkte für diese Antwort: 1/1.

Schließlich geht es um das **Anwenden und Einüben** des Lernstoffes anhand von Übungsfällen verschiedener Schwierigkeitsstufen, die im Gutachtenstil gelöst werden. Die JURIQ **Klausurtipps** zu gängigen Fallkonstellationen und häufigen Fehlerquellen weisen Ihnen dabei den Weg durch den Problemdschungel in der Prüfungssituation.

Das **Lerncoaching** jenseits der rein juristischen Inhalte ist als zusätzlicher Service zum Informieren und Sammeln gedacht: Ein erfahrener Psychologe stellt u.a. Themen wie Motivation, Leistungsfähigkeit und Zeitmanagement anschaulich dar, zeigt Wege zur Analyse und Verbesserung des eigenen Lernstils auf und gibt Tipps für eine optimale Nutzung der Lernzeit und zur Überwindung evtl. Lernblockaden.

Das vorliegende Skript stellt die examensrelevanten Gebiete des Staatsorganisationsrechts dar: z.B. Aufbau und Funktionsweise der obersten Staatsorgane; Demokratie-, Rechtsstaats- und Bundesstaatsprinzip; Gesetzgebungskompetenzen, -verfahren und -vollzug; Verfassungsgerichtsbarkeit. Dabei dienen Übersichten und Prüfungsschemata der systematischen Erfassung der Lerninhalte. Darüber hinaus werden die verschiedenen Themen in einem Übungsfall praxisnah angewendet.

Auf geht's – ich wünsche Ihnen viel Freude und Erfolg beim Erarbeiten des Stoffs!

Und noch etwas: Das Examen kann jeder schaffen, der sein juristisches Handwerkszeug beherrscht und kontinuierlich anwendet. Jura ist kein „Hexenwerk". Setzen Sie nie ausschließlich auf auswendig gelerntes Wissen, sondern auf Ihr Systemverständnis und ein solides methodisches Handwerk. Wenn Sie Hilfe brauchen, Anregungen haben oder sonst etwas loswerden möchten, sind wir für Sie da. Wenden Sie sich gerne an C.F. Müller GmbH, Waldhofer Straße 100, 69123 Heidelberg, E-Mail: kundenservice@cfmueller.de. Dort werden auch Hinweise auf Druckfehler sehr dankbar entgegen genommen, die sich leider nie ganz ausschließen lassen.

Köln, im Januar 2018 *Frank Bätge*

JURIQ Erfolgstraining – die Skriptenreihe von C.F. Müller mit Online-Wissens-Check

Mit dem Kauf dieses Skripts aus der Reihe **„JURIQ Erfolgstraining“** haben Sie gleichzeitig eine Zugangsberechtigung für den Online-Wissens-Check erworben – ohne weiteres Entgelt. Die Nutzung ist freiwillig und unverbindlich.

Was bieten wir Ihnen im Online-Wissens-Check an?

- Sie erhalten einen individuellen Zugriff auf **Testfragen zur Wiederholung und Überprüfung des vermittelten Stoffs**, passend zu jedem Kapitel Ihres Skripts.
- Eine individuelle **Lernfortschrittskontrolle** zeigt Ihren eigenen Wissensstand durch Auswertung Ihrer persönlichen Testergebnisse.

Wie nutzen Sie diese Möglichkeit?

Online-Wissens-Check

Registrieren Sie sich einfach für Ihren kostenfreien Zugang auf **www.juracademy.de/skripte/login** und schalten sich dann mit Hilfe des Codes für Ihren persönlichen Online-Wissens-Check frei.

Ihr persönlicher User-Code: 607878105

Der Online-Wissens-Check und die Lernfortschrittskontrolle stehen Ihnen für die **Dauer von 24 Monaten** zur Verfügung. Die Frist beginnt erst, wenn Sie sich mit Hilfe des Zugangscodes in den Online-Wissens-Check zu diesem Skript eingeloggt haben. Den Starttermin haben Sie also selbst in der Hand.

Für den technischen Betrieb des Online-Wissens-Checks ist die JURIQ GmbH, Unter den Ulmen 31, 50968 Köln zuständig. Bei Fragen oder Problemen können Sie sich jederzeit an das JURIQ-Team wenden, und zwar per E-Mail an: info@juriq.de.

Inhaltsverzeichnis

Literaturverzeichnis

Degenhart	Staatsrecht I. Staatsorganisationsrecht, 33. Aufl. 2017
Degenhart	Klausurenkurs im Staatsrecht II, 7. Aufl. 2015
Dreier	Grundgesetz-Kommentar: Band II: Artikel 20–82, 3. Aufl. 2015
Gröpl	Staatsrecht I, 9. Aufl. 2017
Hesse	Grundzüge des Verfassungsrechts der Bundesrepublik Deutschland, 20. Aufl. 1999
Hillgruber/Goos	Verfassungsprozessrecht, 4. Aufl. 2015
Ipsen	Staatsrecht I, 27. Aufl. 2015
Jarass/Pieroth	Grundgesetz für die Bundesrepublik Deutschland, 14. Aufl. 2016
Kahl/Waldhoff/Walter	Bonner Kommentar zum Grundgesetz, Loseblattwerk, Stand: 2017
Korioth	Staatsrecht I, 3. Aufl. 2016
v. Mangold/Klein/Starck	Das Bonner Grundgesetz, Bd. 2, 6. Aufl. 2010
Maunz/Dürig/Herzog/Scholz	Grundgesetz, Loseblatt-Kommentar, Stand: 2017
Morlok/Michael	Staatsorganisationsrecht, 3. Aufl. 2016
Papier/Krönke	Grundkurs Öffentliches Recht 1, 2. Aufl. 2015
Sachs	Grundgesetz, Kommentar, 7. Aufl. 2014
Schreiber	Bundeswahlgesetz, Kommentar, 10. Aufl. 2017
Sensburg	Staats- und Europarecht, 2014
Sodan	Grundgesetz, Kommentar, 3. Aufl. 2015
Schmidt-Bleibtreu/Hofmann/Henneke	Grundgesetz, Kommentar, 13. Aufl. 2014

Tipps vom Lerncoach

Warum Lerntipps in einem Jura-Skript?

Es gibt in Deutschland ca. 1,6 Millionen Studierende, deren tägliche Beschäftigung das Lernen ist. Lernende, die stets ohne Anstrengung erfolgreich sind, die nie kleinere oder größere Lernprobleme hatten, sind eher selten. Besonders juristische Lerninhalte sind komplex und anspruchsvoll. Unsere Skripte sind deshalb fachlich und didaktisch sinnvoll aufgebaut, um das Lernen zu erleichtern.

Über fundierte Lerntipps wollen wir darüber hinaus all diejenigen ansprechen, die ihr Lern- und Arbeitsverhalten verbessern und unangenehme Lernphasen schneller überwinden wollen.

Diese Tipps stammen von *Frank Wenderoth,* der als Diplom-Psychologe seit vielen Jahren in der Personal- und Organisationsentwicklung als Berater und Personal Coach tätig ist und außerdem Jurastudierende in der Prüfungsvorbereitung und bei beruflichen Weichenstellungen berät.

Wie lernen Menschen?

Die Wunschvorstellung ist häufig, ohne Anstrengung oder ohne eigene Aktivität „à la Nürnberger Trichter" lernen zu können. Die modernen Neurowissenschaften und auch die Psychologie zeigen jedoch, dass Lernen ein aktiver Aufnahme- und Verarbeitungsprozess ist, der auch nur durch aktive Methoden verbessert werden kann. Sie müssen sich also für sich selbst einsetzen, um Ihre Lernprozesse zu fördern. Sie verbuchen die Erfolge dann auch stets für sich.

Gibt es wichtigere und weniger wichtige Lerntipps?

Auch das bestimmen Sie selbst. Die Lerntipps sind als Anregungen zu verstehen, die Sie aktiv einsetzen, erproben und ganz individuell auf Ihre Lernsituation anpassen können. Die Tipps sind pro Rechtsgebiet thematisch aufeinander abgestimmt und ergänzen sich von Skript zu Skript, können aber auch unabhängig voneinander genutzt werden.

Verstehen Sie die Lerntipps „à la carte"! Sie wählen das aus, was Ihnen nützlich erscheint, um Ihre Lernprozesse noch effektiver und ökonomischer gestalten zu können!

Lernthema 1
Lernprozesse und Lernmotivation

Gerade beim Lernen setzen wir uns schnell unter hohen Leistungsdruck, haben hohe Erwartungen an uns. Das Ziel, also die Prüfung, ist weit entfernt, wir sehen häufig nicht, was wir schon erreicht haben, sondern nur das, was wir noch nicht geschafft haben – gemessen an der noch großen Distanz bis zum Ziel „Examen". Es dauert häufig viele Wochen bis Monate bis wir eine Rückmeldung in Form einer Zensur erhalten. Das fördert leider nicht unsere unmittelbare Lernmotivation und unser aktuelles Lernverhalten.

Unser Gehirn lernt durch Erfolge und durch Misserfolge und möchte gerade in unangenehmen Stresssituationen (langweiliger Stoff, Leistungsdruck) „pfleglich" behandelt werden. Durch positive Rückmeldungen, Anerkennung und Belohnungen werden wir darin bekräftigt, bestimmte Tätigkeiten weiter (intensiver, besser) auszuüben. Diesen Umstand können Sie nutzen.

Durch entsprechende Zielsetzungs-, Feedback- und Verstärkungsmechanismen kann man sich motivieren bzw. auch neu eingeübte Lernprozesse verstärken. Sie können Lernfortschritte und Erfolge auch nach kurzen Lernphasen und Zeitabschnitten deutlicher wahrnehmen.

Lerntipps

Planen Sie herausfordernde aber realistische Ziele!

Ein Ziel befindet sich am Ende eines Weges. Am besten Sie planen Etappenziele. Stellen Sie sich z. B. vor, was genau Sie nach vier Wochen, einer Woche, an diesem Tag, bis zur ersten Pause erreicht haben wollen. Fragen Sie sich, woran Sie Ihr erfolgreiches Lernen festmachen wollen. Und wie Sie den Erfolg überprüfen (lassen) wollen. Setzen Sie sich klare, anspruchsvolle aber realistische Lernziele anhand eines individuellen Lernplanes. Fordern Sie sich ruhig (positiver leistungsförderlicher Stress), aber erzeugen Sie keinen zu hohen Erwartungsdruck und damit so genannten leistungshemmenden Dis-Stress. Nutzen Sie einen Wochenplaner – mit Stundenplan wie in der Schule – und machen Sie sich eine Tagesplanung einschließlich Pausen, Freizeitaktivitäten, Haushalt etc.

Setzen Sie sich positive Anreize!

Da Sie sich gut kennen, werden Sie recht leicht eigene Vorstellungen zur Belohnung entwickeln. Sie können sich materiell verstärken, z. B. mit dem Download eines neuen Songs oder dem Kauf neuer Schuhe, die Sie schon immer haben wollten. Da diese Art von Verstärkern schnell an finanzielle Grenzen stoßen können, sollten Sie sie für besondere Gelegenheiten nutzen. Andere Verstärker können Lesen, Fernsehen, Klavier spielen, Musik hören, ein Nickerchen, der Kneipenbesuch, das Kino, Sport und sogar der ungeliebte Abwasch sein. Machen Sie doch erst einmal eine Ideensammlung, welche Verstärker für Sie attraktiv sein könnten.

Körperliche Betätigung ist ein optimaler Verstärker!

Körperliche Aktivitäten sind für Lernende eine optimale Verstärkungsmöglichkeit. Als Ausgleich zum langen Sitzen braucht es in besonderem Maße Bewegung. Bewegung ist dann Abwechslung, Erholung und Ausgleich. Wenn Sie sich körperlich bewegen, wird einerseits das Stresshormon Adrenalin abgebaut, andererseits wird das „Glückshormon" Serotonin verstärkt ausgeschüttet. Sportliche Betätigung führt zu körperlicher Ermüdung und fördert einen besseren Schlaf.

Belohnen Sie sich mit Konzept!

Mit Ihren Verstärkern und Belohnungen sollten Sie am besten abwechslungsreich und erfinderisch sein. Es sollte kleine und größere Belohnungen geben, gemessen an dem Anspruchsniveau der Zielsetzungen oder der Dauer der Lernphasen. Hier orientieren Sie sich an der Zielplanung. Das Anspruchsniveau ist ganz individuell zu betrachten. Die Belohnungen sollten direkt nach Zielerreichung erfolgen können, also z. B. nach eineinhalb Stunden, fünf geschriebenen Seiten, sieben bearbeiteten Fällen, am Ende eines erfolgreichen Tages.

Überprüfen Sie Ihren Erfolg und verhalten Sie sich konsequent!

Ist das angestrebte Ziel erreicht, muss sofort die Belohnung eingetauscht werden, damit das Gehirn den Zusammenhang zwischen Zielerreichung in der Sache und gutem Gefühl abspeichert. Ist das Ziel nicht erreicht, dann darf es keine Belohnung geben. Es ist dann wichtig, sich genauer damit zu beschäftigen, warum Sie das Ziel nicht erreicht haben. Dadurch nehmen Sie eine Analyse vor, aus der Sie die erforderlichen Veränderungen ableiten können.

Keine Belohnung – was dann?

Falls Sie sich über längere Zeit (mehrere Tage) nicht mehr belohnen konnten, dann sollten Sie eine Analyse vornehmen. Wahrscheinlich werden Sie sehr schnell merken, an welchen Stellen Schwächen oder Stärken Ihres Lernsystems zu finden sind. Die Analyse sollte sich sachlich an Ihrem Lernsystem und auch an Ihrem Lernverhalten orientieren. Es sollte keine „persönliche Selbstgeißelung" sein. Das setzt Ihr Gehirn unter negativen emotionalen Stress, und das können Sie beim Lernen und in der Phase der Prüfungsvorbereitung am wenigsten gebrauchen.

Reflektieren Sie Ihr Lernverhalten bei Misserfolg!

Eine Kurzanalyse und Reflexion soll Ansatzpunkte für mögliche Veränderungen liefern. Dafür einige Leitfragen:

- Ist mein eigener Leistungsanspruch zu hoch?
- Habe ich insgesamt (zeitmäßig) zu wenig gearbeitet?
- Zuviel an Ablenkung?
- Wie habe ich es geschafft, das Lernen zu vermeiden?
- Nehme ich mein Lernen ernst genug?
- Mache ich es mir zu bequem?
- Mangelnde Konsequenz in der Planung und im Einhalten des Lernpensums, der Belohnung?
- Bin ich zu großzügig im Belohnen?
- Gab es unerwartete Ereignisse, die mich behindert haben?
- Habe ich zuviel gearbeitet? Warum?
- Bin ich zu erschöpft? Woran liegt das?
- Habe ich zu wenig behalten und verstanden trotz vieler Arbeit?
- Ist der Stoff zu schwer?
- Gab es (emotional) hemmende Gründe (in der Familie, bei Freunden, wegen Geldsorgen)?
- Wer oder was könnte mir bei Schwierigkeiten helfen?

Erkennen Sie Ihr persönliches Vermeidungsverhalten!

Sie kennen das vielleicht: Bevor es mit dem Lernen losgeht – Zeitung lesen, noch einmal zur Toilette gehen, Blumen gießen, etwas aus dem Kühlschrank holen, noch schnell etwas einkaufen gehen … Wir versuchen unangenehme Tätigkeiten vor uns her zu schieben. Hierdurch vermeiden wir, uns in eine vermeintlich aversive Situation zu begeben. Durch das Vermeidungsverhalten entziehen wir uns der Arbeit und belohnen uns für Verzögerungen. Das hat zur Folge, dass wir lernen, die primär angestrebte Tätigkeit immer öfter zu vermeiden. Betrachten Sie Ihr Vermeidungsverhalten und seine Auswirkungen einmal genauer! Kurzfristig hilft es, vermeintlichen Stress (Aversion) abzubauen, langfristig kann das Ganze Ihnen wirklich über den Kopf wachsen.

Bauen Sie Vermeidungsverhalten Schritt für Schritt ab!

Der riesige Berg an Arbeit, der vor uns liegt, lässt uns häufig ausweichen. Man geht Dinge nicht an, weil man die Befürchtung hat, den Überblick zu verlieren oder sie insgesamt nicht bewältigen zu können („Wie soll ich das denn alles schaffen?"). Hier entsteht negativer Stress für unser Gehirn. Damit ist Vermeidungsverhalten erst einmal (emotional) vernünftig. Nur in der Sache kommen Sie nicht weiter.

Folgende Tipps können weiterhelfen:

- Bei Lernproblemen das Pensum anfänglich bewusst reduzieren.
- Den Lernstoff in für Sie überschaubare Lerneinheiten portionieren.
- Die einzelnen Lerneinheiten in angenehme Mengen- und Zeiteinheiten unterteilen.
- Besonders angenehme Anfangstätigkeiten finden.
- Strenge Disziplin, d.h. striktes, selbst auferlegtes Verbot von Vermeidungsverhalten.
- Sitzen bleiben. Wenn Sie nicht mit der Arbeit beginnen können, notieren, was Sie eigentlich arbeiten wollen, was Ihnen schwierig erscheint, welche Aspekte behindern, welche vielleicht sogar Freude machen könnten.

1. Teil
Einführung

A. Einordnung des Staatsorganisationsrechts

Staatsorganisationsrecht begegnet Ihnen jeden Tag in der Zeitung, im Internet oder bei den 1
Fernsehnachrichten: Ein Gesetz wird verabschiedet, es werden politsche Forderungen nach mehr unmitelbarer Demokratie oder Neuwahlen erhoben, ein Minister tritt zurück oder das Bundesverfassungsgericht wird angerufen. Regelungsbereiche des Staatsorganisationsrechts sind also der Aufbau und die grundlegende Organisation des Staates, die Kreation, Organisation und Zuständigkeit der Staatsorgane, das Zustandekommen von Gesetzen, deren Ausführung und Kontrolle. Damit gehört es systematisch zum öffentlichen Recht.

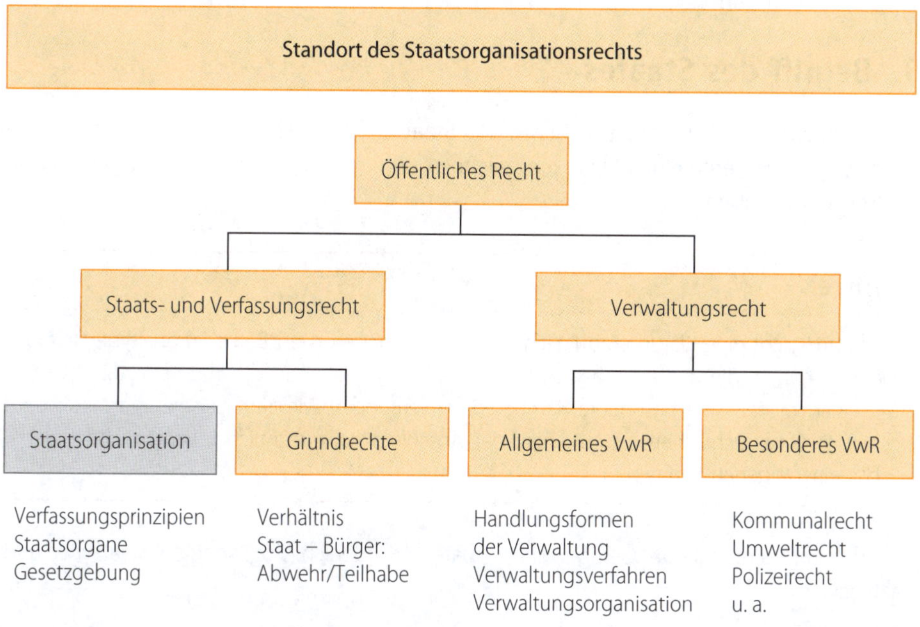

Das vorliegende Skript behandelt daher die verfassungsrechtlichen Grundentscheidungen für den Aufbau und die Organisation der Bundesrepublik Deutschland und deren oberste Staatsorgane. In einem weiteren Teil wird auf die prüfungsrelevanten Fragen der Gesetzgebungskompetenz und des Gesetzgebungsverfahrens eingegangen. Da die Gesetze von der Verwaltung umgesetzt und von der Rechtsprechung überprüft werden, sind auch diese staatliche Funktionen näher zu beleuchten. In der Klausur können staatsorganisatorische Fragestellungen in verschiedenen Varianten auftauchen: Entweder in einer rein staatsorganisationsrechtlichen Aufgabenstellung oder auch bei verwaltungsrechtlichen Sachverhalten bzw. bei der Prüfung der Verletzung von Grundrechten.

Beispiele

- In einer staatsorganisatorischen Aufgabenstellung ist die Frage zu klären, ob für ein Verbot der X Partei durch das Bundesverfassungsgericht die erforderlichen Voraussetzungen des Art. 21 Abs. 2 GG vorliegen.

- Lebensmittelkontrolleure betreten die Betriebsräume des Restaurantinhabers, um die Einhaltung hygenischer Bestimmungen zu überprüfen. Sie berufen sich auf die gesetzliche Ermächtigungsgrundlage, die ein Betretungsrecht zu diesem Zwecke vorsieht (§ 42 Abs. 2 S. 1 Nr. 1 LFGB). Der Restaurantinhaber sieht darin einen Verstoß gegen das Grundrecht der Unverletzlichkeit der Wohnung (Art. 13 Abs. 1 GG). Es ist im Rahmen der Klausur (auch) zu klären, ob die gesetzliche Ermächtigungsgrundlage vom richtigen Gesetzgeber im korrekten Gesetzgebungsverfahren zustandegekommen ist. ■

»Bitte lesen Sie sich alle im Text und in den Beispielen angegebenen Artikel im Grundgesetz selbst nach.«

Innerhalb staatsorganisatorischer Fälle sind zwei Aufgabenstellungen möglich: Es wird nach der Rechtmäßigkeit eines bestimmten Handelns gefragt oder nach Erfolgsaussichten eines Rechtsbehelfes. Im letzten Fall müssen Sie auch auf prozessuale Fragen eingehen. Aus diesem Grund werden im Abschnitt zum Bundesverfassungsgericht und in vielen weiteren Beispielsfällen die einzelnen Verfahrensarten ausführlich beschrieben und angewandt.

B. Begriff des Staates

2 Zentraler Gegenstand des Staatsrechts ist der **Staat**. Es stellt sich daher die grundsätzliche Frage, welche Elemente einen Staat kennzeichnen und inwieweit diese Elemente bei der BR Deutschland gegeben sind.

Hinweis

Dies ermöglicht eine Klärung, ob bestimmte Körperschaften wie z.B. die Europäische Union, die Kommunen, die Bundesländer oder einzelne Ausgründungen die Staatsqualität haben. Mit einer solchen sind besondere Kompetenzen verbunden wie zum Beispiel die Mitgliedschaft in völkerrechtlichen Institutionen, der Abschluss völkerrechtlicher Verträge oder der Erlass einer eigenen Verfassung.

Drei Elemente sind für das Gefüge eines Staates erforderlich: Staatsgebiet, Staatsvolk und Staatsgewalt.

I. Staatsgebiet

3 Das **Staatsgebiet** ist ein abgegrenzter, beherrschbarer Teil der natürlichen Erdoberfläche, der zum dauernden Aufenthalt von Menschen geeignet ist.

Für die BR Deutschland ist das Staatsgebiet in Satz 2 der Präambel beschrieben. Das Bundesgebiet besteht danach aus den Gebieten der sechzehn Bundesländer.

II. Staatsvolk

4 Das **Staatsvolk** ist die Summe der **Staatsangehörigen**.

Sie haben bestimmte Rechte (z.B. Wahlrecht für das nationale Parlament) und Pflichten (z.B. Wehrpflicht), die andere Personen nicht haben. Es handelt sich insofern um einen dauerhaften Personenverband, der eine rechtliche und politische Schicksalsgemeinschaft darstellt.

In der BR Deutschland richtet sich die Definition des Staatsvolkes nach Art. 116 Abs. 1 GG. Zum deutschen Staatsvolk gehören die **deutschen Staatsangehörigen** und die sog. **Statusdeutschen**. Die deutsche Staatsangehörigkeit bestimmt sich nach dem Staatsangehörigkeitsgesetz (StAG). Statusdeutsche sind Personen deutscher Volkszugehörigkeit, die im Gebiet des Deutschen Reiches nach dem Stande vom 31.12.1937 als Flüchtlinge oder Vertriebene Aufnahme gefunden haben. Dieses Datum wurde gewählt, weil das Deutsche Reich zu diesem Zeitpunkt noch in anerkannten Grenzen bestand.

III. Staatsgewalt

Staatsgewalt (Staatshoheit) ist die originäre Herrschaftsgewalt des Staates über sein Gebiet (Gebietshoheit) und die auf ihm befindlichen Personen (Personalhoheit). 5

Beispiele

- Der Europäischen Union fehlt die Staatsgewalt, da deren Hoheitsbefugnisse nicht originärer Natur (ursprünglich) sind, sondern auf vertraglicher Basis abgeleitet sind von der Staatsgewalt der Mitgliedsstaaten.
- Auch die Kommunen haben keine originäre Hoheitsgewalt. Diese ist vielmehr vom Bund (Art. 28 Abs. 2 GG) und vom jeweiligen Bundesland (Landesverfassung, Gemeindeordnung etc.) abgeleitet. ■

In der BR Deutschland geht nach Art. 20 Abs. 2 S. 1 GG alle Staatsgewalt **vom Volke** aus. Dies geschieht unmittelbar in Wahlen und Abstimmungen, im Übrigen mittelbar durch besondere Organe der Gesetzgebung, der vollziehenden Gewalt und der Rechtsprechung.

C. Historischer Kontext und „Lehren von Weimar"

Das Grundgesetz ist die geschriebene Verfassung der BR Deutschland. Sie ist wie jedes 6
Gesetz in einem historischen Kontext eingebunden, der bei ihrer Auslegung zu berücksichtigen ist. Als verfassungsgebende Versammlung fungierte der **Parlamentarische Rates**, dessen Mitglieder sich umfangreich mit den Regelungen der Weimarer Reichsverfassung als Vorgängerverfassung und den damit gemachten Erfahrungen auseinandergesetzt haben. Man wollte insbesondere aus den „Fehlern von Weimar" lernen und sich bewusst **von der Unrechtsherrschaft des Nationalsozialismus absetzen**.[1] Deshalb hat das Bundesverfassungsgericht das Grundgesetz *„als Gegenentwurf zu dem Totalitarismus des nationalsozialistischen Regimes"* gedeutet[2].

1 Vgl. *Otto*, Das Staatsverständnis des Parlamentarischen Rates, 1 ff.
2 *BVerfGE* 124, 300.

JURIQ-Klausurtipp

Die Kenntnis der NS-Diktatur und des Weges dorthin sowie der inhaltlichen Aufarbeitung durch entsprechende Vorkehrungen im Grundgesetz ist in staatsrechtlichen Prüfungen keinesfalls zu unterschätzen. In mündlichen Prüfungen gehört ein Wissen über die „Lehren von Weimar" zum Standardrepertoire. Auch in Klausuren kann die Kenntnis des historischen Kontextes bei der Auslegung von Normen und als Argumentation in Abwägungs- oder Zweifelsfällen eine wertvolle Hilfe sein.

I. Reaktionen auf die Verbrechen des Nationalsozialismus

7 Unter dem nationalsozialistischen Terrorregime wandelte sich in den Jahren 1933 bis 1945 die Staatsform des Deutschen Reiches hin zu einem totalitären, autoritären Einparteien- und Führerstaat auf völkischer und rassischer Grundlage. Dieser führte ab 1939 einen Angriffskrieg gegen seine Nachbarstaaten und weite Teil der Welt.

Als unmittelbare Reaktionen auf diese Verbrechen des Nationalsozialismus können insbesondere folgende Bestimmungen des Grundgesezes gewertet werden:

- die Ausrichtung der Verfassung auf die unantastbare Menschenwürde, deren Schutz durch staatliche Gewalt und deren Unabänderlichkeit (Art. 1 Abs. 1, Art. 79 Abs. 3 GG),
- die Bindung aller staatlichen Gewalten inklusive der Gesetzgebung an die Grundrechte, welche unmittelbare subjektive Rechte darstellen (Art. 1 Abs. 3 GG),
- das Bekenntnis zu den unveräußerlichen Menschenrechten (Art. 1 Abs. 2 GG),
- das Verbot des Angriffskrieges (Art. 26 GG) und
- die Abschaffung der Todesstrafe (Art. 102 GG).

II. Abkehr von Regelungen der Weimarer Reichsverfassung

8 In der historischen Rückschau enthielt die Weimarer Reichsverfassung einige prägende Merkmale, die sich aus Sicht des Parlamentarischen Rates als besonders problematisch erwiesen haben.[3] Hierzu gehörten insbesondere die starke Stellung des unmittelbar vom Volk gewählten Reichspräsidenten („Ersatzkaiser") sowie das Fehlen von effektiven Schutzmechanismen gegen Verfassungsfeinde und wirksamen Vorkehrungen zur konstruktiven Aufarbeitung von Regierungskrisen. Zudem wurde den Grundrechten die Wirkung genommen, da viele durch einfache Gesetze abänderbar waren und durch Verordnung des Reichspräsidenten außer Kraft gesetzt werden konnten.

» Bitte lesen Sie die folgenden Normen und überlegen sich deren Zweck im historischen Kontext. «

Eine bewusste Abkehr von Regelungen der Weimarer Reichsverfassung aufgrund der gemachten Erfahrungen vollzieht das Grundgesetz deshalb insbesondere in folgenden Bereichen **(„Lehren von Weimar")**:

- der Bundespräsident als Staatsoberhaupt wird nicht unmittelbar vom Volke gewählt und hat – anders als der Reichspräsident in der Weimarer Reichsverfassung – überwiegend repräsentative, staatsnotarielle und integrative Funktionen;
- das Grundgesetz ist anders als die Weimarer Reichsverfassung wertgebunden, tritt daher für die freiheitlich demokratische Grundordnung ein und wehrt sich gegen ihrer Gegner („wehrhafte Demokratie"); dies zeigt sich insbesondere in der Möglichkeit eines Parteiverbotes nach Art. 21 Abs. 2 GG;

3 Vgl. Protokolle des *Parlamentarischen Rates*, Jahrbuch des öffentlichen Rechts, Bd. 1 (1951).

- der Bundeskanzler kann vom Parlament nur gestürzt werden, wenn sich eine entsprechende Mehrheit für einen neuen Bundeskanzler findet (konstruktives statt destruktives Misstrauensvotum, Art. 67 GG);
- Grundrechte sind unmittelbar geltende subjektive Rechte und gerichtlich durchsetzbar, Art. 19 Abs. 4 GG (später auch Art. 93 Abs. 1 Nr. 4a GG);
- anders als die Weimarer Reichsverfassung kann das Grundgesetz nicht durch abweichende Gesetze modifiziert werden, ohne dass nicht der Text des Grundgesetzes ausdrücklich geändert worden ist (Art. 79 Abs. 1 S. 1 GG) und
- bestimmte Verfassungsänderungen sind nach Art. 79 Abs. 3 GG gar nicht möglich („Ewigkeits- oder Sperrklausel").

D. Das Grundgesetz als wertgebundene Verfassung

Das Grundgesetz ist eine **wertgebundene Verfassung**, welche auf bestimmten grundlegen- 9
den Prinzipien („Verfassungsprinzipien") aufgebaut ist. Die grundlegenden Werte sind in der Verfassung in besonderer Weise hervorgehoben und geschützt.

I. Verfassungsprinzipien

Es handelt sich um die Ausrichtung an eine unantastbare Menschenwürde (Art. 1 GG) sowie 10
um bestimmte grundlegende Aufbauprinzipien (Staatsstrukturprinzipien, Art. 20 GG), die das Fundament der Verfassung bilden.

An erster Stelle steht in Art. 1 GG der Eintritt für die **Menschenwürde**. Diesem Konzept liegt in bewusster Abkehr zum Weltanschauung des Nationalssozialismus der Gedanke zugrunde, dass *„der Staat um des Menschen willen da ist und nicht der Mensch um des Staates willen"*.[4]

Weiter zählen hierzu die grundlegenden **Staatsstrukturprinzipien**. Danach ist die BR Deutschland ein sozialer Rechtsstaat, der als bundesstaatliche Republik organisiert ist und demokratischen Grundsätzen entsprechen muss (vgl. Art. 20 GG).

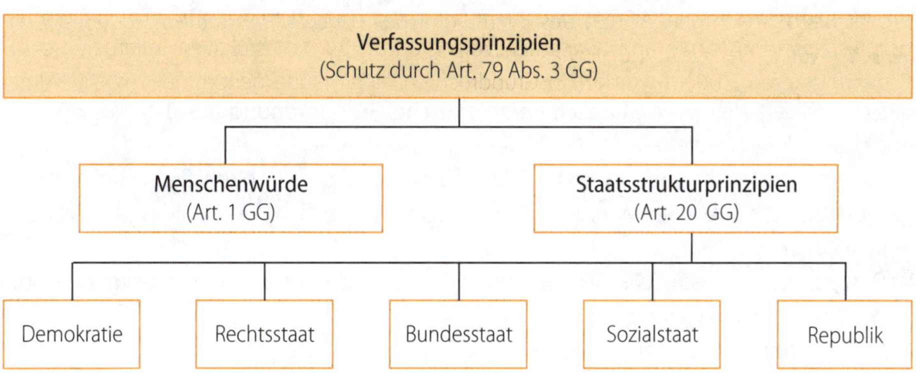

Die besondere Bedeutung dieser Verfassungsprinzipien wird deutlich durch den Schutz des Art. 79 Abs. 3 GG, wonach die in den Art. 1 und 20 GG niedergelegten Grundsätze selbst mit verfassungsändernden Mehrheiten unabänderlich sind *(„Ewigkeits- oder Sperrklausel")*.

4 So in Art. 1 Abs. 1 des Entwurfs von Herrenchiemsee.

Das BVerfG hat daher die Art. 1, Art. 20 und Art. 79 Abs. 3 GG als *„inneres Gerüst der grundgesetzlichen Ordnung bezeichnet“*.[5]

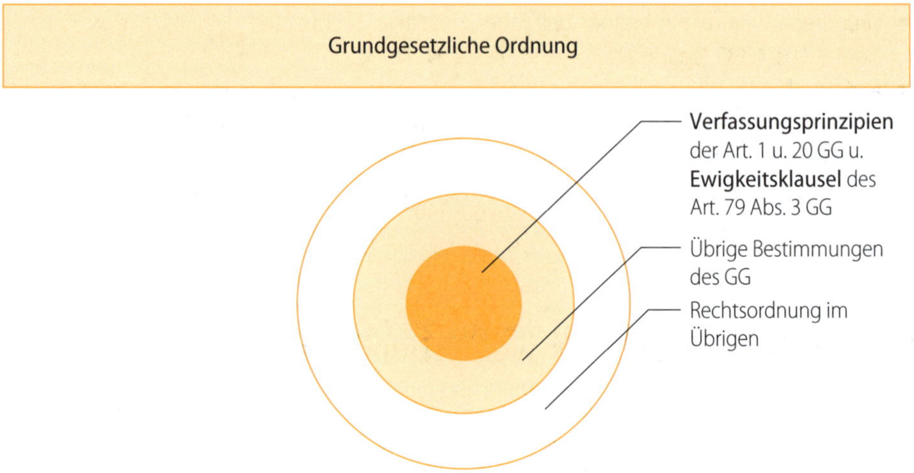

II. Begriff der freiheitlich demokratischen Grundordnung

11 Das Grundgesetz tritt nicht nur inhaltlich für die **freiheitlich demokratische Grundordnung** ein, sondern schützt sie auch vor Personen, die sie beeinträchtigen oder beseitigen wollen. Als Lehre von Weimar ist der Schutz dieser zentralen und unentbehrlichen Grundprinzipien des freihheitlichen Verfassungsstaates Ausprägung der **wehrhaften Demokratie**.[6]

Unter der **freiheitlichen demokratischen Grundordnung** versteht das Bundesverfassungsgericht[7] eine Ordnung, die unter Ausschluss jeglicher Gewalt– und Willkürherrschaft eine rechtsstaatliche Herrschaftsordnung auf der Grundlage der Selbstbestimmung des Volkes nach dem Willen der jeweiligen Mehrheit und der Freiheit und Gleichheit darstellt.

Es geht hierbei nach den Worten des BVerfG um *„das Gegenteil des totalen Staates, der … Menschenwürde, Freiheit und Gleichheit ablehnt“* [8].

Danach definiert sich die **freiheitlich-demokratische Grundordnung** aus drei wesentlichen Prinzipien:

1. Der materiell-rechtlichen Grundordnung: die Achtung der Menschenrechte, die im Grundgesetz konkretisiert wurden, insbesondere das Recht der Persönlichkeit auf Leben und freie Entfaltung.
2. Der organisationsrechtlichen Grundordnung: Volkssouveränität, Gewaltenteilung, Verantwortlichkeit der Regierung, Unabhängigkeit der Gerichte.
3. Den Grundprinzipien der politischen Willensbildung: Mehrparteiensystem, Chancengleichheit politischer Parteien, Recht auf Opposition.

5 *BVerfGE* 124, 300.
6 *BVerfG* NJW 2017, 611.
7 *BVerfGE* 2, 1, 12 f.; 5, 85, 140.
8 *BVerfGE* 2, 1, 12.

2. Teil
Staatsstrukturprinzipien und Staatszielbestimmungen

A. Begriffe und grundsätzliche Bedeutung

Die Staatsstrukturprinzipien und Staatszielbestimmungen geben wesentliche Information über den Aufbau des Staates und seinen inhaltlichen Direktiven. 12

I. Staatsstrukturprinzipien des Art. 20 GG

In Art. 20 sind die **Staatsstrukturprinzipien** normiert. 13

Staatsstrukturprinzipien sind das Demokratieprinzip (Art. 20 Abs. 1, Abs. 2 GG), das Rechtsstaatsprinzip (Art. 20 Abs. 2 S. 2, Abs. 3 GG), das Bundesstaatsprinzip (Art. 20 Abs. 1 GG), die Sozialstaatlichkeit (Art. 20 Abs. 1 GG) sowie das republikanische Prinzip (Art. 20 Abs. 1 GG).

Die Staatsstrukturprinzipien der Republik, der Demokratie und des sozialen Rechtsstaates gelten nach der *„Homogenitätsklausel"* des Art. 28 Abs. 1 S. 1 GG auch als Vorgaben für die Verfassungen der Bundesländer.

Beispiel[1] Ein Änderungsgesetz der Landesverfassung NRW, durch das eine Sperrklausel für die Wahl der Räte und Kreistage eingeführt werden sollte, wurde vom VerfGH NRW wegen eines Verstoßes gegen das auch für die Landesverfassungen geltende Demokratieprinzip für verfassungswidrig erklärt (Art. 28 Abs. 1 S. 1 i.V.m. Art. 20 Abs. 1, Abs. 2 GG). ■

Die Staatsstrukturprinzipien geben den Staatsorganen die generelle Richtung ihrer Tätigkeit vor. Es ist zunächst Aufgabe des Gesetzgebers, sie bei der Rechtsetzung konkretisierend zur Entfaltung zu bringen. Für die Verwaltung und Rechtsprechung können die Prinzipien bei der Auslegung von Gesetzen bedeutsam werden, für die Verwaltung auch bei der Ausübung von Ermessensspielräumen, die ihr der Gesetzgeber eingeräumt hat.

Durch die Sperrklausel des Art. 79 Abs. 3 GG sind die in Art. 20 GG niedergelegten Grundsätze selbst mit verfassungsändernden Mehrheiten unabänderlich.

Beispiel Bundesrat und Bundestag beschließen jeweils mit der erforderlichen Zweidrittel- 14
Mehrheit ein Gesetz zur Änderung des Grundgesetzes, durch das die folgende Vorschrift in die Verfassung eingefügt wird: „Bundesgesetze können auch von der Bundesregierung beschlossen werden. Auf die von der Bundesregierung beschlossenen Gesetze finden die Artikel 76 bis 78 GG keine Anwendung".

Bei verfassungsändernden Gesetzen beschränkt sich die Prüfung der materiellen Verfassungsmäßigkeit auf die Kontrolle von Verstößen gegen Art. 79 Abs. 3 GG. Danach könnte die grundsätzliche **Mitwirkung der Länder bei der Gesetzgebung** berührt sein, vgl. Art. 79 Abs. 3 Alt. 2 GG. Die Vorschrift intendiert den Schutz eines Kernbereichs von Mitwirkungsbefugnissen der Länder. Im vorliegenden Beispiel wird durch die beschlossene

1 *VerfGH NRW* Urteil vom 21.11.2017 – VerfGH 21/16 –, juris.

Grundgesetzänderung die Mitwirkung der Länder in das Belieben der Bundesregierung gestellt und damit in den genannten Kernbereich eingegriffen.

Zusätzlich könnte in unzulässiger Weise der zum Rechtsstaatsprinzip gehörende **Grundsatz der Gewaltenteilung** berührt sein, vgl. Art. 79 Abs. 3 Alt. 3 i.V.m. Art. 20 Abs. 2 S. 2 GG. Der Grundsatz der Gewaltenteilung soll eine wirksame gegenseitige Kontrolle von Exekutive, Legislative und Judikative gewährleisten. Durch die beschlossene Grundgesetzänderung kann sich die Bundesregierung (Exekutive) ihre Rechtsgrundlagen selbst schaffen. Eine wirksame Kontrolle durch das Parlament (Legislative) ist nicht mehr möglich. Damit liegt auch ein Verstoß gegen den Grundsatz der Gewaltenteilung gem. Art. 79 Abs. 3 Alt. 3 i.V.m. Art. 20 Abs. 2 S. 2 GG vor.

Schließlich könnte auch ein Verstoß gegen das **Demokratieprinzip** vorliegen, Art. 79 Abs. 3 Alt. 3 i.V.m. Art. 20 Abs. 1, Abs. 2 S. 2 GG. Das Demokratieprinzip gewährleistet auch den Schutz von Minderheiten und damit den Schutz der Opposition. Hier verliert die Opposition im Parlament jede Einwirkungsmöglichkeit auf den Gang der Gesetzgebung, so dass auch das Demokratieprinzip unzulässigerweise berührt ist. Das Gesetz verstößt folglich in mehrfacher Hinsicht gegen die Ewigkeitsklausel des Art. 79 Abs. 3 GG. Eine Rechtfertigung des Eingriffs durch die Zweidrittel-Mehrheit scheidet aus, da die Prinzipien aus Art. 79 Abs. 3 GG der Disposition des Gesetzgebers entzogen sind. Damit liegt ein Verstoß gegen Art. 79 Abs. 3 GG vor. ■

II. Staatszielbestimmungen

15 Das Grundgesetz enthält zudem an verschiedenen Stellen sogenannte **Staatszielbestimmungen**, die von den Staatsstrukturprinzipien abzugrenzen sind. Hierzu gehören vor allem der Schutz der natürlichen Lebensgrundlagen und der Tiere nach Art. 20a GG, die Verwirklichung eines vereinten Europas nach Art. 23 Abs. 1 GG sowie die Verpflichtung zur internationalen Zusammenarbeit und zur Völkerverständigung (vgl. Präambel, Art. 9 Abs. 2 und 24 Abs. 2 GG).

Staatszielbestimmungen bilden nicht das Fundament der Verfassung und sind auch mit verfassungsändernder Mehrheit abänderbar. Auch sind sie keine Grundrechte, die als unmittelbares Recht vom Bürger unmittelbar einklagbar sind; vielmehr stehen sie uner dem Vorbehalt des Möglichen.[2] Ungeachtet dessen bezeichnen sie Werte von Verfassungsrang, die bei auslegungs- und abwägungsrelevanten Entscheidungen von Gesetzgeber, Verwaltung und Rechtsprechung mit zu berücksichtigen sind.[3]

Beispiel Nach § 4a TierschutzG ist das betäubungslose Schlachten warmblütiger Tiere grundsätzlich verboten und kann nur dann ausnahmsweise erlaubt werden, wenn zwingende Vorschriften einer Religionsgemeinschaft dies vorschreiben. Das Staatsziel Tierschutz (Art. 20a Alt. 2 GG) kann bewirken, dass die Ausnahmegenehmigung nicht erteilt werden darf, wenn sich solch zwingende Vorgaben der Religion nicht objektiv feststellen lassen. ■

2 Vgl. *Degenhart* Staatsrecht I Rn. 593.
3 *BVerfGE* 118, 79; *BVerwGE* 87, 237.

B. Das Demokratieprinzip, Funktion und Recht der Parteien

Das Grundgesetz enthält in Art. 20 die Grundentscheidung für den demokratischen Staat: 16

- Nach Abs. 1 ist die Bundesrepublik Deutschland ein demokratischer Bundesstaat.
- Abs. 2 S. 1 macht dann die Vorgabe, dass *„alle Staatsgewalt...vom Volke"* ausgeht.
- Die Staatsgewalt wird dabei gemäß Abs. 2 S. 2 Hs. 1 *„vom Volke in Wahlen und Abstimmungen... ausgeübt"*.

I. Das Demokratieprinzip

Demokratie bedeutet damit Volksherrschaft (Volkssouveränität) und sieht das Volk als Träger der Staatsgewalt.[4] 17

Für den demokratischen Willensprozess spielen die **Parteien** eine wichtige Rolle, da sie den Willen des Volkes bündeln, Wahlvorschläge unterbreiten und als Mittler zwischen dem Volk und den Staatsorganen fungieren. Die Rolle der politischen Parteien im demokratischen System ist deshalb durch Art. 21 GG ausdrücklich anerkannt.

Gem. Art. 20 Abs. 2 S. 2 GG wird die Staatsgewalt vom Volk unmittelbar in Wahlen und Abstimmungen ausgeübt. Durch **Wahlen** wird die personelle Zusammensetzung der Volksvertretungen bestimmt. Unter **Abstimmungen** sind Volksentscheide zur Regelung politischer Sachfragen als Ausdruck unmittelbarer Demokratie zu verstehen.

Art. 20 Abs. 2 S. 2 GG ordnet selbst aber keine Wahlen und Abstimmungen an. Ob und in welcher Form Wahlen und Abstimmungen stattfinden, ergibt sich vielmehr aus den nachfolgenden Bestimmungen des Grundgesetzes. Diese konzipieren die Demokratie auf Bundesebene als **mittelbare Demokratie**: Das Volk wählt den Bundestag nach Art. 38 Abs. 1 S. 1 GG, hat aber keine Möglichkeit, durch Abstimmungen direkt auf die Richtung der Politik Einfluss zu nehmen.

1. Die Kernelemente des Demokratieprinzips

a) Die Volkssouveränität

Gem. Art. 20 Abs. 2 S. 1 GG geht in der BR Deutschland alle Staatsgewalt vom Volke aus. 18
Das hierdurch zum Ausdruck kommende Prinzip der Volkssouveränität bedeutet, dass sich die Ausübung von Staatsgewalt auf den Willen des Volkes zurückführen lassen muss. Dies kann in unmittelbarer Weise durch Wahlen und Abstimmungen oder mittelbar durch die Organe der Gesetzgebung, der vollziehenden Gewalt und der Rechtsprechung geschehen. Bei letzterem ist allerdings erforderlich, dass das Volk einen **effektiven Einfluss** auf die Ausübung von Staatsgewalt durch die Staatsorgane hat.[5] Sobald das Volk die Staatsgewalt nicht unmittelbar, sondern durch die Staatsorgane ausübt, bedarf ihr Handeln einer demokratischen Legitimation.

---

4 Vgl. *Degenhart* Staatsrecht I Rn. 25.

5 *BVerfGE* 83, 60, 71 f.

Demokratische **Legitimation** beruht sowohl auf **Personalentscheidungen** (Wahl, Ernennung etc.), als auch auf **sachlichen Anweisungen** (Gesetze, Weisungen etc.): Mit der Stimmabgabe bei den **Parlamentswahlen** betätigt sich der Bürger als Glied des Staatsorgans Volk im „status activus“[6] (zur Bundestagswahl s. Rn. 80 ff.). Der Bundestag wiederum wählt den Bundeskanzler, der die einzelnen Regierungsmitglieder vorschlägt, s. Rn. 176, 183. Hier lässt sich die Legitimationskette bis zum Volk zurückverfolgen. Das gilt ebenso für die Exekutive: Die vom Parlament beschlossenen Gesetze sind Maßstab der vollziehenden Gewalt, s. Rn. 51 ff. Zudem gewährleistet die grundsätzliche Weisungsgebundenheit der Verwaltung im Verhältnis zur Regierung die Legitimation durch das Volk. Bei der Judikative kommt die Volkssouveränität durch die Richterwahl zum Ausdruck: So werden gem. Art. 94 Abs. 1 S. 2 GG die Verfassungsrichter zur Hälfte vom Bundestag und zur Hälfte vom Bundesrat gewählt. Über die Ernennung der obersten Bundesrichter entscheidet gem. Art. 95 Abs. 2 GG der zuständige Bundesminister gemeinsam mit dem Richterwahlausschuss, der aus den zuständigen Landesministern und Abgeordneten des Bundestages besteht. Gem. Art. 28 Abs. 1 S. 1 GG sind die Grundsätze der demokratischen Organisation und Legitimation von Staatsgewalt auch für die verfassungsmäßige Ordnung in den Ländern verbindlich.

Hinweis

Das Volk, von dem nach Art. 20 Abs. 2 S. 1 GG alle Staatsgewalt ausgeht, ist die Gesamtheit der deutschen Staatsangehörigen sowie der ihnen nach Art. 116 Abs. 1 GG gleichgestellten Personen. Denkbar wäre zwar auch, alle auf Dauer der deutschen Staatsgewalt Unterworfenen und damit insbesondere auch die in Deutschland dauerhaft lebenden Ausländer an der Staatsgewalt teilhaben zu lassen. Nach der Konzeption des Grundgesetzes setzt Teilhabe jedoch den Erwerb der deutschen Staatsangehörigkeit voraus. Für die Verwirklichung der demokratischen Freiheitsidee kommt somit dem **Staatsangehörigkeitsrecht** wesentliche Bedeutung zu.[7]

b) Die Mehrheitsentscheidung und der Minderheitenschutz

19 Kernelemente des Demokratieprinzips sind Mehrheitsentscheidung und Minderheitenschutz.

Da in einer freiheitlichen Demokratie einstimmige Wahlergebnisse nahezu ausgeschlossen, gilt das **Mehrheitsprinzip** Es basiert auf der Erwägung, dass der Wahlvorschlag mit breiterer Zustimmung vom Volk höher legitimiert ist, als derjenige mit niedrigerer Zustimmung.

Das Mehrheitsprinzip gilt aber nicht nur bei der Wahl, sondern auch bei der nachgelagerten Beschlussfassung der kollegial organisierten Staatsorgane (Bundestag, Bundesrat, Bundesregierung, Senate des Bundesverfassungsgerichts). Trotz des Mehrheitsprinzips ist in bestimmten Fällen auch der **Minderheitenschutz** im Demokratieprinzip verankert. Zur Ermöglichung einer effektiven Oppostionsarbeit reichen deshalb für die Ausübung bestimmter Kontrollrechte (z.B. Einsetzung eines Untersuchungsausschusses) Anträge einer näher definierten Minderheit des Bundestages. Bei den Mehrheiten im Bundestag wird unterschieden

- einerseits zwischen **der** Mehrheit der Stimmen der Anwesenden und **der** Mehrheit der Stimmen der gesetzlichen Mitglieder und
- andererseits zwischen einfacher und **qualifizierter Mehrheit**.[8]

---

6 *BVerfGE* 8, 104, 115 f.

7 *Degenhart* Staatsrecht I Rn. 3.

8 *Degenhart* Staatsrecht I Rn. 639.

Bei der Mehrheit der Anwesenden **(einfache Mehrheit)** reicht das Überwiegen der abgegebenen Ja-Stimmen gegenüber der Nein-Stimmen. Für die Mehrheit der gesetzlichen Mitgliederzahl **(absolute Mehrheit)** muss die Anzahl der Ja-Stimmen mehr als die Hälfte der gesetzlich vorgesehenen Mitgliederzahl betragen. Für besondere Abstimmungen ist eine qualifizierte Mehrheit vorgesehen, die ein besonderes Quorum vorschreibt.

Mehrheitsbegriffe des GG		
	bezogen auf die abgegebenen Stimmen	**bezogen auf die gesetzliche Mitgliederzahl**
Mehrheit (einfach bzw. absolut)	• Beschluss im Bundestag, Art. 42 Abs. 2 S. 1 GG • Beschluss der Bundesregierung, § 24 Abs. 2 GOBReg → **sog. einfache Mehrheit**	• „Kanzlermehrheit", Art. 63 Abs. 2 S. 1 GG • Beschluss im Bundesrat, Art. 52 Abs. 3 S. 1 GG • Überstimmung eines einfachen/qualifizierten Einspruchs des Bundesrats, Art. 77 Abs. 4 GG → **sog. absolute Mehrheit**
Besonderes Quorum (qualifizierte Mehrheit)	• Ausschluss der Öffentlichkeit im Bundestag mit 2/3-Mehrheit, Art. 42 Abs. 1 S. 2 GG • Überstimmung eines qual. Einspruchs des Bundesrats mit 2/3-Mehrheit, Art. 77 Abs. 4 S. 2 GG	• 2/3-Mehrheit in Bundestag und Bundesrat bei Verfassungsänderungen, Art. 79 Abs. 2 GG • Einsetzung eines Untersuchungsausschusses auf Antrag von 1/4 der Mitglieder des Bundestags, Art. 44 Abs. 1 S. 1 GG • Antrag auf abstrakte Normenkontrolle durch 1/4 der Mitglieder des Bundestags, Art. 93 Abs. 1 Nr. 2 GG

Der Minderheitenschutz erfordert zudem, dass überhaupt eine legale Oppositionsarbeit betrieben werden kann und die Minderheit die Möglichkeit hat, in bestimmten, nicht zu langen Abständen selbst die Mehrheit stellen. Zu diesem Zweck muss die Wahlperiode des Parlaments begrenzt sein (Herrschaft auf Zeit), damit in vorher bestimmten nicht zu langen Abständen das Volk erneut entscheiden kann (Erfordernis der demokratischen Rückkoppelung).

Die derzeitige Wahlperiode des Bundestages beträgt nach Art. 39 Abs. 1 S. 1 GG vier Jahre. Über eine Verfassungsänderung mit den nach Art. 79 Abs. 2 GG erforderlichen Mehrheiten im Bundestag und im Bundesrat ist grundsätzlich eine allgemeine Verlängerung *künftiger* Wahlperioden möglich. Allerdings dürfte eine zu lange Wahlperiode im Hinblick auf Art. 79 Abs. 3 GG auf Grenzen stoßen. Als unzulässig wird eine Wahlperiode des Bundestages ab einer Dauer von sieben Jahren angesehen.[9]

9 *Maurer* Staatsrecht § 13 Rn. 51 m.w.N.

Beispiel Während der laufenden Wahlperiode möchte der Bundestag diese aufgrund einer schweren Finanzkrise um ein Jahr verlängern und beschließt deshalb mit den erforderlichen Mehrheiten des Art. 79 Abs. 2 GG mit sofortiger Wirkung eine entsprechende Änderung des Art. 39 Abs. 1 S. 1 GG, in dem dort die Zahl „vier" durch „fünf" ausgetauscht wird. In der Verlängerung der *laufenden* Wahlperiode liegt eine Verletzung des Grundsatzes des Demokratieprinzips (Art. 79 Abs. 3 GG i.V.m. Art. 20 Abs. 1 und 2 GG). Die Verlängerung der laufenden Wahlperiode greift in den Kernbereich des Demokratieprinzips ein, da der amtierende Bundestag vom Volk lediglich für vier Jahre gewählt worden ist und nur entsprechend lang demokratisch legitimiert ist. Art. 79 Abs. 3 GG steht damit einer Verlängerung der laufenden Wahlperiode entgegen.

Eine allgemeine Verlängerung künftiger Wahlperioden ist hingegen grundsätzlich möglich. Zwar gibt es das aus dem Demokratieprinzip abzuleitende Gebot der periodischen und nicht zu lang andauernden demokratischen Rückkoppelung zum Volk. Dies ist jedoch jedenfalls bei einer fünfjährigen Wahlperiode noch eingehalten. Insoweit liegt also keine Verletzung des Art. 79 Abs. 3 GG vor. ■

Auch unabhängig von Wahlen muss die jederzeitige Möglichkeit bestehen, sich ungehindert zu informieren, Meinungen zu bilden und diese allein, über die Presse oder über Versammlungen zu äußern. Aus diesem Grunde haben die Kommunikationsgrundrechte des Art. 5 Abs. 1 GG sowie die Versammlungs- und Vereinigungsfreiheit (Art. 8 und 9 GG) für eine freiheitliche Demokratie eine *„schlechthin konstituierende Bedeutung"*[10] und sind *„Wesensmerkmale der Demokratie"*[11].

c) Willensbildung von unten nach oben

20 Aufgrund des Grundsatzes der Volksherrschaft muss in der Demokratie der Willensbildungsprozess vom Volk zu den Staatsorgane ausgehen damit von *„unten nach oben"*. Hiermit wäre es nicht vereinbar, wenn die Staatsorgane durch amtliche Handlungen darin in parteiergreifender Weise eingreifen würden. Sie haben sich vielmehr in amtlicher Eigenschaft neutral zu verhalten, anderenfalls würde der freie Wille des Volkes verfälscht. Die Verletzung der **amtlichen Neutralitätspflicht** hat nicht nur eine Verletzung des Demokratieprinzips zur Folge, sondern es sind auch die **Grundsätze der freien und gleichen Wahl** sowie das Prinzip der **Chancengleichheit der politischen Parteien** beeinträchtigt.[12]

Beispiel Die Bundesregierung veröffentlicht vier Wochen vor der Bundestagswahl auf ihrer mit Bundesmitteln finanzierten amtlichen Homepage einen „Informationsflyer", in dem ihre „erfolgreichen Aktivitäten laufenden Regierungszeit" aufgelistet werden. Auf dem Informationsflyer findet sich neben dem Bundesadler der Aufdruck „Information der Bundesregierung...".

In einem solchen Fall ist das **Demokratieprinzip** (Art. 20 Abs. 1 und 2 GG) verletzt, da der **Willensbildungsprozess nicht von unten nach oben** erfolgt, sondern in parteiergreifender amtlicher Form verfälscht und damit umgekehrt wird. Durch die Darstellung einer amtlichen Erfolgsbilanz bezieht die Bundesregierung als Staatsorgan im politischen Meinungsbildungsprozess parteiergreifend Stellung für ihre Arbeit und mittelbar

10 *BVerfGE* 35, 202, 221.
11 *BVerfGE* 80, 124, 134.
12 *BVerfGE* 44, 125, 147.

für die sie tragenden Koalitionsfraktionen. Der Informationsflyer hat zudem amtlichen Charakter (Finanzierung, Herausgeber, amtliche Homepage, Aufdruck des Staatsorgans und des Staatssymbols). Zusätzlich ist der Grundsatz der **freien Wahl** des Art. 38 Abs. 1 S. 1 GG verletzt. Dieser schützt die freie Wahl vor amtlichen Beeinflussungen. Im vorliegenden Fall hat die festgestellte amtliche Wahlbeeinflussung im unmittelbaren Vorfeld der Bundestagswahl stattgefunden. Die hierfür relevante engere Wahlkampfzeit beginnt spätestens sechs Wochen vor der Wahl. Es liegt daher eine Verletzung der Freiheit der Wahl vor. Schließlich ist auch eine Verletzung der **Gleichheit der Wahl** nach Art. 38 Abs. 1 S. 1 GG und der **Chancengleichheit der Parteien** nach Art. 21 Abs. 1 S. 1 GG i.V.m. Art. 3 Abs. 1 GG gegeben, da die die Bundesregierung nicht tragenden Bewerber der anderen Parteien nicht die Gelegenheit haben, mit amtlichen Mitteln eine solche Wahlwerbung vorzunehmen. ■

d) Wahlen nach demokratischen Grundsätzen

Das Volk übt die Staatsgewalt in erster Linie durch Wahlen aus. Wahlen sind Personalentscheidungen, in denen die Vertreter des Volkes bestimmt werden. Ordnungsgemäß durchgeführte Wahlen vermitteln demnach demokratische Legitimation und sind deshalb das Fundament der Demokratie, auf das alles Weitere aufbaut. **21**

Das Grundgesetz verlangt daher nicht nur für die Bundestagswahl in Art. 38 Abs. 1 S. 1 GG, sondern auch für die Landtags- und Kommunalwahlen nach Art. 28 Abs. 1 S. 2 GG die Einhaltung bestimmter **Wahlrechtsgrundsätze**. Selbst wenn diese dort nicht ausdrücklich normiert wären, so würden zumindest die Kernelemente der freien, gleichen und geheimen Wahl sich als unmittelbare **Ausprägung des Demokratieprinzips**[13] ergeben und wären damit einer Grundgesetzänderung gemäß Art. 79 Abs. 3 GG entzogen. Die Wahlrechtsgrundsätze werden im Einzelnen bei der Erläuterung der Bundestagswahl in Rn. 84 ff. behandelt.

Hinweis

Das BVerfG sieht im aktiven und passiven Wahlrecht gemäß Art. 38 Abs. 1 S. 1, Abs. 2 GG ein grundrechtsgleiches **subjektives** Recht auf Teilnahme an der demokratischen Legitimation der mit der Ausübung von Hoheitsgewalt betrauten Einrichtungen und Organe. Damit macht das Gericht wesentliche Teile des an sich objektiv-rechtlichen Demokratieprinzips der Verfassungsbeschwerde zugänglich.[14]

e) Wesentlichkeitstheorie und Parlamentsvorbehalt

Es wäre mit dem Prinzip der Volksherrschaft nicht zu vereinbaren, wenn nicht die unmittelbar vom Volke gewählten Vertreter, sondern andere Organe die für das Gemeinwohl wesentlichen Entscheidungen treffen würde. Deshalb hat das BVerfG aus dem Demokratieprinzip die **Wesentlichkeitstheorie** entwickelt, wonach ausschließlich das unmittelbar vom Volk gewählte Parlament die wesentlichen Angelegenheiten des Gemeinwohls zu beschließen hat. Umgekehrt formuliert, darf es keine für das Gemeinwohl wichtige Frage geben, die nicht ausdrücklich von der Volksvertretung beschlossen worden ist **(Parlamentsvorbehalt)**.[15] **22**

13 *Sannwald* in Schmidt-Bleibtreu/Hofmann/Hopfauf, GG, Art. 79 Rn. 56 m.w.N.
14 Siehe hierzu *Papier/Krönke* Grundkurs Öffentliches Recht, Rn. 145.
15 *BVerfGE* 90, 286, 381 ff; 121, 135, 154 ff.

Beispiel[16] Wenn die Bundesregierung einen bewaffneten Auslandseinsatz ohne vorherige Entscheidung des Bundestages und ohne Gefahr im Verzug beschließt, so wäre diese Anordnung wegen Verstoßes gegen das Demokratieprinzip in der Ausprägung der Wesentlichkeitstheorie verfassungswidrig. Bei Gefahr im Verzug ist die Bundesregierung ausnahmsweise berechtigt, den Einsatz vorläufig allein zu beschließen. Sie muss jedoch zum frühestmöglichen Zeitpunkt eine Entscheidung des Bundestages über die Fortsetzung herbeiführen. ■

Welche Entscheidungen als wesentlich gelten, lässt sich nicht pauschal sagen und hängt vom jeweiligen Sachbereich und der Eigenart des Regelungsgegenstandes ab. Anhaltspunkte für die Bedeutung sind den Wertungen des Grundgesetzes zu entnehmen.

Wesentlichkeit heißt dabei in erster Linie **Grundrechtswesentlichkeit**. Grundrechtswesentliche Entscheidungen dürfen nicht der Rechtsetzung durch die Exekutive überlassen werden.[17]

Hinweis

Für den Eingriff in Grundrechte bestehen allerdings spezielle Gesetzesvorbehalte, die dem allgemeinen Prinzip vorgehen, vgl. z.B. Art. 2 Abs. 2 S. 3 GG.

Das Prinzip des Parlamentsvorbehaltes findet sich auch in Art. 80 GG wieder: Danach können die Bundesregierung oder einzelne Minister durch Gesetz ermächtigt werden, **Rechtsverordnungen** zu erlassen. Dabei müssen jedoch Inhalt, Zweck und Ausmaß der erteilten Ermächtigung im Gesetz bestimmt werden, s. Rn. 264 ff.

Darüber hinaus wirkt sich der Parlamentsvorbehalt auf die **Übertragung von Hoheitsrechten auf die Europäische Union und andere internationale Einrichtungen** aus. So schließt nach der Rechtsprechung des BVerfG „*das durch Art. 38 GG gewährleistete Recht, durch die Wahl an der Legitimation von Staatsgewalt teilzunehmen und auf deren Ausübung Einfluss zu gewinnen, (…) aus, dieses Recht durch Verlagerung von Aufgaben und Befugnissen des Bundestages so zu entleeren, dass das demokratische Prinzip, soweit es Art. 79 Abs. 3 i.V.m. Art. 20 Abs. 1 und 2 GG für unantastbar erklärt, verletzt wird.*“[18]

2. Mittelbare Demokratie und plebiszitäre Volksbeteiligung

23 Nach Art. 20 Abs. 2 S. 2 Hs. 1 GG übt das Volk die Staatsgewalt unmittelbar in Wahlen und *Abstimmungen* aus. Nach dem Wortlaut dieser Norm wären damit auch unmittelbare Abstimmungen des Volkes in Sachfragen möglich. Bezieht man aber das Grundgesetz im Übrigen und hierbei vor das weitgehende Fehlen von abstimmungsrelevanten Vorschriften in die Auslegung ein, so wird deutlich, dass das Grundgesetz die Grundkonzeption der **mittelbaren Demokratie** verfolgt:

- Danach wählt das Volk seine Vertreter durch die Wahl der Abgeordneten des Bundestages (Art. 38 Abs. 1 S. 1 GG). Diese sind nach Art. 38 Abs. 1 S. 2 GG Vertreter des ganzen Vol-

16 *BVerfGE* 140, 160.

17 *Degenhart* Staatsrecht I Rn. 329 ff.

18 *BVerfGE* 89, 155, 182 – „Maastricht“. Siehe hierzu auch *BVerfGE* 123, 267 ff. – „Lissabon“ – und *BVerfGE* 129, 124 ff. – „Euro-Rettungsschirm“.

kes. Das Volk gilt mithin als im Parlament vollständig vorhanden gedacht. Man spricht deshalb von einer **repräsentativen Demokratie**. Jeder einzelne Abgeordnete vertritt das Volk und nicht etwa nur seinen Wahlkreis, seine Wähler oder seine Partei. Deshalb sind die Abgeordneten auch nicht an Aufträge und Weisungen gebunden, sondern nur ihrem Gewissen unterworfen (**Grundsatz des freien Mandates**, Art. 38 Abs. 1 S. 2 GG).

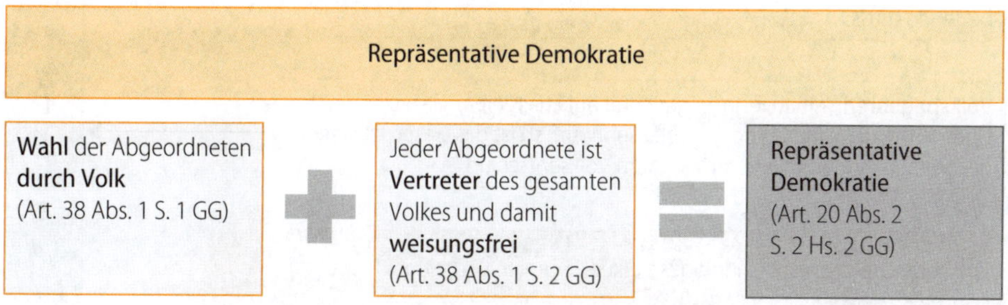

- Demgegenüber enthält das Grundgesetz keine Regelungen über Volksentscheide auf Bundesebene. Dies gilt auch für die vermeintliche Ausnahme der Neugliederung des Bundesgebietes nach Art. 29 Abs. 2 und 3 GG, da hierüber nicht das gesamte Volk, sondern nur die Teilvölker der betroffenen Bundesländer zu entscheiden haben. Auch Art. 146 GG ist kein Volksentscheid im Rahmen des Grundgesetzes, sondern betrifft die Beschlussfassung des deutschen Volkes über eine neue Verfassung.

Anders sieht es bei den **Ländern** aus. Sie haben einen weiten Freiraum, ihre verfassungsmä- 24
ßige Ordnung zu gestalten. Zwar muss nach dem **Homogenitätsgebot** des Art. 28 Abs. 1 S. 1 GG die verfassungsmäßige Ordnung der Länder den **demokratischen Grundsätzen des Grundgesetzes** entsprechen. Darüber hinaus ist es aber ihrem Ermessen überlassen, ob sie den Erlass von Gesetzen dem Parlament vorbehalten oder daneben ein Volksgesetzgebungsverfahren vorsehen. Art. 28 Abs. 1 S. 2 GG, der für die Länder eine aus demokratischen Wahlen hervorgegangene Volksvertretung fordert, wäre nur dann berührt, wenn die Aufgaben und Befugnisse der Volksvertretung so weit reduziert würden, dass ihre Funktion ausgehöhlt würde.

Die Länder haben von diesem Gestaltungsrecht Gebrauch gemacht. Landesverfassungen jüngeren Datums kennen ein dreistufiges Verfahren mit **Volksinitiative, Volksbegehren, Volksentscheid**. Daneben gibt es noch die rein konsultative Volksbefragung ohne jegliche Bindungswirkung.

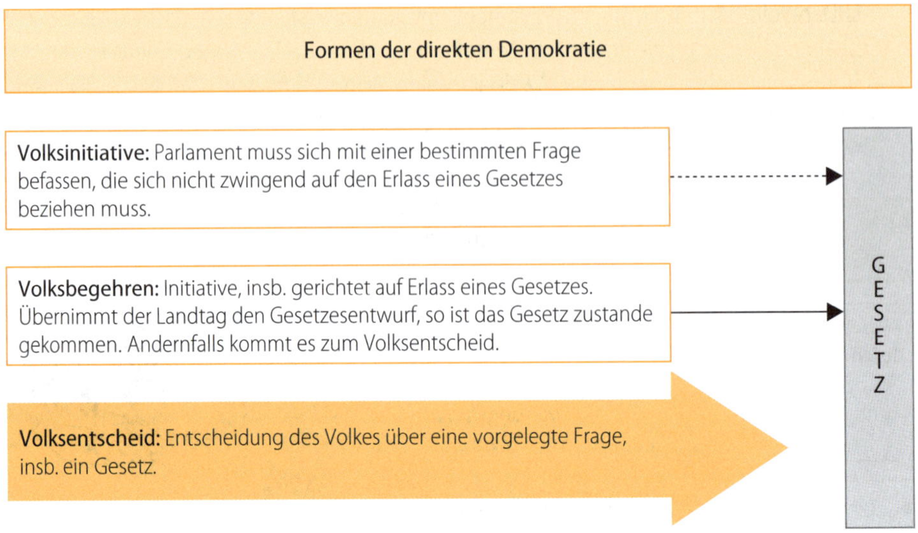

Beispiel So werden gem. Art. 72 Abs. 1 der Bayerischen Verfassung (BV) Gesetze vom Landtag oder vom Volk (Volksentscheid) beschlossen. Letzterer ist nach Art. 74 Abs. 1 BV herbeizuführen, wenn ein Zehntel der stimmberechtigten Staatsbürger das Begehren nach Schaffung eines Gesetzes stellt. ■

Auch auf **Bundesebene** ist die aktuelle Gestaltung der parlamentarischen Demokratie nicht unveränderbar. Allerdings könnten Formen der direkten Demokratie nur mit einer Verfassungsänderung eingeführt werden. Wegen der Erwähnung der Abstimmungen in Art. 20 Abs. 2 GG stünde Art. 79 Abs. 3 GG dem nicht entgegen, wobei die Mitwirkung der Länder gewährleistet sein muss.[19]

19 Vgl. zum Ganzen *Degenhart* Staatsrecht I Rn. 110 ff.

3. Übungsfall Nr. 1

„Das Volksabstimmungsgesetz" 25

Der Entwurf eines Volksabstimmungsgesetzes sieht in Art. 1 vor, dass das Volk das unmittelbare Recht der Gesetzgebung durch die Vorlage von Gesetzentwürfen in Volksbegehren und durch die Abstimmung über Gesetze in Volksentscheiden ausübt. Art. 2 regelt, dass im Falle einer Abstimmung das Gesetz zustande kommt, wenn es die Mehrheit der abgegebenen Stimmen erhält und sich mindestens 15 Prozent der Stimmberechtigten an der Abstimmung beteiligt haben (Quorum).

Während der Bundestag das Volksabstimmungsgesetz beschließt, geht die Mehrheit im Bundesrat von der Verfassungswidrigkeit des Gesetzes aus und verweigert ihre Zustimmung. Der Bundespräsident ist jedoch der Auffassung, dass die Einführung direkter Demokratie längst überfällig ist. Daher fertigt er das Gesetz aus. Es tritt nach ordnungsgemäßer Verkündung in Kraft.

Nehmen Sie gutachtlich zur formellen und materiellen Verfassungsmäßigkeit des Gesetzes Stellung.

Lösung 26

A. Formelle Verfassungsmäßigkeit des Gesetzes zur Volksbeteiligung

I. Gesetzgebungszuständigkeit des Bundes

Problematisch in formeller Hinsicht ist, ob der Bund zuständig ist, ein solches Gesetz zu erlassen. Grundsätzlich sind die Länder für die Gesetzgebung zuständig, Art. 30, 70 Abs. 1 GG. Der Bund ist nur dann kompetent, wenn ihn die Verfassung ausdrücklich hierzu ermächtigt. Kompetenzgrundlagen bilden regelmäßig die Art. 71 ff. GG, für Steuern Art. 105 GG, für das Wahlrecht Art. 38 Abs. 3 GG, für das Parteienrecht Art. 21 Abs. 3 GG. Hinsichtlich des Volksabstimmungsgesetzes ist keine der genannten Kompetenzgrundlagen einschlägig.

1. Eine Kompetenz könnte sich aus der Erwähnung des Begriffs „Abstimmungen" in Art. 20 Abs. 2 S. 2 GG ergeben. Problematisch ist, dass Art. 20 Abs. 2 S. 2 GG auch „Wahlen" erwähnt, hierzu in Art. 38 Abs. 3 GG aber eine ausdrückliche Kompetenzzuweisung an den Bund geregelt ist. Auch Art. 29 Abs. 4 GG regelt die Gesetzgebungskompetenz des Bundes für Volksentscheide bei Länderneugliederungen explizit. Somit hätte es auch im Falle der „Abstimmungen" einer Zuständigkeitsregelung im Grundgesetz bedurft.

2. Grundsätzlich sind die Kompetenzregelungen des Grundgesetzes abschließend. Nach Art. 30, 70 Abs. 1 GG sind die Länder zuständig, soweit das Grundgesetz dem Bund keine Gesetzgebungskompetenz verleiht. Dennoch sind Materien denkbar, die zwar nicht dem Bund zugewiesen sind, deren Regelung durch die Länder jedoch nicht oder nicht sinnvoll möglich ist. Diese Ausnahmen sind aber vorsichtig und restriktiv anzuwenden, um die Grundregel der Art. 30, 70 Abs. 1 GG nicht auszuhöhlen. Drei Fallgruppen sind anerkannt: Natur der Sache, kraft Sachzusammenhang und ungeschriebene Annexkompetenz.

In Betracht kommt eine Gesetzgebungszuständigkeit kraft Natur der Sache. Denn das Gesetzgebungsverfahren des Bundes betrifft die innere Funktionsweise und einen elementaren Aspekt der Staatlichkeit des Bundes.

» Zu den ungeschriebenen Gesetzgebungskompetenzen s. Rn. 233 ff. «

» Zur Beteiligung des Bundesrates im Gesetzgebungsverfahren siehe Rn. 244 ff. «

Der Bund verlöre die für den Bundesstaat konstitutive Eigenschaft als selbstständige staatliche Handlungsebene, würde die Regelung des Gesetzgebungsverfahrens den Ländern überantwortet. Daher kann das Gesetzgebungsverfahren des Bundes auch bei restriktiver Auslegung der ungeschriebenen Gesetzgebungskompetenzen begriffsnotwendig nur vom Bund selbst geregelt werden. Es liegt eine ungeschriebene Bundeskompetenz kraft Natur der Sache vor.

II. Zustimmung des Bundesrates

Weiterhin könnte das Gesetz aufgrund der Verweigerung der Zustimmung durch den Bundesrat formell verfassungswidrig sein. Dies wäre der Fall, wenn es sich bei dem Volksabstimmungsgesetz um ein zustimmungspflichtiges Gesetz handelte. Allerdings ist die Zustimmung des Bundesrates nur in den Fällen zwingend erforderlich, in denen die Zustimmungsbedürftigkeit im Grundgesetz ausdrücklich angeordnet ist. Das ist vorliegend nicht der Fall.

B. Materielle Verfassungsmäßigkeit des Gesetzes zur Volksbeteiligung

I. Die verfassungsrechtliche Zulässigkeit von Volksabstimmungen

Das Volksabstimmungsgesetz wäre materiell verfassungswidrig, wenn das Grundgesetz die Einführung von Volksabstimmungen verbietet.

1. Verstoß gegen Art. 20 Abs. 2 S. 2 GG

Nach Art. 20 Abs. 2 S. 2 GG wird die Staatsgewalt vom Volk „in Wahlen und Abstimmungen" ausgeübt. Ein explizites Verbot von Volksbegehren und Volksentscheiden findet sich in der Verfassung nicht. Im Gegenteil sieht Art. 20 Abs. 2 S. 2 GG zumindest „Abstimmungen" grundsätzlich vor. In Art. 29 Abs. 2 und Abs. 3 GG ist sogar ein Volksentscheid (allerdings beschränkt auf die betroffenen Länder) bei der Neugliederung des Bundesgebiets vorgesehen.

Fraglich ist, ob der Begriff „Abstimmungen" auch Volksbegehren und Volksentscheide umfasst oder ob Art. 20 Abs. 2 S. 2 GG eine Entscheidung für das System der repräsentativen Demokratie enthält und direktdemokratische Elemente ausschließt. Zur Klärung dieser Frage bedarf es einer Auslegung nach Wortlaut, Systematik, Entstehungsgeschichte und Telos (Sinn und Zweck) der Norm.

a) Auslegung nach dem Wortlaut

Der Wortlaut des Art. 20 Abs. 2 S. 2 GG ist offen. Abstimmungen können dem allgemeinen Sprachgebrauch nach auch Volksbegehren und Volksentscheide als „Volksabstimmungen" erfassen. Damit ist aber noch nicht gesagt, ob Volksbegehren und -entscheide generell zulässig sein sollen oder etwa nur in den vom Grundgesetz bestimmten Fällen.

b) Systematische Auslegung

Art. 20 Abs. 2 S. 2 GG enthält eine grundsätzliche Entscheidung für das System der repräsentativen Demokratie. Die Vorschrift ist ferner nicht isoliert als Einzelnorm, sondern im Kontext der gesamten Verfassung zu sehen. Volksbegehren sind außerhalb des Art. 29 Abs. 2 bis Abs. 4 GG nicht geregelt, während es für Wahlen mit Art. 38 GG ausdrückliche Bestimmungen gibt. Zudem sind die Wahlrechtsgrundsätze in Art. 38 Abs. 1 GG als grundrechtsgleiche Rechte im Wege der Verfassungsbeschwerde durchsetzbar, Art. 93 Abs. 1 Nr. 4a GG. Eine solche Durchsetzungsmöglichkeit des Abstimmungsrechts fehlt völlig.

c) Teleologisch-historische Auslegung

Der Verfassungsgeber verfolgte die Absicht, ein möglichst stabiles, demokratisches System zu schaffen, das weitgehend unanfällig für demagogische Einflüsse ist. Vor dem Hintergrund der Erfahrung der Weimarer Republik, in denen Volksabstimmungen als Mittel der politischen Agitation eingesetzt wurden, hat er sich bewusst für ein System der repräsentativen Demokratie entschieden.

„Abstimmung" i.S.d. Art. 20 Abs. 2 S. 2 GG meint somit nur im Grundgesetz vorgesehene Formen direkter Demokratie, derzeit also nur Art. 29 GG. Eine Einführung von Volksbegehren und -entscheiden durch Bundesgesetz ist nach dem Grundgesetz derzeit ausgeschlossen.

Hinweis

Eine Verfassungsänderung mit entsprechend qualifizierter Zweidrittel-Mehrheit wäre hingegen unter Berücksichtigung des Art. 79 Abs. 3 i.V.m. Art. 20 Abs. 2 GG zulässig. Zum verfassungsändernden Gesetz s. Rn. 245.

2. Verstoß gegen Art. 76 Abs. 1, 77 Abs. 1 GG

Ferner könnte ein Verstoß gegen Art. 76 Abs. 1, 77 Abs. 1 GG vorliegen. Nach Art. 76 Abs. 1 GG werden Gesetzesvorlagen „durch die Bundesregierung, aus der Mitte des Bundestages oder durch den Bundesrat eingebracht". Der Gesetzesbeschluss erfolgt nach Art. 77 Abs. 1 GG durch den Bundestag. Ein Initiativ- oder Beschlussrecht bzw. die zwingende Beteiligung des Volkes an der Gesetzgebung ist in den Art. 76, 77 GG gerade nicht vorgesehen. Die Einführung von Volksbegehren und -entscheiden durch einfaches Gesetz verstößt damit gegen Art. 76 Abs. 1, 77 Abs. 1 GG. Ein Recht zur „Volksgesetzgebung" müsste im Wege der Verfassungsänderung eingeführt werden.

3. Zwischenergebnis

Die einfachgesetzliche Einführung von Volksabstimmungen verstößt gegen den in Art. 20 Abs. 2 S. 2 GG enthaltenen Grundsatz der repräsentativen Demokratie sowie gegen die Art. 76 Abs. 1, 77 Abs. 1 GG.

II. Verfassungsmäßigkeit des Quorums

Darüber hinaus könnte das Quorum von 15 Prozent wegen eines Verstoßes gegen das in Art. 20 Abs. 2 GG verankerte Demokratieprinzip verfassungswidrig sein. Nach der Regelung des Volksabstimmungsgesetzes könnte ein Gesetz gegebenenfalls bereits von 8 Prozent der stimmberechtigten Bevölkerung (Mehrheit der 15 Prozent, die sich an der Abstimmung beteiligt haben) beschlossen werden.

Kernelement des Demokratieprinzips ist die Mehrheitsentscheidung. Eine solche ist auch im Volksabstimmungsgesetz vorgesehen. Allerdings muss bei einer Volksabstimmung über ein Bundesgesetz beachtet werden, dass diese Entscheidungen dem gesamten Volk zugerechnet werden und Wirkung für das gesamte Volk entfalten. Eine solche Zurechnung ist aufgrund des Demokratieprinzips nur dann zu rechtfertigen, wenn das Abstimmungsverfahren auf eine Entscheidung durch die Mehrheit des gesamten Volkes ausgelegt ist. Ist das Quorum aber so niedrig, dass bereits besonders interessierte Randgruppen der Bevölkerung oder die Wählerschaft einer der kleinen Parteien für eine Abstimmungsmehrheit genügen können, verstößt das gegen das Demokratieprinzip.

JURIQ-Klausurtipp

An dieser Stelle mussten Sie diskutieren, ob es sich beim Demokratieprinzip um ein rein formales Mehrheitsprinzip handelt oder ob es eine gewisse Mindestbeteiligung gibt, um Abstimmungsentscheidungen tatsächlich dem gesamten Volk zurechnen und ihnen Gesetzeskraft gegenüber dem gesamten Volk zubilligen zu dürfen.[20]

Das im Volksabstimmungsgesetz aufgestellte Quorum von 15 Prozent ist daher verfassungswidrig.

C. Gesamtergebnis

Das Gesetz zur Volksbeteiligung ist formell ordnungsgemäß zu Stande gekommen, jedoch materiell verfassungswidrig.

---

20 Vgl. dazu *Degenhart* Staatsrecht I Rn. 120.

II. Politische Parteien

27 Art. 21 Abs. 1 S. 1 GG erkennt die Bedeutung der politischen Parteien für die demokratische Ordnung ausdrücklich an:

Die Parteien wirken bei der politischen Willensbildung des Volkes mit.

Die Besonderheit ihrer Stellung beruht auf der Tatsache, dass sie privatrechtlich organisiert und nicht Teil der Staatsorganisation sind. Sie bilden einen Schnittpunkt zwischen Staat und Gesellschaft bei der Formung des politischen Willens. Diese Mittlerrolle zwischen Volk und Staatsgewalt nehmen die Parteien sowohl unmittelbar bei den Wahlen als auch zwischen den Wahlen wahr. Das BVerfG hat die Parteien deshalb in den Rang einer verfassungsrechtlichen Institution erhoben.[21] Im Wahlrecht kommt den Parteien nach § 27 Abs. 1 S. 1 BWahlG das Listenmonopol zu.

1. Der Parteienbegriff

28 Welche Kriterien für die Anerkennung einer politischen Vereinigung als Partei vorliegen müssen, bestimmt die **Legaldefinition** in § 2 Abs. 1 PartG. Zwar kann eine einfachgesetzliche Vorschrift grds. nicht herangezogen werden, um den Parteienbegriff des Art. 21 GG zu definieren. Allerdings geht das BVerfG in ständiger Rechtsprechung davon aus, dass der Parteienbegriff in § 2 Abs. 1 PartG in verfassungsmäßiger Weise konkretisiert wird.[22] Parteien sind danach

1. **„Vereinigungen von Bürgern"**
   Das schließt juristische Personen, etwa Interessenverbände, Unternehmen oder Gewerkschaften, von der Mitgliedschaft in Parteien aus, wie § 2 Abs. 1 S. 2 PartG klarstellend hinzufügt.
2. „die **dauernd oder für längere Zeit** für den Bereich des Bundes oder eines Landes auf die politische Willensbildung Einfluss nehmen und an der Vertretung des Volkes im Deutschen Bundestag oder einem Landtag mitwirken wollen".
   Hierfür genügt die Präsenz auf Landesebene; nicht erforderlich ist eine Bundespräsenz. Als Indiz für diesen Willen wertet das Gesetz die **Beteiligung** an Bundestags- oder Landtagswahlen.

Die Dauerhaftigkeit unterscheidet die politischen Parteien von **Bürgerinitiativen**, die punktuelle, kurzfristige Ziele verfolgen. Die Beteiligung an der Willensbildung in Bund und Ländern unterscheidet die Parteien von **kommunalen Wählervereinigungen**, die nicht an Bundestags- oder Landtagswahlen teilnehmen. Auch wenn sie eine dauerhafte Mitwirkungsabsicht verfolgen, stellen sie keine politischen Parteien dar.

Hinweis

Für die kommunale Ebene hat das BVerfG[23] entschieden, dass grundsätzlich die örtlich gebundenen Wählervereinigungen den politischen Parteien rechtlich gleichgestellt sind. Das Gericht begründet dies mit der in Art. 28 Abs. 2 GG verfassungsmäßig garantierten kommunalen Selbstverwaltung. Den sich diesen Gruppen zurechnenden Bürgern wie ihren Kandidaten muss grundsätzlich eine chancengleiche Teilnahme an den kommunalen Wahlen gewährt werden.

21 *BVerfGE* 69, 92, 110.
22 *BVerfGE* 91, 262, 266 f.
23 *BVerfGE* 11, 351 ff.

In einer weiteren Entscheidung hat das BVerfG[24] festgestellt, dass das Recht auf Chancengleichheit aus Art. 3 Abs. 1 in Verbindung mit Art. 9 Abs. 1 und Art. 28 Abs. 1 S. 2 GG verletzt ist, wenn Zuwendungen an politische Parteien im Sinne des § 2 PartG steuerfrei gestellt sind, Zuwendungen an kommunale Wählervereinigungen und ihre Dachverbände dagegen nicht. Zur Parteienfinanzierung vgl. Rn. 35.

3. wenn sie nach dem Gesamtbild der tatsächlichen Verhältnisse, insbesondere nach
   - Umfang und Festigkeit ihrer Organisation
   - nach der Zahl ihrer Mitglieder
   - und nach ihrem Hervortreten in der Öffentlichkeit

   eine **ausreichende Gewähr für die Ernsthaftigkeit dieser Zielsetzung** bieten.

Im Zweifel ist davon auszugehen, dass eine Organisation die Voraussetzungen erfüllt. Nach § 2 Abs. 2 PartG verliert eine Vereinigung ihre Rechtsstellung als Partei, wenn sie sechs Jahre lang weder an einer Bundestagswahl noch an einer Landtagswahl mit eigenen Wahlvorschlägen teilgenommen hat.[25]

Hinweis

Die Anerkennung als politische Partei kann nicht von einer inhaltlichen Bewertung der verfolgten politischen Ziele abhängig gemacht werden. Anderenfalls würde sich das in Art. 21 Abs. 2 S. 2 GG vorgesehene Entscheidungsmonopol des BVerfG über die Verfassungswidrigkeit von Parteien erübrigen, vgl. Rn. 39 ff.

Die politischen Parteien sind abzugrenzen von den **Fraktionen**. Letztere sind als Untergliederung des Parlaments dem staatlichen Bereich zugeordnet und als öffentlich-rechtliche Vereinigungen anzusehen (§ 10 Abs. 1 S. 1 Geschäftsordnung des Bundestages). Die Abgrenzung ist insbesondere für die Frage des Rechtsweges bei Rechtsstreitigkeiten und für die staatliche Finanzierung wichtig.

Beispiele

- Wird aus wichtigem Grund ein Mitglied aus einer Bundestagsfraktion ausgeschlossen, so kann sich das ausgeschlossene Mitglied prozessual mittels des verfassungsrechtlichen Organstreitverfahrens zur Wehr setzen (Art. 93 Abs. 1 Nr. 1 GG). Sofern jedoch das Mitglied aus der Partei ausgeschlossen wird, ist gegen die Entscheidung des Parteigerichts der Zivilrechtsweg eröffnet.
- Fraktionen haben nach § 50 Abgeordnetengesetz zur Erfüllung ihrer Aufgaben Anspruch auf Geld- und Sachleistungen aus dem Bundeshaushalt. Diese staatlichen Mittel dürfen nicht für Parteizwecke, insbesondere nicht zur Finanzierung des Wahlkampfes verwandt werden. Parteien erhalten dagegen nach § 18 PartG staatliche Mittel als Teilfinanzierung der ihnen obliegenden Aufgaben. ■

2. Die besondere Stellung der Parteien nach dem Grundgesetz

Die besondere Funktion der Parteien wird von Art. 21 GG aufgenommen. Die Vorschrift stellt 29
bestimmte Anforderungen an Parteien und verleiht ihnen Rechte. Einfachgesetzliche Rege-

24 *BVerfGE* 121, 108 ff.

25 Vgl. zum Ganzen *Degenhart* Staatsrecht I Rn. 49 ff.

lungen für die Parteien finden sich im nach Art. 21 Abs. 3 GG erlassenen Parteiengesetz. Die wichtigsten Punkte sind:

Eine Partei und ihre Gebietsverbände der jeweils höchsten Stufe, in der Regel Landesverbände, können unter ihrem Namen **klagen und verklagt werden**. Dies gilt auch dann, wenn die Partei ein nicht-rechtsfähiger Verein sein sollte (Abweichung von § 54 S. 2 BGB in § 3 PartG).

Eine Partei hat Anspruch auf **Gleichbehandlung** mit anderen Parteien durch die öffentliche Gewalt gem. § 5 PartG.

Eine Partei muss eine schriftliche **Satzung** und ein schriftliches **Programm** haben (§ 6 Abs. 1 PartG).

Die innere Ordnung der Parteien muss auf der Grundlage der Satzung **demokratischen Grundsätzen** entsprechen. Das Nähere wird in den §§ 6 ff. PartG geregelt.

Die Parteien haben Anspruch auf **staatliche Finanzierung**, deren Bemessung in erster Linie an den Wahlerfolg anknüpft (§§ 18 ff. PartG).

Die Parteien sind verpflichtet, über die Herkunft und die Verwendung der Mittel, die ihnen pro Kalenderjahr zufließen, öffentlich **Rechenschaft** zu geben (§ 23 ff. PartG).

Hinzu kommen Regelungen über das **Aufstellungsverfahren** für Wahlkreis- und Listenkandidaten der Parteien nach den §§ 21 ff. BWahlG.

a) Die Gründungs- und Betätigungsfreiheit von Parteien

» Kommentieren Sie sich die einschlägigen Vorschriften des PartG bei Art. 21 GG. «

30 Die Gründung und Betätigung politischer Parteien ist frei von staatlichen Eingriffen, vgl. Art. 21 Abs. 1 S. 2 GG i.V.m. § 1 Abs. 1 S. 2 PartG. Die Gründung erfolgt grundsätzlich ohne Zulassungs- oder Genehmigungsverfahren traditionell als nicht-rechtsfähiger Verein durch Rechtsgeschäft des bürgerlichen Rechts.

Beispiel Deshalb ist es verfassungswidrig, wenn V-Leute des Verfassungsschutzes in einer Partei tätig sind.[26] Auch haben Parteien während des Wahlkampfes einen Anspruch auf Erteilung einer straßenrechtlichen Sondernutzungserlaubnis für die Aufstellung von Infoständen etc.[27] ■

Eine Folge der Gründungs- und Betätigungsfreiheit einer Partei ist auch, dass die Aufnahme von Mitgliedern grds. im Ermessen der Partei steht.[28]

Einerseits gebietet Art. 21 Abs. 1 S. 3 GG den Parteien als Institution des Verfassungslebens eine demokratische Binnenstruktur. Andererseits ist ihnen wegen des Gebots der Parteienfreiheit die Gestaltung ihrer inneren Ordnung zu belassen. Hieraus folgt, dass es **keinen grundsätzlichen Anspruch des Bürgers auf den Beitritt und auf den Verbleib in einer Partei** geben kann. Insbesondere die Aufnahme von Mitgliedern steht im Ermessen der Partei (vgl. § 10 Abs. 1 S. 1 PartG). Dies ergibt sich auch aus der in Art. 21 Abs. 1 S. 2 GG verankerten Gründungsfreiheit, die auch die freie Programmgestaltung der Partei und damit die Freiheit der Parteien, ihre programmatische Ausrichtung durch die Aufnahme nur bestimmter Mitglieder

26 S. *BVerfG* zur Einstellung des NPD-Verbotsverfahrens, *BVerfGE* 107, 339, 363 ff.

27 *BVerwGE* 56, 63 ff.

28 Vgl. *Degenhart* Staatsrecht I Rn. 63.

zu verfolgen, mit umfasst. Aus Art. 21 Abs. 1 S. 3 folgt lediglich, dass der Mitgliedsantrag nicht völlig willkürlich abgelehnt werden kann.

Hinweis

Der Ausschluss von Mitgliedern aus der Partei ist dagegen in § 10 Abs. 4 und 5 PartG eingehender geregelt und an engere Voraussetzungen geknüpft.

b) Chancengleichheit der Parteien

31 Zu den besonderen Rechten gehört die Chancengleichheit der Parteien. Sie müssen die gleichen Möglichkeiten haben, an dem Willensbildungsprozess der Gesellschaft mitzuwirken. Der Grundsatz der Chancengleichheit der Parteien bedeutet daher, dass die Rechtsordnung jeder Partei grundsätzlich die gleichen Möglichkeiten im **Wahlkampf und Wahlverfahren** und damit die gleiche Chance im Wettbewerb um die Wählerstimmen gewährleistet. Es müssen jedoch nicht Unterschiede ausgeglichen werden, die sich aus der unterschiedlichen Größe, Leistungsfähigkeit und politischen Zielsetzung der Parteien ergeben. Der Staat muss lediglich **alle Parteien formal gleich** behandeln, für eine Ungleichbehandlung müssen zwingende Gründe[29] vorliegen.

» Das Recht auf Chancengleichheit hängt eng mit der Gleichheit der Wahl zusammen. Vgl. Sie hierzu Rn. 90 ff. «

Beispiel Deshalb bedarf die **Fünf-Prozent-Sperrklausel**, die Parteien unterhalb dieser Schwelle bei der Vergabe von Mandaten grds. nicht berücksichtigt, zwingender Gründe. Nach der Rechtsprechung des BVerfG ist bei Bundestags- und Landtagswahlen die *„Sicherung des Charakters der Wahl als eines Integrationsvorgangs bei der politischen Willensbildung des Volkes und die Gewährleistung der Funktionsfähigkeit der zu wählenden Volksvertretung“*[30] ein besonders wichtiger Grund, der den Gesetzgeber ausnahmsweise zu Abweichungen vom Grundsatz der formalen Wahlrechtsgleichheit berechtigt. Die Überwindung der Fünf-Prozent-Hürde ist ein wichtiges Indiz dafür, dass die Partei in der Bevölkerung hinreichend verankert ist und es sich somit um eine politisch ernst zu nehmende Gruppe handelt. S. auch Rn. 93. ■

32 Die „streng formale“ Chancengleichheit soll nicht nur für den Bereich des Wahlrechts, sondern für das gesamte Vorfeld der Wahlen und somit für die gesamte Tätigkeit der Parteien gelten.[31] So müssen alle Parteien unter gleichen rechtlichen Bedingungen in den Wahlkampf eintreten können.[32] Dabei ist die Rechtsgrundlage zu unterscheiden, je nach dem, ob es sich um einen Vorgang während oder außerhalb einer Wahl handelt. Ihr Anspruch auf **chancengleiche Behandlung bei einer Wahl** leitet sich aus Art. 21 Abs. 1 i.V.m. Art. 38 Abs. 1 S. 1 GG ab.[33] **Chancengleichheit außerhalb von Wahlen** leitet sich aus Art. 21 Abs. 1 i.V.m. Art. 3 Abs. 1 GG ab.[34]

29 *BVerfGE* 111, 54, 105.
30 *BVerfGE* 95, 408, 418.
31 *BVerfGE* 104, 14, 20.
32 *BVerfGE* 82, 322, 337.
33 StRspr., vgl. *BVerfGE* 91, 262, 269.
34 Vgl. *Degenhart* Staatsrecht I Rn. 55.

Hinweis

Der Gleichbehandlungsanspruch der Parteien bei staatlicher Leistungsgewährung ist in § 5 PartG konkretisiert. Die Vorschrift soll eine gerechte und angemessene Verteilung von Leistungen an die Parteien gewährleisten. Nach § 5 Abs. 1 S. 2 bis 4 PartG ist eine Differenzierung nach Maßgabe der Bedeutung der Parteien möglich: **Prinzip der abgestuften Chancengleichheit.**[35]

c) Parteikritische amtliche Äußerungen

33 Das Recht auf Chancengleichheit der Parteien wird verletzt, wenn **Staatsorgane** als solche **parteiergreifend** zugunsten oder zulasten einer Partei in den Wahlkampf einwirken. Das amtliche Neutralitätsgebot gilt aber nur für **amtliche Äußerungen**.

Amtliche Äußerungen sind solche, die in amtlicher Eigenschaft, also unter spezifischer Inanspruchnahme der Autorität des Amtes oder der damit verbundenen Ressourcen erfolgen.[36]

» Erkennen Sie die rechtlichen Zusammenhänge des Themas „Amtliche Neutralitätspflicht" im Hinblick auf das Demokratieprinzip (Rn. 20), die Wahlrechtsgrundsätze (Rn. 21) und die Chancengleichheit der Parteien? «

Hierbei gelten nach der Rechtsprechung des BVerfG[37] aufgrund der besonderen Stellung des **Bundespräsidenten** für dessen Äußerungen andere rechtliche Maßstäbe als für Äußerungen von Mitgliedern der **Bundesregierung**.

Beispiele

- In einer Gesprächsrunde von mehreren hundert Berufsschülern in einem Schulzentrum ging der *Bundespräsident* Joachim Gauck auf die Proteste von Mitgliedern der N-Partei gegen ein Asylbewerberheim ein und sagte u.a. *„Wir brauchen Bürger, die auf die Straße gehen und den Spinnern ihre Grenzen aufweisen. Dazu sind sie alle aufgefordert. Ich bin stolz Präsident eines Landes zu sein, in dem die Bürger ihre Demokratie verteidigen."*
  Nach Auffassung des BVerfG[38] finden zwar auch Äußerungen des Bundespräsidenten ihre Grenzen in der Bindung an das Recht der Parteien auf Chancengleichheit, dem Demokratieprinzip sowie der Freiheit und Gleichheit der Wahl. Die verfassungsgerichtliche Kontrolle ist bei Äußerungen des Bundespräsidenten allerdings darauf beschränkt, ob er *willkürlich Partei* ergreift. Der beschränkte Prüfungsmaßstab hängt mit den besonderen Funktionen des Bundespräsidenten zusammen, der nach außen und innen die BR Deutschland repräsentiert und die Einheit des Staates verkörpert. Diese Repräsentativ- und Integrationsfunktion überlässt dem Bundespräsidenten einen weitgehenden Einschätzungspielraum. Die konkreten Äußerungen von Herr Gauck hat das BVerfG nicht als willkürliche Parteiergreifung betrachtet, da er zu bürgerschaftlichen Engagement in einer dem Grundgesetz entsprechenden Form der Auseinandersetzung gegenüber politischen Ansichten, von denen Gefahren für die freiheitlich demokratische Grundordnung ausgehen, aufgerufen hat.

---

35 *BVerfGE* 114, 121, 134 ff.; a.A. teilweise in der Literatur, vgl. *Ipsen* in Sachs GG Art. 21 Rn. 40 ff.
36 *BVerfGE* 136, 323.
37 *BVerfGE* 136, 323; 138, 102.
38 *BVerfGE* 136, 323.

- In einem anderen Fall ging es um eine Äußerung der *Bundesfamilienministerin*, die am Rande ihrer Teilnahme an der Verleihung eines Demokratiepreises in einem Zeitungsinterview sich wie folgt geäußert hat: *„Auch ich werde im… Wahlkampf mithelfen, alles dafür zu tun, dass es gar nicht so weit kommt bei der Wahl. Ziel Nummer 1 muss sein, dass die NPD nicht in den Landtag kommt.“.*
  Auch in diesem Fall hat das BVerfG[39] die wegen der negativen Äußerung erhobene Organklage der N-Partei zurückgewiesen, allerdings mit anderer Begründung. Bei öffentlichen Äußerungen von Mitgliedern der Bundesregierung ist der verfassungsgerichtliche Kontrollmaßstab dichter, da sie – anders als der Bundespräsident – keine integrative, sondern eine staatsleitende Funktion wahrnimmt und das Regierungsprogramm die Vorstellungen der sie tragenden Parteien widerspiegelt. Es ist ihnen daher jede über das bloße Regierungshandeln hinausgehende Maßnahme untersagt, die in parteiergreifender Weise auf den Wettbewerb der Parteien Einluss nimmt. Im konkreten Fall hat das BVerfG die Äußerungen der Bundesfamilienministerin aber dem *(privaten) politischen Meinungskampf* zugeordnet. Die beanstandete Äußerung ist ohne Inanspruchnahme staatlicher Autorität oder Amtsressourcen erfolgt (keine Verwendung von Staatssymbolen, kein äußerungsbezogener Einsatz von Sach- oder Finanzmitteln aus ihrem Regierungsamt). Sie ist organisatorisch von der amtlichen Verleihung des Demokratiepreises getrennt (kein Inhalt der Preisverleihungsrede). Auch inhaltlich bezieht sich das Interview in keiner Weise auf ihr Amt als Mitglied der Bundesregierung. ■

3. Gerichtliche Geltendmachung von Rechten

In welchem Verfahren die Parteien ihre Rechte geltend machen, hängt vom jeweiligen Streitgegenstand ab. So sind Parteien einerseits **privatrechtliche Vereinigungen natürlicher Personen**. Machen sie Grundrechte geltend, die ihnen unabhängig von ihrer Stellung als Partei zustehen, so müssen sie dies – wie jeder Bürger – mit einer **Verfassungsbeschwerde** durchsetzen.[40] 34

JURIQ-Klausurtipp

Im Zusammenhang mit der Zuteilung oder Verweigerung von Sendezeiten zur Wahlwerbung beim öffentlich-rechtlichen Rundfunk steht den Parteien zunächst der Verwaltungsrechtsweg gem. § 40 Abs. 1 S. 1 VwGO offen. Die Rundfunk- und Fernsehanstalten sind Anstalten des öffentlichen Rechts, deren Aufgaben nach Rundfunkrecht zum Bereich der öffentlichen Verwaltung gehören und die jedenfalls dann hoheitlich tätig werden.[41] Gegen verwaltungsgerichtliche Urteile kann die Verfassungsbeschwerde erhoben werden. S. Rn. 42

Andererseits sind den Parteien auch **durch Art. 21 Abs. 1 GG Rechte und Pflichten** zugewiesen. Diese Rechte können sie in einem **Organstreit** durchsetzen, sofern alle weiteren Voraussetzungen erfüllt sind. Zwar sind sie in § 63 BVerfGG nicht erwähnt. Nach der Rechtsprechung des BVerfG sind sie gleichwohl im Organstreit parteifähig und berechtigt, eine behauptete Verletzung ihres verfassungsrechtlichen Status durch das Wahlrecht im Wege der Organklage zu rügen.[42]

---

39 *BVerfGE* 138, 102.
40 *BVerfGE* 111, 54, 81 f.
41 *BVerfGE* 69, 257, 269.
42 *Hillgruber/Goos*, Rn. 315.

JURIQ-Klausurtipp

Sofern die Verletzung der Chancengleichheit durch den Gesetzgeber oder die Bundesregierung gerügt wird, ist die Partei als Organ des Verfassungslebens betroffen. Insofern ist ein Organstreitverfahren vor dem BVerfG anzustrengen.[43] Die Partei ist „anderer Beteiligter" i.S.d. Art. 93 Abs. 1 Nr. 1 GG.

4. Parteienfinanzierung

35 Bei der Finanzierung der Parteien sind drei Finanzquellen zu unterscheiden: staatliche Leistungen, Mitgliedsbeiträge und Spenden.

Die **staatliche Parteienfinanzierung** wird unmittelbar durch Zuweisungen aus dem Bundeshaushalt sowie den Landeshaushalten vorgenommen. Davon **ausgeschlossen** sind solche Parteien, die darauf ausgerichtet sind, die freiheitlich demokratische Grundordnung zu beeinträchtigen oder zu beseitigen oder den Bestand der BR Deutschland zu gefährden (Art. 21 Abs. 3 GG). Über den Ausschluss kann nach Art. 21 Abs. 4 GG nur das BVerfG entscheiden.

In einer Grundsatz-Entscheidung hat das BVerfG[44] eine staatliche **Teil**finanzierung anerkannt. Sie reflektiert den Umstand, dass Parteien eine Aufgabe im Interesse des Gemeinwesens wahrnehmen. Durch den Vorrang der Eigenfinanzierung muss jedoch sichergestellt werden, dass sich die Parteien nicht einen wettbewerbsverzerrenden Zugriff auf staatliche Mittel verschaffen. Die Grundsätze dieser Entscheidung sind in die §§ 18 ff. PartG eingegangen.

Beispiel Würde der Bundesgesetzgeber den § 18 PartG ändern und eine staatliche *Voll*finanzierung der Parteien normieren, so wäre ein solches Änderungsgesetz wegen Verstoßes gegen das Demokratieprinzip (Art. 20 Abs. 1, Abs. 2 S. 1 GG) verfassungswidrig. Es läge eine unzulässige Beeinträchtigung des Willensbildungsprozesses von unten nach oben vor. Aufgrund der Mittlerfunktion der Parteien zwischen dem Volk und den Staatsorganen dürfen sie vom Staat finanziell nicht abhängig sein (keine „Staatsparteien"). Anderenfalls könnten die Staatsorgane diese finanzielle Abhängigkeit zur Beeinflussung der Parteien missbrauchen. Deshalb besteht das Verbot *voll*ständiger staatlicher Parteienfinanzierung.[45] ■

Hinweis

Trotz der Zulässigkeit der staatlichen Parteienfinanzierung besteht kein verfassungsunmittelbarer Anspruch der Parteien. Es bedarf einer einfachgesetzlichen Grundlage.

Die Mittel werden gem. § 18 Abs. 1 S. 2 i.V.m. Abs. 3 PartG in der Weise verteilt, dass eine Partei im Verhältnis der auf sie entfallenden Stimmen bei Europa-, Bundes- oder Landtagswahlen und der von ihr gesammelten Spenden und Mitgliedsbeiträge Zuwendungen erhält. Die Summe der staatlichen Zuweisungen darf dabei gem. § 18 Abs. 5 PartG die Summe der selbst erwirtschafteten Einnahmen nicht übersteigen. Die Summe der Finanzierung aller Parteien darf gem. § 18 Abs. 2 PartG eine absolute Obergrenze nicht überschreiten.

43 *BVerfGE* 4, 27, 30.
44 *BVerfGE* 85, 264, 287.
45 *BVerfGE* 85, 264, 290.

Bei **Mitgliedsbeiträgen und Spenden** geht es vor allem um ihre steuerliche Absetzbarkeit. Diese ist gem. § 10b Abs. 2 EStG auf einen bestimmten Betrag begrenzt. Der Grund für diese Begrenzung liegt im Grundsatz der staatsbürgerlichen Gleichheit: Bürger mit höherem Einkommen dürfen nicht überproportional großen Einfluss auf die politische Landschaft nehmen können. Spenden juristischer Personen dürfen überhaupt nicht begünstigt werden. 36

Bei **Spenden** geht es außerdem um die Frage, ab welcher Spendenhöhe über Betrag und Herkunft Rechenschaft abgelegt werden muss. In § 25 Abs. 3 S. 1 PartG ist eine Rechnungslegungspflicht ab 10 000 € vorgesehen, was auch der Rechtsprechung des BVerfG zur Publizitätsgrenze entspricht.[46]

Gem. Art. 21 Abs. 1 S. 4 GG i.V.m. §§ 23 ff. PartG müssen die Parteien über die Herkunft und Verwendung ihrer Mittel sowie über ihr Vermögen öffentlich Rechenschaft geben. Denn *„der Wähler soll sich unter anderem über die Kräfte unterrichten können, die die Politik der Parteien bestimmen, und er soll die Möglichkeit haben, die Übereinstimmung zwischen den politischen Programmen und dem Verhalten derer zu prüfen, die mit Hilfe finanzieller Mittel auf die Parteien Einfluss zu nehmen suchen“*.[47]

5. Verfassungswidrige Parteien

Die die Staatsorgane tragenden Mehrheitsparteien könnten ein Interesse daran haben, bereits im Vorfeld des Willensbildungsprozesses, die Gründung von konkurrierenden Parteien zu unterbinden bzw. bestehende Parteien zu verbieten. Dieses Phänomen ist in totalitären Systemen mit einem Einparteiensystem, wie etwa im Deutschen Reich während der nationalsozialistischen Herrschaftszeit, zu beobachten. Nach Art. 21 Abs. 1 S. 2 GG muss daher die Gründung von Parteien frei sein. 37

Auf dieses Recht können sich allerdings solche politischen Parteien nicht berufen, die die freiheitlich demokratische Grundordnung beeinträchtigen oder beseitigen wollen. Derartige Parteien können vom BVerfG unter den Voraussetzungen des Art. 21 Abs. 2 S. 2 GG verboten werden. Für ein **Parteienverbot** sind mehrere Tatbestandsvoraussetzungen erforderlich. Die Aufzählung in Art. 21 Abs. 2 GG ist abschließend und keiner erweiterten Auslegung zugänglich.

a) Voraussetzungen eines Parteiverbots

Gem. Art. 21 Abs. 2 S. 1 GG sind Parteien verfassungswidrig, *„die nach ihren Zielen oder nach dem Verhalten ihrer Anhänger darauf ausgehen, die freiheitlich demokratische Grundordnung zu beeinträchtigen oder zu beseitigen oder den Bestand der Bundesrepublik Deutschland zu gefährden“.* 38

Der Begriff **„freiheitlich-demokratische Grundordnung“** ist als Ausprägung des Konzeptes der wehrhaften Demokratie bereits unter Rn. 11 erläutert worden.

Beispiel Verfassungswidrige Ziele verfolgen Parteien, die die Freiheit des Einzelnen gegenüber den Interessen der „Volksgemeinschaft“ negieren,[48] Demokratie, Rechtsstaat und Menschenrechte bekämpfen, rassistische Ziele propagieren. ■

46 *BVerfGE* 85, 264, 318.
47 *BVerfGE* 111, 54, 83 ff.
48 Vgl. *BVerwG* DVBl. 1986, 947.

Das BVerfG hat in seinem Urteil zum NPD-Verbotsverfahren[49] die Voraussetzungen für einen Parteiverbot präzisiert. Insbesondere hat es die Anforderungen für die Auslegung des Tatbestandsmerkmals des *„Darauf Ausgehens“* (der Beseitigung oder Beeinträchtigung der freiheitlichen demokratischen Grundordnung) gegenüber früheren Parteiverbotsverfahren[50] erhöht.

Dass eine Partei die **Beseitigung oder Beeinträchtigung der freiheitlichen demokratischen Grundordnung anstrebt**, muss sich aus ihren Zielen oder dem Verhalten ihrer Anhänger ergeben. Die Ziele einer Partei sind der Inbegriff dessen, was eine Partei politisch anstrebt. Sie ergeben sich in der Regel aus dem Programm und den sonstigen parteiamtlichen Erklärungen, aber aus dem in der Partei verwendeten Schulungs- und Propagandamaterial sowie aus den von ihr herausgegebenen oder beeinflussten Publikationen und Vorträgen. Anhänger sind alle Personen, die sich für eine Partei einsetzen und sich zu ihr bekennen, auch wenn sie nicht Mitglied der Partei sind. Bei politischen Äußerungen von Nichtmitgliedern ist grundsätzlich eine Beeinflussung oder Billigung ihres Verhaltens durch die Partei notwendige Bedingung für die Zurechenbarkeit.

Die Partei muss auch darauf **„ausgehen“**, die freiheitlich demokratische Grundordnung zu beeinträchtigen oder zu beseitigen. Ein solches „Ausgehen“ setzt begrifflich ein aktives Handeln voraus. Es muss ein planvolles Vorgehen im Sinne einer *qualifizierten Vorbereitungshandlung* gegeben sein. Hierfür bedarf es konkreter Anhaltspunkte von Gewicht, die einen „Erfolg“ des gegen die freiheitliche demokratische Grundordnung oder den Bestand der BR Deutschland gerichteten Handelns zumindest *möglich* erscheinen lassen.

Hinweis

Die Entscheidung des BVerfG kann deshalb zur Hinnahme verfassungsfeindlicher, aber nicht verbotener Parteien führen. Dies ist dann der Fall, wenn die Partei zwar inhaltlich verfassungswidrige Ziele verfolgt, aber es keine konkreten Anhaltspunkte für eine mögliche Gefährdung der freiheitlich demokratischen Grundordnung gibt. Die Verfassungsfeindlichkeit einer nicht verbotenen Partei kann allerdings nach Art. 21 Abs. 3 GG zur Folge haben, dass sie von staatlicher Finanzierung ausgeschlossen wird.

b) Parteienprivileg und Entscheidungsmonopol des BVerfG

39 Das Verbot verfassungswidriger Parteien gem. Art. 21 Abs. 2 GG kann nur durch das BVerfG festgestellt und ausgesprochen werden. Es hat das alleinige **Entscheidungsmonopol** (Verwerfungsmonopol des BVerfG). Das Verfahren richtet sich nach §§ 43 ff. BVerfGG.

JURIQ-Klausurtipp

Eine Standardkonstellation im Sachverhalt: Der Bürgermeister will den Aufmarsch einer Partei wegen ihrer rechtsextremen Positionen verbieten. Gehen Sie dem Klausursteller nicht auf den Leim! Das Verbot scheitert am Parteienprivileg des Art. 21 Abs. 2 GG. Solange kein Verbot durch das BVerfG ausgesprochen ist, darf der Bürgermeister eine Partei wegen der von ihr vertretenen Inhalte nicht als verfassungswidrig behandeln. Anders wäre es zu beurteilen, wenn eine Parteiveranstaltung sich außerhalb der Rechtsordnung bewegt, z.B. Verbreitung der Auschwitz-Lüge, § 130 Abs. 3 StGB.

49 *BVerfG* NJW 2017, 611; vgl. hierzu, die Besprechungen von *Kingreen* JA 2017, 499 und *Uhle* NVwZ 2017, 583.
50 Ausdrückliche Abkehr vom KPD-Urteil in *BVerfGE* 5, 85, 143.

40 Mit der Feststellung der Verfassungswidrigkeit muss die Auflösung der Partei sowie das Verbot von Ersatz- und Teilorganisationen verbunden werden, § 46 Abs. 3 BVerfGG i.V.m. §§ 32 f. PartG. Da Mitglieder einer verbotenen Partei keinerlei Einflussnahme mehr auf die parlamentarische Willensbildung haben dürfen,[51] verlieren Abgeordnete im Deutschen Bundestag ihr Mandat sowie die Listennachfolger ihre Anwartschaft, § 46 Abs. 4 S. 1 BWahlG. Bei Direktmandaten erfolgt eine Wiederholungswahl im betreffenden Wahlkreis, § 46 Abs. 4 S. 2 i.V.m. § 44 Abs. 2 bis 4 BWahlG.

Hinweis

Der Terminus **„Parteienprivileg"** erklärt sich aus der Privilegierung der Parteien gegenüber Vereinen i.S.d. Art. 9 GG. Parteien sind insoweit zweifach privilegiert: Zum einen greift für Vereine das Verwerfungsmonopol des BVerfG nicht. Die Zuständigkeit für ein Verbotsverfahren liegt bei der obersten Landesbehörde eines Bundeslandes bzw. für länderübergreifend tätige Vereine bei dem Bundesinnenminister, § 3 VereinsG. Zum anderen zeigt ein Vergleich von Art. 9 Abs. 2 GG mit Art. 21 Abs. 2 GG, dass angesichts der unterschiedlichen Prüfungsmaßstäbe an ein Parteiverbot weitaus höhere Anforderungen als an ein Vereinsverbot zu stellen sind.

41 Das Parteienprivileg hindert allerdings nicht, von Beamten, die in einem besonderen Treueverhältnis zum Staat stehen, dieses Treueverhältnis auch einzufordern und von ihnen zu verlangen, **keine führenden Positionen** in verfassungsfeindlich eingestellten Parteien zu bekleiden. Hier muss auf das persönliche Verhalten des einzelnen Beamten abgestellt werden, die **Mitgliedschaft** in einer nicht verbotenen Partei als solche kann noch keine Sanktion rechtfertigen.[52]

51 *BVerfGE* 2, 1, 72 f.
52 *BVerfGE* 114, 258 ff.

6. Übungsfall Nr. 2[53]

42 „Sendezeit für alle"

Anlässlich einer bevorstehenden Bundestagswahl stellt das ZDF den beiden großen Parteien der Regierungskoalition jeweils 12-mal zwei Minuten kostenlose Sendezeiten für Wahlwerbung zur Verfügung. Die in allen Bundesländern kandidierende „Direkt-Partei" (D), die sich in ihrem Wahlprogramm die Abschaffung der parlamentarischen Demokratie in der Bundesrepublik Deutschland zu Ziel gesetzt hat, strebt an, ihr Ergebnis von zwei Prozent der Stimmen bei der letzten Bundestagswahl zu verbessern. Aus diesem Grund hat sie eine aggressive Wahlkampfkampagne mit dem Slogan „Wir sind das Volk" gestartet und beantragt beim ZDF die Ausstrahlung von sechs Wahlwerbespots von je zwei Minuten Dauer.

Kurze Zeit später teilt das ZDF der D mit, angesichts ihres Stimmenanteils bei der letzten Bundestagswahl könne sie allenfalls die Sendung von drei Wahlwerbespots beanspruchen. Zudem bewege sich die D mit ihrem Wahlprogramm außerhalb der freiheitlich demokratischen Grundordnung. Dies komme auch in den Werbespots zum Ausdruck. Man würde deshalb keinen der eingereichten Spots senden.

D entgegnet daraufhin empört, das ZDF sei nicht berechtigt, einer Partei die Wahlwerbung zu versagen, der laut der letzten repräsentativen Umfrage erstmals mehr als fünf Prozent der Stimmen und damit der Einzug in den Bundestag prognostiziert worden sei. Angesichts der hervorragenden Umfragewerte sei es zwingend, D mindestens die Hälfte der zugedachten Sendezeit zuzugestehen.

Prüfen Sie gutachtlich, ob D einen Anspruch auf Aussendung von sechs Wahlwerbespots hat!

Abwandlung:

Das ZDF entschließt sich, grundsätzlich keiner Partei mehr Sendezeit für kostenlose Wahlwerbung zu Bundestagswahl zu geben. Daraufhin droht D mit einer Klage und begründet ihren vermeintlichen Anspruch wie folgt: In einer Parteiendemokratie wie der Bundesrepublik Deutschland sei kostenlose Wahlwerbung für die Parteien unverzichtbar. Dies ergebe sich insbesondere aus Art. 21 GG, wonach die Parteien bei der politischen Willensbildung des Volkes mitwirkten.

Besteht ein Anspruch von D gegen das ZDF?

43 Lösung

» Suchen Sie die Anspruchsgrundlage immer zuerst in den einschlägigen Gesetzen, hier also im PartG. Auf die Verfassung darf erst zurückgegriffen werden, wenn sich im sog. „einfachen Recht" keine Anspruchsgrundlage findet. «

A. Ausgangsfall

D könnte ein Anspruch auf Aussendung von sechs Wahlwerbespots aus § 5 Abs. 1 PartG (Gleichbehandlungsgrundsatz) zustehen.

I. Anspruchsvoraussetzungen

Ein Anspruch auf Aussendung von Wahlwerbespots aus § 5 Abs. 1 PartG setzt voraus, dass der Anspruch gegen einen Träger öffentlicher Gewalt gerichtet ist (1), der Anspruch von einer Partei i.S.d. PartG gestellt wird (2) und die Aussendung von Wahlwerbespots eine öffentliche Leistung darstellt (3).

1. Träger öffentlicher Gewalt

Das ZDF müsste Träger öffentlicher Gewalt i.S.d. § 5 Abs. 1 S. 1 PartG sein.

JURIQ-Klausurtipp

§ 5 Abs. 1 S. 1 PartG ist nicht auf den privaten Rundfunk anwendbar. Hier müsste eine Drittwirkung des Gleichheitssatzes, Art. 3 Abs. 1 GG, geprüft werden.

53 Der Fall ist *BVerfGE* 47, 198 ff. nachgebildet.

Träger öffentlicher Gewalt ist, wer Aufgaben im Bereich des öffentlichen Rechts wahrnimmt und dabei hoheitlich, das heißt kraft Überordnung und mit dem Anspruch auf Verbindlichkeit, tätig werden kann.

Das ZDF ist als Anstalt des öffentlichen Rechts (§ 1 ZDF-Staatsvertrag) dem öffentlichen Recht zuzuordnen. Rundfunk- und Fernsehanstalten können zudem jedenfalls dann hoheitlich tätig werden, wenn sie im Wahlkampf Sendezeiten zur Wahlwerbung zuteilen oder verweigern. Mithin ist das ZDF Träger öffentlicher Gewalt i.S.d. § 5 Abs. 1 S. 1 PartG.

Hinweis

Als Träger der öffentlichen Gewalt werden Rundfunkanstalten bei der Zulassung/Verweigerung von Sendezeiten an politische Parteien tätig. Sie üben öffentliche Gewalt aus, wenn sie in Ausübung des Rundfunkmonopols im Wahlkampf politischen Parteien ihre Einrichtungen zur Verfügung stellen.[54]

2. Parteibegriff i.S.d. § 2 Abs. 1 PartG

D müsste Partei i.S.d. PartG sein.

JURIQ-Klausurtipp

Aus der Tatsache, dass D im Sachverhalt als „Partei" bezeichnet ist, lässt sich nicht schlussfolgern, dass D Partei i.S.d. PartG ist. Insoweit gilt grundsätzlich: Werden Rechtsbegriffe, die auch in der Alltagssprache verwendet werden, im Sachverhalt mit Anführungszeichen versehen, müssen die Voraussetzungen für das Vorliegen dieses Rechtsbegriffs geprüft werden.

Gem. § 2 Abs. 1 PartG sind Parteien Vereinigungen von Bürgern, die dauernd oder für längere Zeit für den Bereich des Bundes oder eines Landes auf die politische Willensbildung Einfluss nehmen und an der Vertretung des Volkes im Deutschen Bundestag oder einem Landtag mitwirken wollen, wenn sie nach dem Gesamtbild der tatsächlichen Verhältnisse, insbesondere nach Umfang und Festigkeit ihrer Organisation, nach der Zahl ihrer Mitglieder und nach ihrem Hervortreten in der Öffentlichkeit eine ausreichende Gewähr für die Ernsthaftigkeit dieser Zielsetzung bieten.

D kandidiert in allen Bundesländern für die Bundestagswahl und möchte demnach auf die politische Willensbildung auf Bundesebene einwirken sowie im Bundestag vertreten sein. Aus dem Umstand, dass D bereits bei der letzten Bundestagswahl angetreten ist, ergibt sich, dass dieses Engagement nicht nur kurzfristig andauern soll.

Hinweis

Etwas anderes gilt für Bürgerinitiativen, die sich nur anlässlich eines bestimmten Themas zusammenschließen und damit nicht „dauernd" i.S.d. § 2 Abs. 1 PartG aktiv sind.

Im Übrigen ist nichts dafür ersichtlich, dass D keine ausreichende Gewähr für die Ernsthaftigkeit ihrer Zielsetzung bietet. Also ist D Partei i.S.d. §§ 2 Abs. 1, 5 Abs. 1 S. 1 PartG.

3. Öffentliche Leistung i.S.d. § 5 Abs. 1 S. 1 PartG

Weiterhin müsste es sich bei den zur Verfügung gestellten Sendezeiten um eine öffentliche Leistung i.S.d. § 5 Abs. 1 S. 1 PartG handeln.
Eine öffentliche Leistung ist eine bewusste und zielgerichtete Vorteilsgewährung an die Parteien. Eine solche Vorteilsgewährung liegt nicht vor, wenn Parteien von einer Handlung profitieren, die in anderer Absicht als der einer Begünstigung vorgenommen wird.

Hier stellt das ZDF den Parteien kostenlos Sendezeiten zwecks Wahlwerbung zur Verfügung, ohne damit eigene Interessen zu verfolgen. Auch die Tatbestandsvoraussetzung der öffentlichen Leistung ist demnach erfüllt.

Hinweis

Etwas anderes gilt für sog. Fernsehduelle. Zwar geben auch diese Sendungen den Spitzenkandidaten ein Forum, Werbung für

» Lesen Sie den Gesetzeswortlaut genau. Aus der Formulierung „andere" öffentliche Leistungen ergibt sich, dass auch die Einrichtung eine öffentliche Leistung ist, so dass umfassend unter diesen Oberbegriff subsumiert werden kann. «

54 *BVerfGE* 7, 99, 104.

» Beachten Sie: Rundfunkanstalten und Fernsehanstalten sind nicht befugt, die Ausstrahlung einer Wahlsendung lediglich deshalb zu verweigern, weil der vorgelegte Wahlspot verfassungsfeindliche Äußerungen enthält. «

ihre Partei zu machen. Jedoch ist dies nur ein Nebeneffekt. Eine redaktionell gestaltete Sendung ist grundsätzlich keine Leistung gem. § 5 Abs. 1 PartG. Soweit sich Parteien, deren Spitzenkandidat bei einem Fernsehduell nicht eingeladen wird, auf die Verpflichtung zur Gleichbehandlung nach Art. 21 Abs. 1 GG i.V.m. Art. 3 Abs. 1 GG berufen, ist auf Seiten der Fernsehanstalten das Recht auf Programmfreiheit gem. Art. 5 Abs. 1 S. 1 GG zu beachten. Chancengleichheit der Parteien und Rundfunkfreiheit sind nach dem Prinzip der Konkordanz in Ausgleich zu bringen.[55]

4. Zwischenergebnis

Die Anspruchsvoraussetzungen des § 5 Abs. 1 S. 1 PartG sind also gegeben.

II. Rechtsfolge

1. Grundsatz: Parteien sollen gleich behandelt werden

Gem. § 5 Abs. 1 S. 1 PartG sollen Parteien bei Vorliegen der o.g. Voraussetzungen gleichbehandelt werden. Eine Ungleichbehandlung ist danach nur in atypischen Ausnahmefällen möglich. Eine solche Ausnahmekonstellation könnte sich im vorliegenden Fall mit Blick darauf ergeben, dass das ZDF der D vorwirft, sie verfolge verfassungsfeindliche Ziele.

Hinweis

Achten Sie genau darauf, ob der Gesetzgeber von „können", „sollen" oder „müssen" spricht. Bei einer „Soll-Vorschrift" besitzt der Träger der öffentlichen Gewalt ein gebundenes Ermessen. Er „kann" nur bei Vorliegen eines atypischen Sachverhaltes nach Ermessen handeln, während er in typischen Fällen die vorgesehene Maßnahme treffen muss.

Unabhängig von der Frage, ob ein Wahlkampf unter dem Motto „Wir sind das Volk" als verfassungswidrig einzustufen ist, muss allerdings berücksichtigt werden, dass über die Frage der Verfassungswidrigkeit einer Partei gem. Art. 21 Abs. 2 S. 2 GG nur das BVerfG entscheiden kann.

Mit Blick darauf, dass eine Partei so lange als nicht verfassungswidrig gilt, bis das BVerfG eine andere Feststellung getroffen hat, kann sich das ZDF hier nicht auf verfassungsfeindliches Agieren der D berufen. D muss also wie alle anderen Parteien behandelt werden.

JURIQ-Klausurtipp

Anders wäre es, wenn D mit dem Inhalt des Spots gegen das Strafgesetzbuch verstoßen würde. Bei schweren Verstößen gegen Strafgesetze können die Sender die Ausstrahlung der Wahlwerbespots verweigern. Allerdings nur in engen Grenzen: Der Verstoß muss schwer und evident sein. In Zweifelsfällen ist zugunsten der politischen Parteien zu entscheiden und die Wahlwerbesendung zur Ausstrahlung freizugeben.[56]

2. § 5 Abs. 1 S. 2 bis 4 PartG: Prinzip abgestufter Chancengleichheit

Aus § 5 Abs. 1 S. 2 bis 4 PartG lässt sich allerdings entnehmen, dass der Umfang der Gewährung nach der Bedeutung der Parteien abgestuft werden kann (Prinzip der abgestuften Chancengleichheit). Demnach ist fraglich, ob D tatsächlich Anspruch auf Ausstrahlung von sechs Wahlwerbespots hat.

Dieser Frage muss jedoch nur nachgegangen werden, wenn § 5 Abs. 1 S. 2 bis 4 PartG überhaupt als verfassungsgemäß einzustufen ist.

a) Verfassungsmäßigkeit des § 5 Abs. 1 S. 2 bis 4 PartG

Bedenken ergeben sich mit Blick auf den Grundsatz der Chancengleichheit der Parteien. Dieser wird aus dem Demokratieprinzip (Art. 20 GG) sowie aus Art. 3 Abs. 1 und 21 GG abgeleitet.

---

55 *OVG NRW* NJW 2002, 3417, 3418; *BVerfG* NJW 2002, 2939.

56 *BVerfGE* 69, 257, 269.

§ 5 Abs. 1 S. 2 bis 4 PartG wäre demnach verfassungswidrig, wenn er dazu führen würde, dass Parteien ungerechtfertigt ungleich i.S.d. Art. 3 Abs. 1 GG behandelt werden.

Fraglich ist zunächst das Vorliegen einer Ungleichbehandlung.

Der Gleichheitssatz gem. Art. 3 Abs. 1 GG fordert, dass wesentlich Gleiches gleich und wesentlich Ungleiches ungleich behandelt werden muss. Gem. § 5 Abs. 1 S. 2 bis 4 PartG darf weniger bedeutsamen Parteien weniger gewährt werden als bedeutsamen, sprich großen Parteien. Sowohl kleine als auch große Parteien können unter den Oberbegriff Partei gefasst werden. Eine Ungleichbehandlung ist mithin zu bejahen.

Fraglich ist, ob diese Ungleichbehandlung durch einen zwingenden Grund gerechtfertigt ist.

Dagegen spricht zunächst, dass eine Anknüpfung an die bisherige Bedeutung von Parteien bei der Gewährung öffentlicher Leistungen dazu führt, dass kleinere Parteien weniger öffentliche Leistungen erhalten und es daher schwerer haben, in der Öffentlichkeit zu werben, um mehr Stimmen und eine höhere Bedeutung zu erlangen. Somit trägt das Prinzip der abgestuften Chancengleichheit zumindest tendenziell zur Erhaltung der etablierten Machtverhältnisse unter den Parteien bei. Dies gilt insbesondere für die Privilegierung der im Bundestag in Fraktionsstärke vertretenen Parteien nach § 5 Abs. 1 S. 4 PartG.

Andererseits ist jedoch zu berücksichtigen, dass die Träger öffentlicher Gewalt, die den Parteien Chancengleichheit zu gewähren haben, trotz dieser grundsätzlichen Verpflichtung funktionsfähig bleiben müssen. Diese Funktionsfähigkeit wäre nicht garantiert, wenn auch eine Vielzahl von Splitterparteien Anspruch auf absolute Gleichbehandlung hätte. Daher ist es gerechtfertigt, wenn eine weniger bedeutende Splitterpartei anders behandelt wird als die großen Parteien. Letzteres gilt insbesondere mit Blick darauf, dass Größe und Bedeutung einer Partei Rückschlüsse auf ihre Teilnahme an der politischen Willensbildung (Art. 21 Abs. 1 S. 1 GG) zulassen.

§ 5 Abs. 1 S. 2 bis 4 PartG ist folglich nicht verfassungswidrig.[57]

b) Anwendung des § 5 Abs. 1 S. 2 bis 4 PartG auf D

Demnach stellt sich die Frage, welcher Anspruch sich für D aus § 5 Abs. 1 S. 2 bis 4 PartG entnehmen lässt.

D ist mit 2 Prozent Stimmenanteil bei den letzten Bundestagswahlen nicht im Bundestag vertreten, so dass § 5 Abs. 1 S. 4 PartG keine Anwendung findet. Gem. § 5 Abs. 1 S. 3 PartG bemisst sich die zu gewährende Leistung insbesondere auch nach dem Ergebnis vorausgegangener Wahlen zu Volksvertretungen. Insoweit erscheint es angemessen, wenn D angesichts eines Stimmenanteils von nur 2 Prozent bei den letzten Bundestagswahlen lediglich die Ausstrahlung von drei Wahlwerbespots beanspruchen kann.

» Beachten Sie, dass die spezielle Regelung des § 5 Abs. 1 S. 4 PartG vorrangig zu prüfen ist. «

Etwas anderes könnte sich allenfalls angesichts der letzten repräsentativen Umfrage ergeben, wonach der D erstmals mehr als fünf Prozent der Stimmen und damit der Einzug in den Bundestag prognostiziert wurde. Aus der Formulierung in § 5 Abs. 1 S. 3 PartG , dass „insbesondere auch" Wahlergebnisse herangezogen werden können, folgt, dass auch andere Kriterien berücksichtigt werden dürfen. Es müssen Kriterien sein, die – ähnlich der Ergebnisse vorausgegangener Wahl – Rückschlüsse auf die mögliche Entwicklung der Partei innerhalb einer Legislaturperiode ermöglichen.

Hinweis

Das ist beispielsweise der Fall bei der Mitgliederzahl, bei Umfang und Ausbau des Organisationsnetzes einer Partei, bei der Beteiligung an Regierungen in Bund und Ländern, dem Vertretensein in Parlamenten sowie bei repräsentativen Umfragen (sog. Prognosen).

Jedoch wurden D zum ersten Mal überhaupt und nicht bereits über einen längeren Zeitraum mehr als fünf Prozent der Stimmen

57 So auch *BVerfGE* 24, 300, 355 und *BVerwGE* 75, 67, 77.

vorausgesagt. Diese einzelne Wahlprognose, der im Vergleich zu einem Wahlergebnis ohnehin ein Unsicherheitsfaktor anhaftet, kann nicht schwerer wiegen als ein Wahlergebnis.

Im Ergebnis ist D daher als kleine Partei einzustufen, so dass die Begrenzung auf drei Wahlwerbespots gem. § 5 Abs. 1 S. 2, 3 PartG rechtmäßig ist.

Hinweis

Die Rspr. hält bei der Verteilung der Werbezeit zwischen den kleineren und den größeren Parteien ein Verhältnis von 1:4 für angemessen.[58]

III. Ergebnis zum Ausgangsfall

D hat keinen Anspruch auf Ausstrahlung von sechs, sondern lediglich auf Ausstrahlung von drei Wahlwerbespots.

B. Abwandlung

I. Anspruch der D aus § 5 Abs. 1 PartG

In Betracht kommt ein Anspruch der D gem. § 5 Abs. 1 PartG. Allerdings wäre Voraussetzung dafür, dass ein Träger öffentlicher Gewalt überhaupt öffentliche Leistungen gewährt. § 5 Abs. 1 PartG gewährt keinen Anspruch, wenn keiner Partei eine Leistung zuteil wird. Da sich das ZDF entschlossen hat, auch keiner anderen Partei Sendezeiten zur Verfügung zu stellen, scheidet ein Anspruch aus § 5 Abs. 1 PartG in der Abwandlung aus.

II. Anspruch aus Art. 21 Abs. 1 i.V.m. Art. 3 Abs. 1 GG

Möglicherweise hat D einen Anspruch aus Art. 3 Abs. 1 i.V.m. Art. 21 Abs. 1 GG (derivativer Teilhabeanspruch). Aber eine Gleichbehandlung ist begrifflich nicht möglich, wenn niemandem eine Leistung zur Verfügung gestellt wird. Auch ein Anspruch gem. Art. 3 Abs. 1 i.V.m. Art. 21 Abs. 1 GG scheidet demnach aus.

III. Anspruch aus Art. 21 Abs. 1 GG

Schließlich kommt Art. 21 Abs. 1 GG als Anspruchsgrundlage in Betracht. Zwar sieht diese Vorschrift nach dem Wortlaut keinen solchen Anspruch vor. Vielmehr begründet sie eine Rechtspflicht dahingehend, die Bedeutung der Parteien bei der politischen Willensbildung zu berücksichtigen.

Hinweis

Auch die Auslegung der Verfassung vollzieht sich unter Rückgriff auf die klassischen Interpretationsmethoden:

- grammatische Interpretation
- systematische Interpretation
- historisch-genetische Interpretation
- teleologische Interpretation

Im Rang unter der Verfassung stehendes Recht ist zudem verfassungskonform auszulegen. Falls möglich, ist deshalb diejenige Interpretation zu wählen, die mit der Verfassung im Einklang steht.[59]

Möglicherweise ist der Norm ein solcher Leistungsanspruch aber durch Auslegung zu entnehmen. Der Wortlaut ist zunächst offen. Allerdings hat der Verfassungsgeber die Entscheidung, ob und welche Leistungen den Parteien zu gewähren sind, bewusst nicht selbst getroffen. Er hat diese Entscheidung vielmehr dem einfachen Gesetzgeber überlassen. Ein individueller Interessenschutz ist demnach nicht gesetzlich bezweckt. Art. 21 Abs. 1 GG enthält somit kein subjektives Recht auf Leistung und stellt demnach keine Anspruchsgrundlage dar.

IV. Ergebnis zur Abwandlung

D hat keinen Anspruch gegen das ZDF auf Vergabe von Sendezeiten für kostenlose Wahlwerbung.

58 *BVerwGE* 47, 280 ff.

59 *Degenhart* Staatsrecht I Rn. 20 ff.

C. Das Rechtsstaatsprinzip

Das Rechtsstaatsprinzip ist in Art. 20 GG nicht ausdrücklich erwähnt, aber ergibt sich aus 44
anderen Bestimmungen des Grundgesetzes sowie aus Art. 20 Abs. 2 und Abs. 3 GG. So knüpft Art. 23 Abs. 1 S. 1 GG die Übertragung von Hoheitsrechten an die Europäische Union ausdrücklich an die Voraussetzung, dass die Europäische Union den Grundsätzen des Rechtsstaats entspricht. Art. 28 Abs. 1 S. 1 GG verpflichtet die Bundesländer zu Rechtsstaatlichkeit. Darüber hinaus enthalten der Grundsatz der **Gewaltenteilung** und der Grundsatz der **Gesetzmäßigkeit der Verwaltung** in Art. 20 Abs. 2 und 3 GG wichtige Teilelemente des Rechtsstaatsprinzips. Aus diesen Überlegungen heraus ist abzuleiten, dass das Rechtsstaatsprinzip zu den von Art. 20 Abs. 1 GG gewährleisteten und **von Art. 79 Abs. 3 GG besonders geschützten Staatsstrukturprinzipien** gehört.

Unter einem **Rechtsstaat** versteht man einen Staat, dessen Ziel die Gewährleistung von Freiheit und Gerechtigkeit im staatlichen und staatlich beeinflussbaren Bereich ist und dessen Machtausübung durch Recht und Gesetz geregelt und begrenzt ist.

Wesentliches Merkmal eines Rechtsstaates ist damit die **Mäßigung und Bändigung der Staatsgewalt**. Sie ist gemäßigt, da sie sich demokratisch aufgestellten Spielregeln (Gesetzen) zu unterwerfen hat. Selbst der Gesetzgeber ist hierbei nicht frei, sondern nach Art. 20 Abs. 3 Hs. 1 GG an die Verfassung gebunden. Die Einhaltung der bindenden Rechtsnormen wird von einer unabhängigen dritten Gewalt, der Rechtsprechung, überwacht. Das Rechtsstaatsprinzip hat einzelne Ausprägungen, die im Folgenden dargestellt werden.

I. Der Gewaltenteilungsgrundsatz

Der Grundsatz der Gewaltenteilung ist in Art. 20 Abs. 2 S. 2 GG festgelegt. Danach wird die 45
Staatsgewalt durch besondere Organe der gesetzgebenden Gewalt, der vollziehenden Gewalt und der Rechtsprechung ausgeübt. Daraus wird eine Aufteilung der drei staatlichen Funktionen deutlich:

- Die Funktion der **Gesetzgebung** (Legislative) wird auf Bundesebene hauptsächlich durch Bundestag und Bundesrat wahrgenommen. Beide Organe haben ein Gesetzesinitiativrecht (Art. 76 Abs. 1 GG). Der Bundestag beschließt die Gesetze (Art. 77 Abs. 1 GG) und beteiligt den Bundesrat (Art. 77 Abs. 2 GG).
- Die wesentliche Aufgabe der **exekutiven** Gewalt ist der Vollzug der Gesetze. Sie besteht auf Bundesebene aus der Bundesregierung (Art. 62 GG) und der nachgeordneten Verwaltung (Art. 83 ff. GG).
- Die **rechtsprechende** Gewalt (Judikative) überprüft konkrete Handlungen der anderen Gewalten am Maßstab von Recht und Gesetz. Sie ist unabhängigen und nur dem Gesetz unterworfenen Richtern anvertraut (Art. 92 und 97 Abs. 1 GG).

Da der Grundsatz der Gewaltenteilung über die Homogenitätsklausel des Art. 28 Abs. 1 S. 1 GG auch für die Länderverfassungen gilt, besteht auch auf dieser Ebene eine jeweilige Aufteilung der staatlichen Befugnisse auf die drei Gewalten. Auf Ebene eines Bundesstaates findet also durch die staatliche Kompetenzverteilung zwischen Bund und Gliedstaaten und durch die jeweilige Aufteilung der hoheitlichen Macht auf die drei Gewalten eine doppelte Beschränkung der Staatsgewalt auf vertikaler und horizonaler Ebene statt.

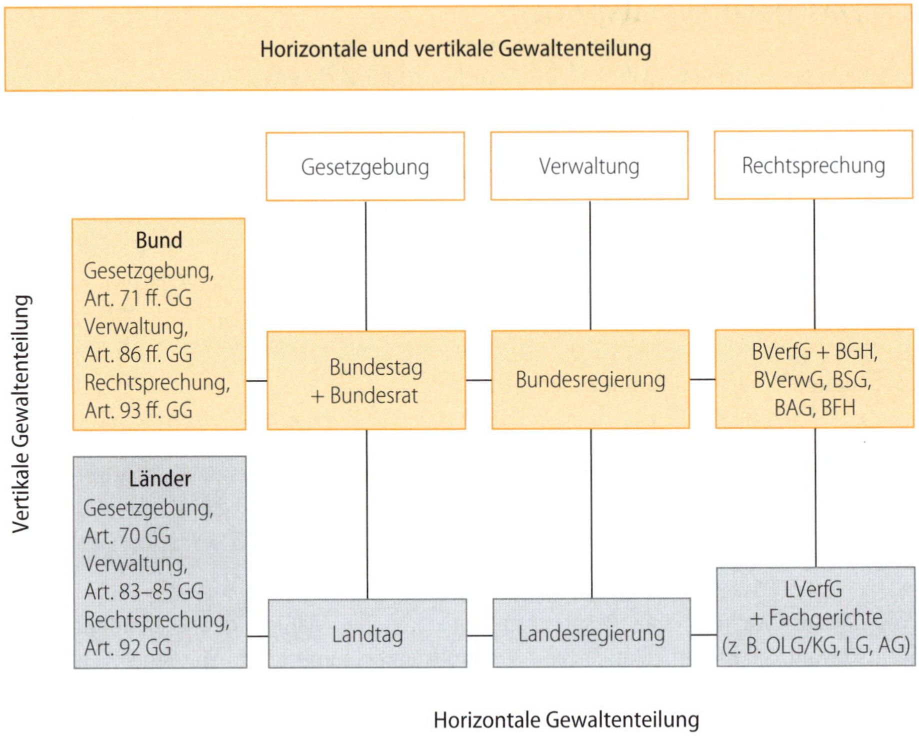

JURIQ-Klausurtipp

Bei der Falllösung werden Sie aus dem allgemeinen Prinzip der Gewaltenteilung in aller Regel keine selbstständigen Schlussfolgerungen ziehen. Es kann aber für die Auslegung der Normen über die Befugnisse der Staatsorgane Bedeutung haben.

» Bitte sehen Sie sich die im Schaubild angegebenen Artikel des GG an und ordnen Sie diese in den Zusammenhang der Gewaltenteilung ein. «

Die grundsätzliche Aufteilung der drei Staatsfunktionen wird ergänzt durch ein System wechselseitiger personeller und sachlicher Abhängigkeiten und Kontrollen. Dadurch soll verhindert werden, dass eine der Staatsgewalten zu mächtig wird (z.B. kein „Polizeistaat" und oder kein „Richterstaat"). Wesentliche Ausprägungen des Systems des wechselseitigen Kontrollsystems der drei Staatsgewalten **(„checks and balances")** sind dem folgenden Schaubild zu entnehmen:

Konkretisierung der Gewaltenteilung

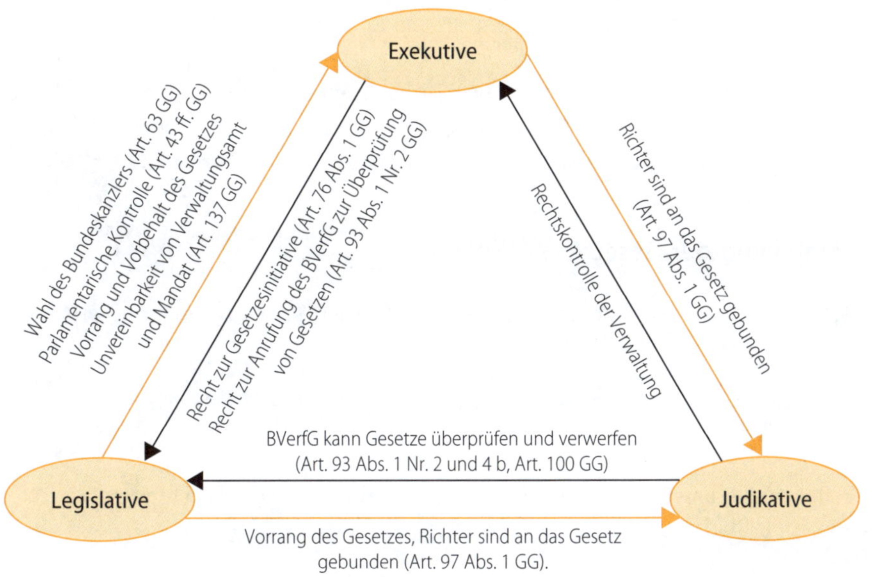

Das Trennungsprinzip der Gewaltenteilung wird im Grundgesetz nicht durchgehend strikt durchgehalten. Es finden sich vielmehr zwischen der legislativen und der exekutiven Gewalt **Durchbrechungen**, in denen die Gewalten sich teilweise verzahnen. Ursache ist in erster Linie das **parlamentarische Regierungssystem**, welches die Bundesregierung durch die Kanzlerwahl und das konstruktive Misstrauensvotum in die Abhängigkeit des Bundestages stellt, aber gerade deshalb einer engen Zusammenarbeit und Verzahnung zwischen den die Bundesregierung tragenden Bundestagsfraktionen und der Bundesregierung nicht entgegensteht. 46

Beispiel Es ist zulässig und geradezu üblich, dass der Bundeskanzler und die Bundesminister zugleich Mandate als Bundestagsabgeordnete inne haben. ■

Der **Sachverstand des Exekutivorgans** Bundesregierung wird überdies für die Gesetzgebungstätigkeit genutzt. Auch aufgrund der Wesentlichkeitstheorie des Demokratieprinzips bleibt es aber dabei, dass nur der Bundestag die wesentlichen Fragen des Gemeinwohls regeln darf.

Beispiele

- Deshalb ist die Mitwirkung der Bundesregierung an der Gesetzgebung beschränkt auf das Gesetzesinitiativrecht nach Art. 76 Abs. 1 GG. Die Beschlussfassung obliegt dem Bundestag unter Beteiligung des Bundesrates.
- Zwar können die Bundesregierung, ein Bundesminister oder die Landesregierungen nach Art. 80 Abs. 1 S. 1 GG Rechtsverordnungen erlassen, allerdings müssen sie hierzu durch ein Parlamentsgesetz ermächtigt werden in dem Verordnungsgeber, Inhalt, Zweck und Ausmaß bestimmt sind (Art. 80 Abs. 1 S. 2 GG) ■

Hinweis

Zu den Befugnissen der einzelnen Staatsorgane s. Teil 3 des Skriptes, Rn. 190 ff.

II. Die Rechtsbindung aller staatlichen Gewalten und die Normenhierarchie

47 Art. 20 Abs. 3 GG bringt eine umfängliche Rechtsbindung aller drei staatlichen Gewalten zum Ausdruck, in dem es dort heißt: *„Die Gesetzgebung ist an die verfassungsmäßige Ordnung, die vollziehende Gewalt und die Rechtsprechung sind an Gesetz und Recht gebunden."* Die Staatsgewalt wird also gemäßigt, in dem sie sich an demokratisch aufgestellte Spielregeln (Gesetze) zu halten hat. Selbst der Gesetzgeber ist hierbei nicht frei, sondern auch an die höherrangige Verfassung gebunden.

1. Einteilung der Gesetze

48 Bei den Gesetzen unterscheidet man solche im materiellen Sinne und im formellen Sinne.

Gesetze im materiellen Sinne sind alle Rechtssätze mit abstrakt-generellen Inhalt.

Abstrakt heißt, dass sie für eine unbestimmte Vielzahl von Sachverhalten gelten.
Generell heißt, dass sie für eine unbestimmte Vielzahl von Personen gelten.

Beispiele Gesetze und Rechtsverordnungen des Bundes und der Länder, kommunale Satzungen, ordnungsbehördliche Verordnungen jeweils mit abstrakt-generellen Inhalten ■

Unter **Gesetzen im formellen Sinne** versteht man staatliche Rechtssätze, die vom Parlament in dem von der Verfassung hierfür vorgesehenen Verfahren und in der dafür vorgesehenen Form erlassen werden.

Beispiele Die vom Bundestag bzw. Landtag beschlossenen Bundes- bzw. Landesgesetze unabhängig davon, ob sie abstrakt-genereller Art oder nicht sind. ■

In aller Regel sind also die vom Bundestag beschlossenen Gesetze sowohl Gesetze im formellen Sinne als auch im materiellen Sinne. Nur ausnahmsweise liegt ein **Gesetz im *rein* formellen Sinne** vor.

Beispiele

- Ein Gesetz im rein formellen Sinne wird angenommen im Fall des Haushaltsgesetzes, welches nach Art. 110 Abs. 2 GG den Haushaltsplan für ein bestimmtes Rechnungsjahr feststellt.
- Auch der Fall einer Legislativenteignung im Sinne des Art. 14 Abs. 3 S. 2 GG ist ein Gesetz im rein formellen Sinne, da dort ein konkret-individueller Enteignungsgegenstand normiert wird. ■

Gesetze im *rein* materiellen Sinne sind abstrakt-generelle Rechtssätze, die nicht vom Parlament erlassen worden, also Rechtsverordnungen und Satzungen. Das Parlament kann unter den Voraussetzungen des Art. 80 Abs. 1 GG seine Befugnis zur Rechtssetzung an die Exekutive delegieren und sie zum Erlass von Rechtsverordnungen ermächtigen. Gebietskörperschaften oder andere Selbstverwaltungskörperschaften können Satzungen zur Regelung ihrer eigenen Angelegenheiten erlassen.

Beispiele Gemeindesatzungen, Promotionsordnung einer Universität, Berufsordnung einer berufsständischen Kammer. ■

Geschäftsordnungen (wie die Geschäftsordnung des Bundestages) sind keine bürgerverbindlichen Regelungen, sondern wirken rein *intern* für die Mitglieder des betroffenen Organs (Bundestag, Gemeinderat).

2. Normenhierarchie

In der föderalen Rechtsordnung des Grundgesetzes, in der Normen sowohl vom Bund als auch von den Ländern erlassen werden, existiert eine Vielfalt von Rechtsquellen. Zur Gewährleistung von Rechtssicherheit ist eine **Hierarchie der Normen** notwendig: Das Grundgesetz steht an der Spitze der Normenhierarchie: Es hat also einen höheren Rang als alle Gesetze und Rechtsnormen des Bundes und der Länder. Dies ergibt sich aus der Bindung der Gesetzgebung an die verfassungsmäßige Ordnung des Grundgesetzes, vgl. Art. 1 Abs. 3, 20 Abs. 3 GG. Verfassungswidrige Gesetze werden vom BVerfG für nichtig erklärt, vgl. § 78 BVerfGG. 49

Unterhalb des Grundgesetzes gilt der in Art. 31 GG geregelte Grundsatz

„Bundesrecht bricht Landesrecht".

Dies bedeutet: Bundesrecht hat Vorrang vor Landesrecht. Dies hat zur Folge, dass jegliches Landesrecht (z.B. auch die Landesverfassung) im Kollisionsfall mit jeglichem wirksamen Bundesrecht (z.B. einer Bundesrechtsverordnung) rechtswidrig ist. Eine Kollision von Bundes- und Landesrecht liegt vor, wenn eine Bundes- und eine Landesrechtsnorm auf denselben Sachverhalt anwendbar sind und zu unterschiedlichen Rechtsfolgen führen.

JURIQ-Klausurtipp

Nur *wirksames* Landesrecht wird gebrochen. Landesrecht ist nicht wirksam, wenn dem Landesgesetzgeber beim Erlass der Vorschrift die Kompetenz fehlte (dann nichtig), oder der Bund von der konkurrierenden Gesetzgebung Gebrauch gemacht hat. In beiden Fällen ist das Landesrecht mangels Kompetenz nichtig. Art. 31 GG regelt nur die Fälle der Kollision wirksamer Normen.

Prüfen Sie daher stets die Rechtmäßigkeit des Gesetzes. Art. 31 GG kommt nicht zur Anwendung, soweit sich die Nichtigkeit kollidierenden Landesrechts bereits aus anderen Vorschriften des Grundgesetzes ergibt.

Beispiel Missachtet etwa ein Land im Rahmen der konkurrierenden Gesetzgebung die Sperrwirkung eines Bundesgesetzes, ist das Landesgesetz gem. Art. 72 Abs. 1 GG ungültig; eines Rückgriffs auf Art. 31 GG bedarf es insoweit nicht. ■

Innerhalb des Bundesrechts haben die **Parlamentsgesetze Vorrang vor den Rechtsverordnungen**. Im Landesrecht gilt das gleiche Prinzip, d.h. die Landesverfassung hat Vorrang vor den Landesgesetzen im formellen Sinne und diese sind höherrangig gegenüber den Rechtsverordnungen. Auf der untersten Ebene stehen die kommunalen Satzungen, da sie mit allen Gesetzen in Einklang stehen müssen.

Das **Unionsrecht** überlagert die Rechtsordnung nach dem Grundgesetz und genießt im Konfliktfall grundsätzlich **Anwendungsvorrang**. Man spricht von einem Anwendungsvorrang, weil das Unionsrecht nur den durch die Europäischen Verträge definierten Anwendungsbereich hat und im Übrigen widersprechende nationale Regelungen weiterhin Geltung beanspruchen können.

Die Rangfolge der Normen

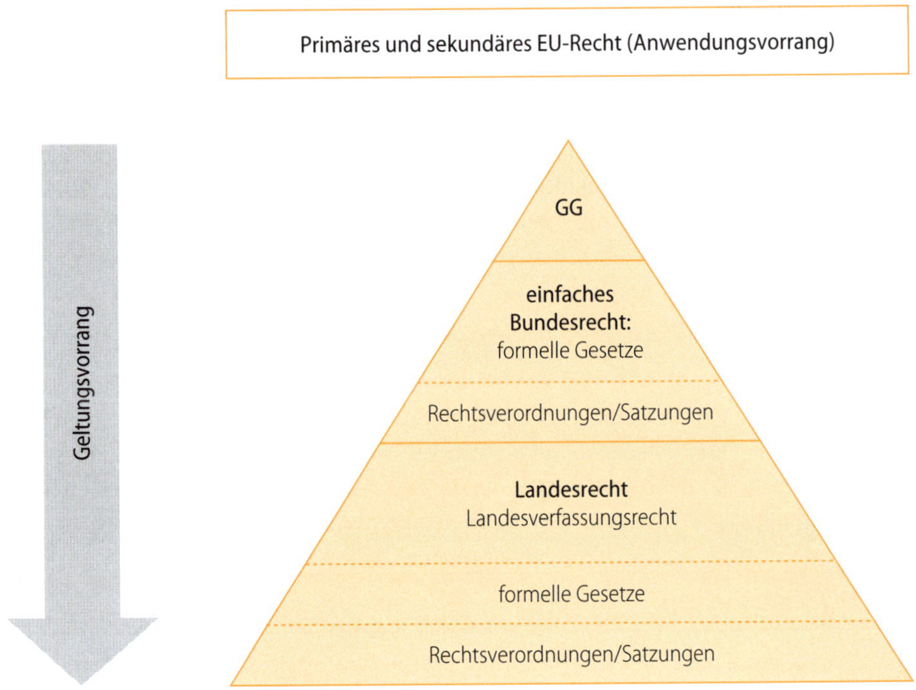

Im Fall der Kollision von Vorschriften gelten folgende Regeln:

Lex superior derogat legi inferiori: Das höherrangige Gesetz verdrängt das Gesetz des niedrigeren Ranges.

Beispiel Bundesrecht verdrängt Landesrecht ■

Lex posterior derogat legi priori: Das spätere Gesetz verdrängt das frühere.

Beispiel Bei einer Gesetzesnovelle gilt die neue Fassung. ■

Lex specialis derogat legi generali: Das speziellere Gesetz verdrängt das allgemeinere.

Beispiel Die gefährliche Körperverletzung (§ 224 StGB) verdrängt die (einfache) Körperverletzung (§ 223 StGB). ■

Kollidieren zwei Rechtsgüter, die gleichermaßen durch Normen auf **gleicher Rangstufe** geschützt werden, so ist durch **Abwägung** festzustellen, welchem Rechtsgut im konkreten Fall der Vorrang gebührt. Dabei ist nach einem möglichst schonenden Ausgleich zwischen den Verfassungsgütern zu suchen. Die Abwägung hat so zu erfolgen, dass möglichst beiden Verfassungsgütern zu bestmöglicher Entfaltung und Wirkung verholfen wird. Das ist der **Grundsatz der praktischen Konkordanz**. **50**

Lässt eine Norm des einfachen Rechts mehrere Auslegungen zu, von denen die eine zu einem verfassungswidrigen Ergebnis, die andere aber zu einem verfassungsgemäßen Ergebnis führen würde, so ist die Letztere zu wählen. Das ist das **Gebot der verfassungskonformen Auslegung**.

Lässt sich ein verfassungsgemäßes Ergebnis nur dadurch erreichen, dass man den Tatbestand oder die Rechtsfolge der einfachen Norm reduziert, so ist dies zulässig und geboten, sofern der Wortlaut der Norm hierfür eine sinnvolle Möglichkeit eröffnet. Dabei handelt es sich um die sog. **verfassungskonforme Reduktion**.

III. Die Gesetzmäßigkeit der Verwaltung

Art. 20 Abs. 3 GG bindet darüber hinaus die vollziehende Gewalt und Rechtsprechung an Gesetz und Recht. In einem Rechtsstaat besteht mithin bei jeglichen hoheitlichen Handlungen eine Rechtsbindung und damit kein rechtsfreier Raum. **51**

Beispiel Auch das Begnadigungsrecht des Bundespräsidenten ist nicht vom Recht freigestellt, s. Rn. 171. ■

Die vollziehende Gewalt hat selbst Rechtsnormen, die sie für mit höherrangigem Recht unvereinbar hält, anzuwenden.

Beispiel Obwohl der städtische Kommunalbeamte K die vom Stadtrat beschlossene Entwässerungssatzung für rechtswidrig hält, muss er diese bei der Erstellung der Gebührenbescheide zugrundelegen. Sofern ein Bürger hingegen gegen einen solchen Gebührenbescheid klagt und das Verwaltungsgericht die Entwässerungssatzung als Ermächtigungsgrundlage für den Bescheid für rechtswidrig erachtet, würde der Bescheid mangels rechtmäßiger satzungsrechtlicher Ermächtigungsgrundlage vom Gericht aufgehoben. ■

Hinweis

Dies unterscheidet die Verwaltung von der Rechtsprechung, die rein materielle Gesetze (Rechtsverordnungen und Satzungen) im Falle ihrer Rechtswidrigkeit für den konkreten Einzelfall von sich aus verwerfen kann. Hält ein Gericht dagegen ein entscheidungserhebliches Gesetz im formellen Sinne (Parlamentsgesetz) für rechtswidrig, so ist das Gerichtsverfahren auszusetzen und dem Landes- bzw. Bundesverfassungsgericht die Frage der Gültigkeit der Norm vorzulegen (konkrete Normenkontrolle nach Art. 100 GG).

Unter der Gesetzmäßigkeit der Verwaltung versteht man zwei Prinzipien; den Vorrang des Gesetzes (Art. 20 Abs. 3 GG) und den Vorbehalt des Gesetzes.

1. Der Vorrang des Gesetzes

» Merken Sie sich dazu: „Nicht gegen Gesetze". «

52 Der Grundsatz vom Vorrang des Gesetzes besagt, dass die **Verwaltung an Gesetz und Recht gebunden** ist, Art. 20 Abs. 3 GG. Sie darf bei ihrer Tätigkeit nicht gegen Rechtsnormen (Gesetz, Verordnungen, Satzungen, Gewohnheitsrecht) verstoßen.[60]

2. Der Vorbehalt des Gesetzes

» Merken Sie sich dazu: „Nicht ohne Gesetz". «

53 Das Prinzip des Vorbehalts des Gesetzes besagt, dass die Verwaltung nur tätig werden darf, wenn sie durch Gesetz oder aufgrund eines Gesetzes konkret dazu **ermächtigt** worden ist.

Hinweis

Das rechtsstaatliche Prinzip des Gesetzesvorbehaltes ergänzt somit die demokratische Wesentlichkeitstheorie (vgl. Rn. 22). Im Anwendungsbereich des Gesetzesvorbehaltes reicht es nicht, wenn das Parlament nur einen das Verwaltungshandeln legitimierenden Beschluss fasst. Wesentliche Entscheidungen im Anwendungsbereich des Gesetzesvorbehaltes müssen vielmehr vom Parlament *in Form eines Gesetzes* getroffen werden.

Der Gesetzesvorbehalt gilt nicht für jedes Verwaltungshandeln. Er gilt aber jedenfalls dann, wenn die Verwaltung den Bürger unmittelbar **belastende Maßnahmen** ergreift (sog. **Eingriffsverwaltung**). Das ergibt sich schon aus den speziellen grundrechtlichen Gesetzesvorbehalten.[61]

JURIQ-Klausurtipp

Unterscheiden Sie bei der Prüfung der Rechtmäßigkeit: Während aufgrund des Vorrangs des Gesetzes eine Maßnahme nur rechtswidrig ist, wenn sie gegen ein bestehendes Gesetz verstößt, ist sie im Hinblick auf den Vorbehalt des Gesetzes schon dann rechtswidrig, wenn es keine gesetzliche Ermächtigung für ein Tätigwerden der Verwaltung gab. Sie müssen bei Letzterem also immer zuerst nach der Eingriffsnorm suchen.

Beispiel Auch die früher sog. Besonderen Gewaltverhältnisse (Schul-, Strafgefangenen-, Beamtenverhältnis) sind nicht grundsätzlich von der Geltung des Gesetzesvorbehalts ausgenommen.[62] Grundrechtsrelevante Eingriffe wie die Überwachung der Gefangenenpost[63] oder ein Kopftuchverbot für Lehrerinnen an öffentlichen Schulen[64] bedürfen daher einer gesetzlichen Ermächtigungsgrundlage. ■

54 Umstritten ist aber nach wie vor, ob auch den Bürger **begünstigende Maßnahmen** der Verwaltung (sog. **Leistungsverwaltung**) unter dem Vorbehalt des Gesetzes stehen, ob also z.B. die Vergabe von Subventionen einer gesetzlichen Grundlage bedarf. Im Wesentlichen werden folgende Ansichten vertreten:[65]

---

60 *Degenhart* Staatsrecht I Rn. 310 f.
61 *Degenhart* Staatsrecht I Rn. 313.
62 Vertiefend *Degenhart* Staatsrecht I Rn. 333 ff.
63 *BVerfGE* 33, 1.
64 *BVerfGE* 108, 282.
65 *Degenhart* Staatsrecht I Rn. 314 ff.

Die **Lehre vom Totalvorbehalt** fordert auch im Bereich der Leistungsverwaltung für jedes staatliche Handeln eine Grundlage in Form eines formellen Gesetzes oder einer Verordnung. Nach der **Lehre vom Eingriffsvorbehalt** bedürfen hingegen nur Eingriffe in Freiheit und Eigentum der Ermächtigung durch Gesetz oder aufgrund eines Gesetzes, nicht dagegen die Gewährung von Subventionen. Nach einer **vermittelnden Ansicht** wird die Bereitstellung entsprechender Mittel im Haushaltsplan, der bei Bund und Ländern in Gesetzesform als Haushaltsgesetz beschlossen wird, als hinreichende Grundlage für die Leistungsverwaltung angenommen.

JURIQ-Klausurtipp

Spulen Sie die Theorien nicht einfach herunter. Argumentieren Sie einerseits mit dem Erfordernis der Flexibilität der Verwaltung, deren Handlungsspielräume bei einem totalen Gesetzesvorbehalt verengt würden, und andererseits damit, dass auch Leistungen – vor allem unter Gleichheitsgesichtspunkten – grundrechtsrelevant sein und in ihren Auswirkungen Eingriffen nahe kommen können.

Beispiel Bei Subventionen reicht regelmäßig aus, dass die Mittel im Haushaltsplan ausgewiesen sind.[66] Anders liegt der Fall, wenn durch Leistungen der Verwaltung Grundrechte Dritter betroffen sind. ■

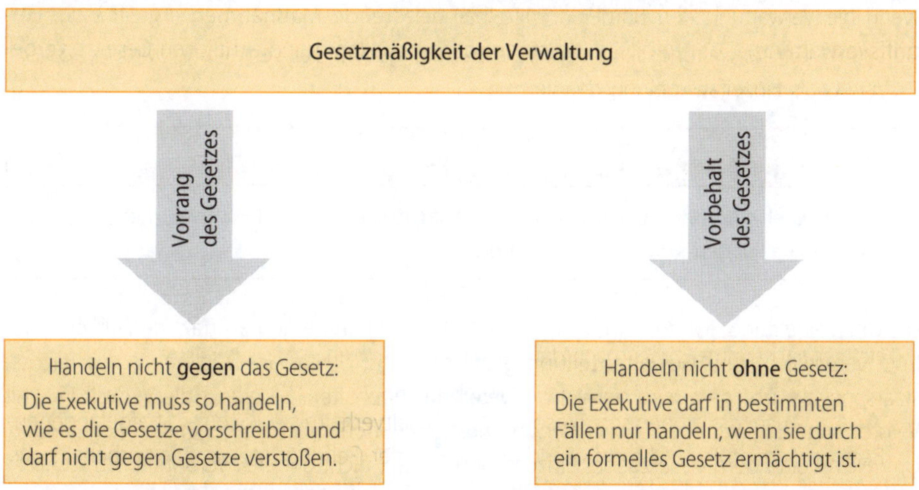

IV. Die Gewährleistung effektiven Rechtsschutzes

Essentieller Bestandteil des Rechtsstaatsprinzips ist die Garantie effektiven Rechtsschutzes, 55
auch bezeichnet als **allgemeiner Justizgewährleistungsanspruch**. Er findet sich teilweise in Art. 19 Abs. 4 S. 1 GG wieder. Danach steht jedem der Rechtsweg offen, der durch die öffentliche Gewalt in seinen Rechten verletzt wird. Streitigkeiten zwischen den Bürgern erfasst die Vorschrift allerdings nicht. Hier muss auf den allgemeinen rechtsstaatlichen Justizgewährleistungsanspruch zurückgegriffen werden.[67] Hierunter wird das Recht auf Zugang zu den

66 *BVerwGE* 90, 112, 126; zur Rückforderung gemeinschaftsrechtswidriger Subventionen *Degenhart* Staatsrecht I Rn. 336, 410.

67 *BVerfGE* 107, 396, 406; *Jarass* in Jarass/Pieroth, Art. 20 Rn. 128; Vertiefend *Degenhart* Staatsrecht I Rn. 437 ff.

Gerichten sowie eine grundsätzlich umfassende Prüfung des Streitgegenstandes mit verbindlicher Entscheidung durch den Richter verstanden.

56 Eine weitere Folgerung, die sich aus dem Rechtsstaatsprinzip und auch ausdrücklich aus Art. 19 Abs. 1 S. 1 GG ergibt, ist das **Verbot grundrechtseinschränkender Einzelfallgesetze**. Gesetze müssen grundsätzlich **abstrakt-generell** sein. Dies hängt vor allem damit zusammen, dass der Rechtsschutz unmittelbar gegen Gesetze für den Betroffenen verkürzt ist.

Beispiel Ein Bürger kann *unmittelbar* gegen ein ihn belastendes Bundesgesetz nur unter den engen Zulässigkeitsvoraussetzungen einer Rechtssatzverfassungsbeschwerde vorgehen und daher erst- und letztinstanzlich nur das BVerfG anrufen. Wird er aber durch einen gesetzesausführenden Verwaltungsakt betroffen, kann er dagegen den verwaltungsgerichtlichen Instanzenzug in Anspruch nehmen und ggf. die letztinstanzliche Entscheidung beim BVerfG auf etwaige Grundrechtsverstöße überprüfen lassen. ■

Im Gegensatz zu den Gesetzen sind **Verwaltungsmaßnahmen** typischerweise **individuell** und **konkret**.

Individuell bedeutet: Geltung für bestimmte Personen, jedenfalls einen bestimmbaren Personenkreis.
Konkret bedeutet: Geltung für einen Einzelfall oder eine bestimmte Zahl von Fällen.

Beispiel Der Verwaltungsakt als typische Handlungsform der Verwaltung wird in § 35 S. 1 VwVfG als Einzelfallregelung definiert. ■

Hinweis

Als Faustregel gilt: Individuell-konkrete Maßnahmen sind Sache der Verwaltung; abstrakt-generelle Regelungen sind Sache des Gesetzgebers.

Die Unterscheidung zwischen individuell-konkreter Maßnahme und abstrakt-genereller Regelung verwirklicht den **Gewaltenteilungsgrundsatz** und damit ein Teilelement des Rechtsstaatsprinzips. Trotzdem wird sie nicht generell durchgehalten. So erlässt die Verwaltung mit Verordnungen, Satzungen und Verwaltungsvorschriften abstrakt-generelle Regelungen. Umgekehrt sind dem Gesetzgeber Einzelfallregelungen nicht generell verboten. Art. 19 Abs. 1 S. 1 GG statuiert nur ein Verbot *grundrechtseinschränkender* Einzelfallgesetze.

Hinweis

Es gilt der Grundsatz: Soweit Grundrechte überhaupt durch Gesetz eingeschränkt werden können, muss das Gesetz allgemein und nicht nur für den Einzelfall gelten.

Eine besondere Regelung gibt es für **Legalenteignungen**. Diese sind nach Art. 14 Abs. 3 S. 2 GG als **lex specialis** zu Art. 19 Abs. 1 S. 1 GG grundsätzlich zulässig. Sie sind aber gegenüber Administrativenteignungen subsidiär.[68]

68 *BVerfGE* 24, 367 ff.

Gesetze, die keine Grundrechte einschränken, dürfen Einzelfallgesetze sein. Nach Auffassung des **BVerfG** lässt sich ein über Art. 19 Abs. 1 S. 1 GG hinausgreifendes Verbot von Einzelfallgesetzen nicht aus dem Rechtsstaatprinzip herleiten. Dem Grundgesetz könne nicht entnommen werden, dass es – von Art. 19 Abs. 1 S. 1 GG abgesehen – von einem Gesetzesbegriff ausgeht, der nur generelle Regelungen zulässt. Die gesetzliche Regelung eines Einzelfalles sei dann nicht ausgeschlossen, wenn der Sachverhalt so beschaffen ist, dass es nur einen Fall dieser Art gibt und die Regelung dieses singulären Sachverhaltes von sachlichen Gründen getragen wird.[69] 57

Beispiel Es kann für eine planungsrechtliche Genehmigung einer Eisenbahn-Neustrecke unmittelbar durch den Gesetzgeber besondere rechtfertigende Gründe geben (besondere Dringlichkeit und Bedeutung einer Schnellbahnlinie), s. dazu den Fall in Rn. 262 f. ■

V. Rechtssicherheit (Bestimmtheits- und Vertrauensgrundsatz)

Ein wichtiger Aspekt des Rechtsstaatsprinzips ist der Grundsatz der Rechtssicherheit. Der Bürger soll dadurch vor unkalkulierbaren und damit willkürlichen Handeln des Staates geschützt werden. Zum Grundsatz der Rechtssicherheit gehören der Bestimmtheitsgrundsatz und die Beachtung des Vertrauensschutzes beim Erlass rückwirkender Regelungen. 58

1. Bestimmtheitsgrundsatz

Der **Bestimmtheitsgrundsatz** verlangt vom Gesetzgeber inhaltlich klare und hinreichend bestimmte Regelungen, die dem Normunterworfenen eindeutig vermitteln, was seine Rechte und Pflichten sind. 59

Für Strafgesetze ist der Bestimmtheitsgrundsatz ausdrücklich konkretisiert in Art. 103 Abs. 2 GG:

„Eine Tat kann nur bestraft werden kann, wenn die Strafbarkeit gesetzlich bestimmt war, bevor die Tat begangen wurde."

Weiterhin ordnet Art. 80 Abs. 1 S. 2 GG für gesetzliche Verordnungsermächtigungen an, dass deren Inhalt, Zweck und Ausmaß hinreichend bestimmt sein muss. Der Bestimmtheitsgrundsatz gilt auch für Einzelakte der vollziehenden Gewalt (vgl. § 37 Abs. 1 VwVfG) und der rechtsprechenden Gewalt (vgl. § 313 ZPO).

Da Rechtsnormen für eine Vielzahl von Lebenssachverhalten Anwendung finden müssen, sind sie abstrakt-generell formuliert und verwenden notwendigerweise **„unbestimmte Rechtsbegriffe"**. Hierin liegt in aller Regel kein Verstoß gegen den Bestimmtheitsgrundsatz, da die beschriebenen Mittel der Verwaltung und Rechtsprechung die Möglichkeit geben, in der konkreten Situation eine am Gesetzeszweck orientierte Einzelfallgerechtigkeit zu erzielen. Es ist allerdings erforderlich, dass der im Gesetz gewählte (zunächst) „unbestimmte Rechtbegriff" überhaupt objektiv bestimmbar ist. Er muss einer hinreichenden Präzisierung durch Rechtsprechung und Lehre nach Inhalt, Zweck und Ausmaß aufgrund der juristischen Auslegungsmethoden objektiv zugänglich sein.

Beispiel Die gefahrenabwehrrechtliche Generalklausel in den landesrechtlichen Ordnungs- und Polizeigesetzen enthält eine hoheitliche Handlungsbefugnis zur Abwehr von Gefahren für die *„öffentliche Sicherheit"*. Dieser Begriff ist nach Inhalt, Zweck und Ausmaß hinrei-

69 *BVerfGE* 95, 1, 17.

chend bestimmt. Hierunter ist die Gesamtheit aller geschriebenen Rechtssätze zu verstehen, die den Staat und seine Einrichtungen, wichtige Gemeinschaftsgüter und wichtige Einzelrechtsgüter schützen.[70] ■

Nur in ganz wenigen Fällen hat das BVerfG Gesetze oder die richterliche Auslegung und Anwendung von Gesetzen für zu unbestimmt und deshalb verfassungswidrig erklärt. Denn nach dem BVerfG führt das Bestimmtheitsgebot nur in „extremen Fällen" von Unvollkommenheit und Missverständlichkeit zur Nichtigkeit eines Gesetzes.

Beispiel In der Nötigungs-Entscheidung des BVerfG[71] ging es um die Frage, was unter „Gewalt" i.S.d. § 240 Abs. 1 StGB zu verstehen ist: *„Wer einen anderen rechtswidrig mit Gewalt oder durch Drohung mit einem empfindlichen Übel zu einer Handlung, Duldung oder Unterlassung nötigt, wird mit … bestraft."*

Der Entscheidung lag folgender Fall zugrunde: Im Rahmen der Proteste gegen die sog. NATO-Nachrüstung kam es zu der Blockade einer Bundeswehrkaserne. Der Angeklagte versperrte zusammen mit anderen die Zufahrt, indem er sich auf die Fahrbahn setzte. Er wurde wegen Nötigung zu einer Geldstrafe von 15 Tagessätzen verurteilt. Die Strafgerichte argumentierten, dass Sitzblockaden eine psychisch vermittelte Zwangswirkung entfalten, weil sie in dem Blockierten eine Wegfahr- und Tötungshemmung auslösen, und somit als Gewalt anzusehen seien. Mit der Verfassungsbeschwerde rügte der Angeklagte, es widerspreche dem Bestimmtheitsgebot, den Begriff „Gewalt" so auszulegen, dass er Sitzblockaden umfasse. Der Begriff „Gewalt" sei ohnehin schon unbestimmt. Diese Unbestimmtheit werde in einer nicht mehr hinnehmbaren Weise gesteigert, wenn der Gewaltbegriff von dem Kriterium des Einsatzes körperlicher Kraft gelöst werde.

Während das BVerfG den Gewalt*begriff* in § 240 StGB für mit dem Bestimmtheitsgebot (Art. 103 Abs. 2 GG) vereinbar hält, wertet es die *Auslegung* des Gewaltbegriffs durch die Strafgerichte als Verstoß gegen Art. 103 Abs. 2 GG. Zwangseinwirkungen, die nicht auf dem Einsatz körperlicher Kraft, sondern auf geistig-seelischem Einfluss beruhen, könnten zwar unter Umständen eine Drohung sein, nicht aber Gewalt. Eine dahingehende Auslegung des Gewaltbegriffs sei mit dem Bestimmtheitsgebot unvereinbar. ■

2. Vertrauensschutz

60 Neben dem Bestimmtheitsgrundsatz gehört der **Vertrauensschutz** zu den rechtsstaatlichen Anforderungen der Rechtssicherheit. Danach sollen Personen (Bürger und Unternehmen) darauf vertrauen dürfen, dass auf Grund einer bestimmten Rechtslage einmal getroffene Dispositionen grundsätzlich nicht durch nachträgliche Rechtsänderung entwertet werden. Probleme können hierbei eintreten, wenn der Gesetzgeber mit Regelungen auf den in der **Vergangenheit** begonnenen Lebenssachverhalt einwirkt. Dies ist unbedenklich, wenn dadurch für den Einzelnen Vorteile eintreten.

Rechtsstaatlich bedenklich können allerdings Regelungen werden, die an ein Verhalten des Einzelnen nachträglich ungünstige Rechtsfolgen knüpfen. Hierbei ist zwischen der regelmäßig unzulässigen echten Rückwirkung und der grundsätzlich zulässigen unechten **Rückwirkung** zu differenzieren.

70 *BVerfGE* 54, 143, 144.
71 *BVerfGE* 92, 1.

a) Echte Rückwirkung

Bei der **echten Rückwirkung** wird ein bereits abgeschlossener Lebenssachverhalt einer neuen, ungünstigeren Rechtslage unterworfen. Das Änderungsgesetz tritt typischerweise *mit Wirkung für die Vergangenheit*, also vor dem Tag der Verkündung im Gesetzesblatt in Kraft.[72] 61

Beispiel Schüler S hat nach seiner mündlichen Prüfung am 4. Mai sein Abitur bestanden und hält stolz das „Zeugnis der allgemeinen Hochschulreife" in Händen. Durch Änderung der „Rechtsverordnung über die Abiturprüfung", welche am 1. Juli beschlossen und am 14. Juli verkündet worden ist, wird *rückwirkend zum 1. Mai* die Ausgestaltung der mündlichen Abiturprüfung neu geregelt. S wird daher nach Rücknahme der „Zuerkennung der allgemeinen Hochschulreife" am 1. August (erneut) zur mündlichen Abiturprüfung geladen. Im *Beispielsfall* liegt eine **rechtsstaatswidrige** echte Rückwirkung vor, die zur Nichtigkeit der Änderungsverordnung führt. ■

Eine echte Rückwirkung von *belastenden* Gesetzen ist in aller Regel **unzulässig**. Sie kann nur in seltenen Ausnahmefällen zulässig, wenn zwingende Gründe des gemeinen Wohls vorliegen oder das Vertrauen des Einzelnen nicht schutzbedürftig ist. Letzteres kann der Fall sein, wenn mit der getroffenen Regelung zu rechnen war; also z.B. eine vorläufige durch eine gleichlautende, endgültige Regelung ersetzt wurde.

b) Unechte Rückwirkung

Bei der **unechten Rückwirkung** wird ein in der Vergangenheit begonnener, aber nicht abgeschlossener Lebenssachverhalt zum Nachteil des Betroffenen neu geregelt. Die Gesetzesänderung tritt nicht vor ihrer Verkündung in Kraft, sondern *mit Wirkung für die Zukunft*. 62

Beispiel Nach dem so glimpflich überstandenen Schock hinsichtlich der drohenden Wiederholung der mündlichen Abiturprüfung ist aus dem Schüler S des vorangegangenen Beispiels mittlerweile der Student S geworden. Auch im Studium kommt er mit der Rückwirkungsproblematik in Berührung: Im Anfangssemester genießt er die Vorzüge seines bislang gebührenfreien Studiums. Im Folgejahr wird nunmehr durch den Gesetzgeber am 10. Mai ein *„Gesetz zur Einführung von Studiengebühren"* erlassen, welches am 20. Mai verkündet wird und ab dem 1. Oktober des Jahres in Kraft treten soll. In diesem Fall liegt eine grundsätzlich **zulässige** unechte Rückwirkung vor. Der Vertrauensschutz des Einzelnen geht nicht so weit, dass er vor allen künftigen Gesetzesänderungen geschützt wird, die seine individuelle Planung beeinträchtigen. Sofern kein in der Vergangenheit abgeschlossener, sondern ein laufender und damit auch in die Zukunft gerichteter Sachverhalt betroffen ist, muss der Einzelne mit gesetzlichen Änderungen grundsätzlich rechnen. ■

Gesetze mit unechter belastender Rückwirkung können sich ausnahmsweise als nicht mehr **verhältnismäßig** darstellen, wenn im Rahmen der Angemessenheitsprüfung das Interesse der betroffenen Normadressaten dasjenige des Staates überwiegt. In solchen Fällen kann der Gesetzgeber aber einem berechtigten Vertrauensschutz durch **Übergangsvorschriften** Rechnung tragen.

72 *BVerfGE* 95, 64, 86 f.; *Gröpl* Staatsrecht I Rn. 516.

Beispiel Bei der gesetzlichen Einführung künftiger Altersgrenzen für bestimmte Berufsgruppen handelt es sich um einen grundsätzlich zulässigen Fall der unechten Rückwirkung, da diese erst für die Zukunft gelten sollen. Ältere Berufsangehörige werden dadurch aber besonders hart betroffen, da sie ihre individuelle Vorsorgeplanung so kurzfristig in der Regel nicht zumutbar anpassen können. Die Verhältnismäßigkeit kann in solchen Fällen durch Übergangsregelungen hergestellt werden, z.B. dergestalt, dass jeder derzeitige Berufsinhaber ab einem gewissen Alter seinen Beruf trotz Erreichens der gesetzlichen Altersgrenze jedenfalls mindestens für eine bestimmte Anzahl von Jahren ausüben darf. ■

c) Besonderheiten bei rückwirkenden Strafgesetzen

63 Nach Art. 103 Abs. 2 GG darf eine Tat nur bestraft werden, wenn die Strafbarkeit **vor** ihrer Begehung gesetzlich bestimmt war.

Hinweis

Aus „nulla poena sine lege" (keine Strafe ohne Gesetz) folgt auch, dass rückwirkende Strafgesetze schlechthin unzulässig sind.

JURIQ-Klausurtipp

Sie dürfen bei *Strafgesetzen* also **nicht** zwischen echten und unechten Rückwirkungen unterschieden bzw. Ausnahmen vom Rückwirkungsverbot wegen überwiegender Interessen der Allgemeinheit prüfen.

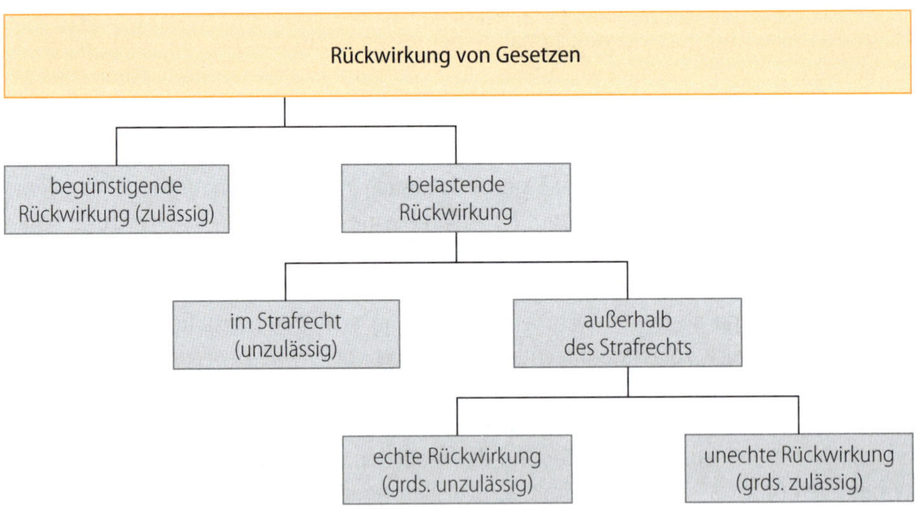

d) Besonderheiten für Entscheidungen der Gerichte

64 Rückwirkende Änderungen der Rechtsprechung sind generell zulässig. In diesen Fällen ändert sich an der Grundlage dieser Rechtsprechung nichts; die Grundlage wird nur anders interpretiert.

Beispiel So durfte der **BGH** die Promillegrenze im Straßenverkehr rückwirkend von 1,3 auf 1,1 herabsetzen.[73] ■

73 *BVerfG* NJW 1990, 3140.

VI. Das Verhältnismäßigkeitsprinzip

Der Grundsatz der Verhältnismäßigkeit fordert von staatlichen Maßnahmen gegenüber dem Bürger, dass sie zur Erreichung des mit ihnen verfolgten Zwecks geeignet, erforderlich und angemessen sind.[74] Er bringt zum Ausdruck, dass der Staat die Freiheit des Einzelnen nur insoweit einschränken kann, als es im Interesse des Gemeinwohls unbedingt erforderlich ist. 65

Hinweis

Beachten Sie für die Fallbearbeitung, dass sich der Verhältnismäßigkeitsgrundsatz aus dem Rechtsstaatsprinzip (Art. 20 Abs. 3 GG) ergibt. Er hat daher obersten Verfassungsrang und ist nicht nur von der vollziehenden und rechtsprechenden Gewalt, sondern auch vom Gesetzgeber selbst zu beachten.

Die Verhältnismäßigkeitsprüfung erfolgt in vier Schritten:

PRÜFUNGSSCHEMA

Eingriffe in die (Grund-)Rechte der Bürger sind nur verfassungskonform, wenn sie

I. einem **legitimen (gemeinwohlorientierten) Zweck** dienen (Ziellegitimität),

II. zur Erreichung dieses Zwecks **geeignet** (d.h. zumindest zweck*förderlich*) sind,

III. **erforderlich** sind, d.h. es darf kein milderes Mittel ersichtlich sein, das den Zweck ebenso gut fördern könnte, also wirkungsgleich wäre,

IV. **verhältnismäßig** i.e.S. (proportional, angemessen) sind, d.h. bei der Abwägung darf die Schwere des Eingriffs nicht außer Verhältnis zu dem angestrebten Zweck stehen.

D. Das republikanische Prinzip

Art. 20 Abs. 1 GG bringt zum Ausdruck, dass als weiteres wichtiges Staatsstrukturprinzip das republikanische Prinzip gilt. Dieses ist Bestandteil des Staatsnamens „Bundesrepublik Deutschland" und unterliegt der „Ewigkeitsgarantie" des Art. 79 Abs. 3 GG. Das republikanische Prinzip schließt die Einführung einer Monarchie aus. 66

Der Begriff „Republik" bezieht sich auf das **Staatsoberhaupt** und verlangt, dass dieses auf begrenzte Zeit gewählt wird und absetzbar ist. Gegensatz hierzu wäre die Monarchie. Bei dieser wird die Person des Staatsoberhauptes nach spezifischen familien- und erbrechtlichen Regeln bestimmt und auf Lebenszeit bestellt. Demgegenüber wird in einer Republik das Staatsoberhaupt durch einen Legitimationsakt des **Volkes** berufen.

74 Vertiefend *Degenhart* Staatsrecht I Rn. 417 ff.

Hinweis

Das Staatsoberhaupt der BR Deutschland ist der Bundespräsident. Dieser wird gemäß Art. 54 Abs. 1 S. 1 und Abs. 2 S. 1 GG durch die Bundesversammlung für die Dauer von fünf Jahren gewählt.

Beispiele Eine lebenslange Amtszeit des Staatsoberhauptes, die Bestimmung des Nachfolgers durch das Staatsoberhaupt oder die Erblichkeit des Amtes wären mit dem republikanischen Prinzip unvereinbar. ■

E. Das Bundesstaatsprinzip

67 Art. 20 Abs. 1 GG enthält die verfassungsrechtliche Grundentscheidung für die Bundesrepublik als **Bundesstaat**. Das Bundesstaatsprinzip ist normativ dort gleich doppelt verankert, in dem es heißt:" Die *Bundes*republik ist ein…*Bundesstaat*."

Die Bedeutung des Bundesstaatsprinzips als wesentlichen Strukturprinzip für den Staatsaufbau wird durch die Ewigkeitsklausel des Art. 79 Abs. 3 GG unterstrichen. Weder die aus Art. 20 GG sich ergebenden Grundsätze des Bundesstaatsprinzips noch die Gliederung des Bundes in Länder und die grundsätzliche Mitwirkung der Länder bei der Bundesgesetzgebung dürfen geändert werden.

» Bitte wiederholen Sie an dieser Stelle die Grundsätze der Allgemeinen Staatslehre in Rn. 2–5. «

Gegensätze zum Bundesstaat bilden einerseits der **Einheitsstaat** und andererseits der **Staatenbund**.

Hinweis

Bei einem Einheitsstaat (Bsp. Frankreich) existiert nur ein einheitlicher Staat, der allenfalls Verwaltungsuntergliederungen in Departements kennt. Beim Staatenbund (Bsp. Afrikanische Union) haben nur die im Staatenbund zusammengeschlossenen Staaten Staatsqualität, nicht aber der Bund selber. Die EU ist weder Bundesstaat noch Staatenbund, sondern ein dazwischen einzuordnender „supranationaler Staatenverbund".[75]

I. Das Bundesstaatsprinzip als verfassungsrechtliche Grundentscheidung

68 Die sechzehn Bundesländer sind in Satz 2 der Präambel aufgeführt. Sie haben aufgrund ihrer Staatsqualität jeweils ein eigenes Staatsvolk („Landesvolk", aus dem sich die Wahlberechtigten für die Landtagswahl ergeben), Staatsgebiet und eine eigene Staatsgewalt, die näher in der jeweiligen Landesverfassung ausgestaltet ist und durch eigene Landesorgane (insbesondere Landtag, Landesregierung, Gerichte) ausgeübt wird.

69 Das Bundesstaatsprinzip umfasst die Staatlichkeit sowohl des Bundes als auch der Gliedstaaten. Als Bundesstaat besteht die BR Deutschland aus siebzehn Staaten: Die sechzehn Bundesländer und die BR Deutschland selbst. Sowohl Bundes- als auch Länderorgane üben eine

75 *BVerfGE* 89, 155, 184, 190.

im Rahmen ihrer Kompetenz jeweils unabhängige **Staatsgewalt** aus.[76] Die Staatsqualität der Länder (und des Bundes) kommt ausdrücklich in der Abgrenzungsnorm des Art. 30 GG zum Ausdruck, da dort die Ausübung der staatlichen Befugnisse und die Erfüllung der staatlichen Aufgaben als Sache der Länder beschrieben werden, soweit nicht das Grundgesetz dies dem Bund zuweist.

Das Bundesstaatsprinzip ist in Deutschland historisch begründet.[77] In der Umsetzung bedeutet es eine Stärkung der Demokratie:[78]

- **Stärkere Rückkopplung des Bürgers an die Politik**
  Der Bürger wird durch die Landtagswahlen häufiger aufgerufen, seine politische Meinung zu äußern. Das Verhältnis Staat – Bürger wird so gestärkt. Mit den Landtagen erhält der Bürger zudem eine Vertretung für die besonderen Probleme seines Landes.
- **Stärkung der Opposition**
  Die unterschiedlichen Wahltermine haben zur Folge, dass bei der Bundestagswahl unterlegene Parteien sich möglicherweise auf Landesebene durchsetzen können. Auf diese Weise können sich Oppositionsparteien gegenüber der Bundesregierung profilieren.
- **Vertikale Gewaltenteilung**
  Dadurch, dass die Länder selbst Aufgaben der legislativen, judikativen und exekutiven Gewalt ausüben, wird die Staatsgewalt des Bundes von vorneherein beschränkt. Dies verhindert eine Machtkonzentration beim Bund. Weder den Ländern noch dem Bund steht alle Staatsgewalt zur Verfügung.

II. Die Kompetenzverteilung zwischen Bund und Ländern

Die Ausübung der Staatsgewalt ist zwischen Bund und Ländern verteilt.[79] Dabei gilt grund- **70**
sätzlich das Primat der Länder: Nach Art. 30 GG ist die Wahrnehmung der staatlichen Aufgaben und Befugnisse Sache der Länder, soweit das Grundgesetz keine andere Regelung trifft oder zulässt. Bei der **Gesetzgebung** wird diese Regel in Art. 70 Abs. 1 GG wiederholt, allerdings durch die Art. 71 ff. GG stark eingegrenzt. Die **Ausführung der Gesetze** und die sonstige gesetzesfreie Verwaltung ist dagegen überwiegend Sache der Länder (Regelvollzug), Art. 83 GG. Nach Art. 92 GG sind die Länder für die **Rechtsprechung** verantwortlich, mit Ausnahme der Bundesgerichte und des BVerfG. Hinsichtlich der auswärtigen Gewalt gilt hingegen das Primat des Bundes, Art. 32 GG.

Im Falle einer **Normenkollision** zwischen Bundesrecht und Landesrecht gilt Art. 31 GG: Bundesrecht bricht Landesrecht (vgl. hierzu Rn. 47).

III. Die Länder als eigene Staaten in der Bundesrepublik Deutschland

Die Länder haben das Recht, ihre Staatsorganisation eigenständig zu regeln. Eine Grenze die- **71**
ser selbstständigen Befugnis bildet allerdings die **Homogenitätsklausel** des Art. 28 Abs. 1 S. 1 GG als Sonderregel zu Art. 31 GG:

---

76 *Degenhart* Staatsrecht I Rn. 7.

77 Zur historischen Verankerung des Bundesstaatsprinzips *Degenhart* Staatsrecht I Rn. 471 f.

78 *Degenhart* Staatsrecht I Rn. 481.

79 Vertiefend *Degenhart* Staatsrecht I Rn. 514 ff.

Die verfassungsmäßige Ordnung in den Ländern muss den Grundsätzen des republikanischen, demokratischen und sozialen Rechtsstaates im Sinne dieses Grundgesetzes entsprechen. In den Ländern, Kreisen und Gemeinden muss das Volk eine Vertretung haben, die aus allgemeinen, unmittelbaren, freien, gleichen und geheimen Wahlen hervorgegangen ist.

Daraus lassen sich folgende Schlüsse ziehen:

- Die Verfassung der Länder muss den Grundsätzen des Grundgesetzes, also Republik, Demokratie, Rechtsstaat, Sozialstaat entsprechen. Das heißt, die Landesverfassungen müssen die Leitentscheidungen des Grundgesetzes aufnehmen und anerkennen.

Hinweis

Folge: Eine Regelung in der Landesverfassung, die dem Grundgesetz widerspricht, ist nichtig.

- Das Volk muss eine Vertretung haben, die aus *„allgemeinen, unmittelbaren, freien, gleichen und geheimen Wahlen hervorgegangen ist"*. Das bedeutet, dass die Volkssouveränität auch in den Ländern gilt. Es werden Parlamente gewählt. Die Länder werden durch eigene Landesregierungen regiert.

Hinweis

Die Wahlen zu den Landtagen richten sich nach Art. 28 Abs. 1 S. 2 GG, nicht nach Art. 38 Abs. 1 S. 1 GG (der nur für die Wahl des Bundestages gilt). Die Grundprinzipien der Wahl sind aber gleich.

- Es muss auch Volksvertretungen auf der Ebene der Gemeinden und Kreise geben.[80]

IV. Gegenseitige Einflussnahme bei Bund und Ländern

72 Grundsätzlich sind die Bereiche von Bund und Ländern streng voneinander getrennt. Es gibt aber auch Mechanismen der gemeinsamen Koordination und Kontrolle. Die Länder wirken durch den **Bundesrat** an der Bundesgesetzgebung, an der Verwaltung des Bundes sowie in Angelegenheiten der Europäischen Union mit **(Art. 50 GG).** Bei der Gesetzgebung geschieht dies – abhängig von der Art des Gesetzes – durch das Einspruchsrecht des Bundesrates oder die Zustimmungsbedürftigkeit des Gesetzes, im Bereich der vollziehenden Gewalt etwa durch die Zustimmungsbedürftigkeit von Rechtsverordnungen gem. Art. 80 Abs. 2 GG, bei Angelegenheiten der Europäischen Union durch die Mitwirkungsbefugnisse gem. Art. 23 Abs. 2 S. 1 und Abs. 4–7 GG. Kontrolle können die Länder darüber hinaus durch die Anrufung des BVerfG im **Bund-Länder-Streitverfahren** nach Art. 93 Abs. 1 Nr. 3 und 4 GG sowie im Verfahren der **abstrakten Normenkontrolle** gem. Art. 93 Abs. 1 Nr. 2 GG ausüben.

Umgekehrt kann auch der **Bund auf die Länder** einwirken: Er führt **Aufsicht über den Vollzug der Bundesgesetze** durch die Länder (Art. 84 Abs. 3, Abs. 4 und Art. 85 Abs. 4 GG) und hat nach Art. 93 Abs. 1 Nr. 2–4 GG die Möglichkeit, das BVerfG anzurufen. Einflussnahme kann auch im Wege des **Bundeszwangs** nach Art. 37 GG geschehen. Allerdings gibt es keine selbstständige Bundesaufsicht über die Länder. Art. 28 Abs. 3 GG verpflichtet den Bund zwar

80 Vgl. dazu *Degenhart* Staatsrecht I Rn. 478.

zu gewährleisten, dass die verfassungsmäßige Ordnung in den Ländern den in Art. 28 Abs. 1 und Abs. 2 GG niedergelegten Grundsätzen sowie den Grundrechten entspricht, gibt dem Bund aber keine zusätzlichen Mittel der Einwirkung.

V. Der Grundsatz der Bundestreue

Der Grundsatz der **Bundestreue** bzw. des bundesfreundlichen Verhaltens begründet über 73
das geschriebene Recht hinaus Rechte und Pflichten von Bund und Ländern. Er verpflichtet Bund und Länder, *„bei der Wahrnehmung ihrer Kompetenzen die gebotene und ihnen zumutbare Rücksicht auf das Gesamtinteresse des Bundesstaates und auf die Belange der Länder zu nehmen"*.[81] Er gilt im Verhältnis von Bund und Ländern, aber auch zwischen den Ländern.

Die aus dem Prinzip bundesfreundlichen Verhaltens ableitbaren Pflichten reichen von Informations-, Abstimmungs-, und Zusammenarbeitsgeboten bis zur Verpflichtung, eine Kompetenz im Einzelfall nicht auszuüben bzw. sie in einer bestimmten Weise wahrzunehmen.

Beispiel Der Bund verletzt den Grundsatz der Bundestreue, wenn er vor Erlass einer Weisung gem. Art. 85 Abs. 3 GG dem Land keine Gelegenheit zur Stellungnahme gibt. Die Länder verletzen den Grundsatz, wenn sie Verhandlungen mit dem Bund willkürlich zum Scheitern bringen. ■

Das Prinzip der Bundestreue zieht der Kompetenzausübung jedoch nur bestimmte äußerste Grenzen. Ein Verstoß kann erst dann angenommen werden, wenn das Verhalten eines Landes oder des Bundes im Einzelfall geradezu willkürlich oder rechtsmissbräuchlich erscheint.[82]

F. Das Sozialstaatsprinzip

Das **Sozialstaatsprinzip** ist ein Staatsstrukturprinzip, welches unmittelbar aus Art. 20 Abs. 1 74
GG herzuleiten ist („Die Bundesrepublik ist ein ... *sozialer* Bundesstaat").

> Unter einem **Sozialstaat** versteht man einen gemeinwohlorientierten Staat, der zur Abhilfe sozialer Not und zu einem gewissen Mindestausgleich der sozialen Verhältnisse verpflichtet ist.[83]

Im Wesentlichen ergibt sich aus dem Sozialstaatsprinzip ein Gestaltungsauftrag an den Staat, dem daraus die Aufgabe erwächst, für eine gerechte Sozialordnung zu sorgen. Hierbei hat er allerdings einen grundsätzlich weiten Gestaltungsspielraum.[84] Daher bestehen in aller Regel keine Leistungsansprüche von Bürgern, die *unmittelbar* aus dem Sozialstaatsprinzip abgeleitet werden können.

Entsprechende Ansprüche können sich allerdings aus den sozialrechtlichen Leistungsgesetzen ergeben, in denen der Gesetzgeber den sozialstaatlichen Gestaltungsspielraum ausfüllt.

---

81 BVerfGE 81, 319, 337.

82 Vgl. zum Ganzen *Degenhart* Staatsrecht I Rn. 494 ff.

83 *BVerfGE* 1, 97, 105.

84 *BVerfGE* 94, 241, 263.

Beispiel Sozialhilferechtliche Ansprüche ergeben sich für Bedürftigte aus SGB XII; sozialversicherungsrechtliche Ansprüche aus dem SGB V, VI bzw. VII; nicht aber unmittelbar aus dem Sozialstaatsprinzip. ■

Nur ausnahmsweise und nur *in Verbindung mit grundrechtlichen Rechtspositionen* können sich darüberhinausgehende Leistungsansprüche aus dem Sozialstaatsprinzip ergeben. Als solche wurden bislang folgende verfassungsunmittelbaren Ansprüche anerkannt:

- Unmittelbar aus dem Sozialstaatsprinzip i.V.m. Art. 1 Abs. 1 GG kann sich für eine hilfsbedürftige Personen gegen den Staat ein **Anspruch auf ein menschenwürdiges Existenzminimum** ergeben.[85] Aufgrund dessen muss Gesetzgeber bei seinen Regelungen eine bestimmte Untergrenze – einen sozialen Mindeststandard – zwingend einhalten.
- Aus Art. 3 Abs. 1 GG i.V.m. Art. 12 Abs. 1 GG (Ausbildungsfreiheit) und dem Sozialstaatsprinzip können sich im Rahmen des Möglichen Ansprüche auf Zugang zu staatlichen Ausbildungseinrichtungen ergeben.[86]
- Aus Art. 2 Abs. 1 und Abs. 2 GG i.V.m. dem Sozialstaatsprinzip wurde ein Anspruch auf Krankenversorgung mit geeigneten alternativen Behandlungsmethoden in Fällen einer lebensbedrohlichen Erkrankung angenommen, wenn die Schulmedizin nicht mehr hilft.[87]
- Sozialrechtliche Ansprüche genießen dann grundrechtlichen Eigentumsschutz (Art. 14 GG), wenn es sich um vermögenswerte Rechtspositionen handelt, die dem Rechtsträger nach Art eines Ausschließlichkeitsrechts privatnützig zugeordnet sind, auf nicht unerheblichen *Eigenleistungen beruhen* und seiner Existenzsicherung dienen. Hierzu gehören z.B. Anwartschaften aus der beitragsfinanzierten Rentenversicherung, nicht aber Sozialhilfeansprüche wegen Bedürftigkeit.[88] Aus diesem Gründen wäre die Kürzung laufender, durch Beitragszahlung erworbener Rentenansprüche verfassungswidrig.

G. Die Staatsziele

75 Eine Legaldefinition des Begriffes Staatsziel enthält Artikel 13 der Verfassung des Freistaates Sachsen:

Das Land hat die Pflicht, nach seinen Kräften die in dieser Verfassung niedergelegten Staatsziele anzustreben und sein Handeln danach auszurichten.

Dabei macht die Formulierung „nach seinen Kräften" deutlich, dass die Verbindlichkeit des Staatsziels wesentlich schwächer ist als die des Staatsstrukturprinzips. Zudem sind die Staatsziele nicht von der Ewigkeitsgarantie des Art. 79 Abs. 3 GG umfasst. Allerdings stellen sie rechtlich bindende Direktiven für alle öffentlichen Gewalten und Ebenen dar und bilden mithin einen **verfassungsrechtlichen Wert**, der im Rahmen einer **Abwägung** rechtliche Geltung beanspruchen kann.

85 *BVerfGE* 132, 134.
86 *BVerfGE* 33, 303.
87 *BVerfGE* 115, 25.
88 *BVerfGE* 69, 272.

I. Umwelt- und Tierschutz

Als objektiv-rechtliche Staatszielbestimmung vermittelt Art. 20a GG keinen Anspruch des Einzelnen auf Verhütung von Umweltschädigungen oder auf tierschützende Maßnahmen. Die Vorschrift verpflichtet den Staat aber dazu, die Belange der Umwelt zu schützen und Beeinträchtigungen zu vermeiden. 76

Das Staatsziel **Tierschutz** (Art. 20a Alt. 2 GG) wird relevant, wenn im Zusammenhang mit Tierversuchen die Freiheit der Wissenschaft bzw. die Berufsfreiheit eingeschränkt werden soll.[89]

Beispiel[90] Ein Hirnforscher der Universität U führt Experimente mit Affen durch, die für diese mit erheblichen Schmerzen verbunden sind. Er beantragt bei der zuständigen Behörde eine Genehmigung nach dem Tierschutzgesetz zur Durchführung weiterer solcher Versuche und beruft sich hierbei auf sein Grundrecht der Wissenschaftsfreiheit (Art. 5 Abs. 3 GG). Die Behörde wird bei ihrer Entscheidung und bei der Auslegung des Tierschutzgesetzes im konkreten Fall die beiden verfassungsrechtlichen Bestimmungen der Wissenschaftsfreiheit (Grundrecht) und des Tierschutzes (Staatszielbestimmung) miteinander abzuwägen haben. ■

Gegenstand der Staatszielbestimmung des **Schutzes der natürlichen Grundlagen** (Art. 20a Alt. 1 GG) ist die gesamte natürliche Umwelt des Menschen wie Luft, Wasser, Boden, Grundwasser, Landschaftsbild inklusive der klimatischen Bedigungen und darin lebenden Organismen (Pflanzen etc.).

Beispiel[91] Künstler K möchte im Garten seines im Außenbereich gelegenen Wochenendhauses Monumentalfiguren in Höhe von 7 m auf einen ca. 7 m hohen Sockel aufstellen. Die zuständige Bauaufsichtsbehörde verweigert ihm hierfür wegen des bauplanungsrechtlichen Verunstaltungsgebotes (§ 35 Abs. 3 BauGB) die Baugenehmigung. Das Bundesverwaltungsgericht gab der Bauaufsichtsbehörde recht, da sich K zwar auf sein Grundrecht der Kunstfreiheit (Art. 5 Abs. 3 GG) berufen könne, allerdings die Vorschrift des § 35 Abs. 3 BauGB einen Wert von Verfassungsrang, nämlich die Staatszielbestimmung „Schutz der natürlichen Lebensgrundlagen" (Art. 20a GG) konkretisiere. In der Abwägung dieser verfassungsrechtlichen Positionen habe die Staatszielbestimmung im konkreten Fall Vorrang. ■

II. Friedenspflicht, Vereintes Europa, Völkerverständigung

Als direkte Reaktion auf die Verbrechen des Nationalsozialismus enthält das Grundgesetz in seiner Präambel in Satz 1 das Bekenntnis des deutschen Volkes, *„in einem vereinten Europa dem Frieden der Welt zu dienen"*. 77

Im engen Zusammenhang mit der **Friedenspflicht** steht die allgemeine Verpflichtung des Staates zur **internationalen Zusammenarbeit** und zur **Völkerverständigung**. Abgeleitet wird sie aus Art. 9 Abs. 2 GG (*„Vereinigungen, … die sich … gegen den Gedanken der Völkerverständigung richten, sind verboten"*) i.V.m. Art. 24 Abs. 2 GG, der die Wahrung des Friedens im Bereich der Beziehungen des Bundes betrifft, und den Wertungen der Präambel.[92]

» Bitte denken Sie daran, dass das BVerfG das GG als Gegenentwurf zum totalitären NS-Staat ansieht, s. Rn. 6 und 7. «

89 Vertiefend *Degenhart* Staatsrecht I Rn. 611 ff.
90 *BVerwG* JuS 2014, 953.
91 *BVerwG* NJW 1995, 2648.
92 *BVerwGE* 87, 237.

Die beiden Staatsziele der Friedenspflicht und des Gebotes der internationalen Zusammenarbeit zur Völkerverständigung beziehen sich in Abgrenzung zum gesonderten Staatsziel eines **vereinten Europas** (Art. 23 GG) nicht nur auf Verbindungen in Europa, sondern auf die ganze Welt. Wie bei allen Staatszielen ist hieran nicht nur die unmittelbare Staatsverwaltung (Bund und Länder) gebunden, sondern aufgrund der Einheit der Verfassung alle öffentlich-rechtlichen Träger, insbesondere auch die kommunalen Selbstverwaltungskörperschaften.

Beispiel[93] Die Beteiligung einer Gemeinde an einer internationalen Städtepartnerschaft entspricht der Staatszielbestimmung zur internationalen Zusammenarbeit und zur Völkerverständigung. Sie kann daher von der Kommunalaufsichtsbehörde nicht unterbunden werden. ■

Online-Wissens-Check

Welche Prinzipien kennzeichnen den Begriff „Gesetzmäßigkeit der Verwaltung"?

Überprüfen Sie jetzt online Ihr Wissen zu den in diesem Abschnitt erarbeiteten Themen. Unter **www.juracademy.de/skripte/login** steht Ihnen ein Online-Wissens-Check speziell zu diesem Skript zur Verfügung, den Sie kostenlos nutzen können. Den Zugangscode hierzu finden Sie auf der Codeseite.

93 *BVerwGE* 87, 237.

3. Teil
Die obersten Staatsorgane der Bundesrepublik Deutschland

Die **obersten Staatsorgane** des Bundes sind **Verfassungsorgane**. Ihre rechtichen Grundlagen finden sich im Grundgesetz und dort sind sie mit eigenen Rechten und Pflichten ausgestattet sind. Im Einzelnen bestehen folgende obersten Bundesorgane: **78**

- Bundestag (Art. 38–49 GG),
- Bundesrat (Art. 50–53 GG),
- Bundespräsident (Art. 54–61 GG),
- Bundesversammlung (Art. 54 Abs. 3 und Abs. 4 GG)
- Gemeinsamer Ausschuss (Art. 53a GG) und
- Bundesverfassungsgericht (Art. 93, 94, 99, 100 GG).

Da die einzige Aufgabe der Bundesversammlung darin besteht, den Bundespräsidenten zu wählen, wird diese im Rahmen des Bundespräsidenten erörtert. Auf eine gesonderte Darstellung des Gemeinsamen Ausschusses – der Aufgaben im Rahmen des Verteidigungsfalles hat – wird aufgrund seiner geringen praktischen Bedeutung verzichtet.

A. Der Bundestag

Der Bundestag ist auf Bundesebene das einzig volksgewählte und damit unmittelbar demokratisch legitimierte Verfassungsorgan. Daraus resultieren die zentrale Stellung und die besonderen Funktionen, die das Grundgesetz ihm zuweist. Zu nennen sind hier insbesondere die Gesetzgebungsfunktion, die Kreationsfunktion, die Kontrollfunktion gegenüber der Exekutive sowie das Budgetrecht, Art. 110 Abs. 2 S. 1 GG. Siehe hierzu Rn. 108 ff. **79**

Zudem besagt die **Wesentlichkeitstheorie des BVerfG**[1], dass alle wesentlichen Entscheidungen im Verhältnis Staat – Bürger vom Parlament getroffen werden müssen (sog. **Parlamentsvorbehalt**).

I. Die Bundestagswahl

» Bitte sehen Sie sich noch einmal die besondere Bedeutung des Parlamentsvorbehaltes für das Demokratieprinzip in Rn. 22 an. «

Durch Wahlen erhalten die Volksvertretungen ihre demokratisches Fundament. Leiden die Wahlen an schwerwiegenden Mängeln, die sich auf das Wahlergebnis auswirken, fehlt sowohl den Abgeordneten als den von ihnen getroffenen Entscheidungen die erforderliche demokratische Legitimation. **80**

Das Grundgesetz verlangt daher nicht nur für die Bundestagswahl in Art. 38 Abs. 1 S. 1 GG, sondern auch für die Landtags- und Kommunalwahlen nach Art. 28 Abs. 1 S. 2 GG die Einhaltung bestimmter **Wahlrechtsgrundsätze**. Für die Bundestagswahl bestehen neben den Wahlrechtsgrundsätzen weitere verfassungsrechtliche Vorgaben hinsichtlich der Wahlperiode, des Wahltermins, des Wahlalters und der Wahlprüfung. Nähere Regelungen zum Wahlverfah-

1 *BVerfGE* 49, 89, 126 f.

ren regelt das Grundgesetz jedoch nicht selbst, sondern überlässt dies nach Art. 38 Abs. 3 GG dem einfachen Gesetzgeber. Deshalb sind viele wichtige Aspekte zur Bundestagswahl im **Bundeswahlgesetz** (BWahlG) normiert.

Beispiel Die Anzahl der zu wählenden Abgeordneten (598 zzgl. Überhang- und Ausgleichsmandate), die 5 %-Sperrklausel, das Zweistimmenwahlrecht etc. stehen nicht im Grundgesetz, sondern im Bundeswahlgesetz. ■

JURIQ-Klausurtipp

Die Aufteilung der Regelungen zur Bundestagswahl im Grundgesetz einerseits und im BWahlG ist für Prüfungsaufgaben von Bedeutung. Aufgrund der Höherrangigkeit des Grundgesetzes müssen alle Regelungen des Bundeswahlgesetzes mit dem Grundgesetz, insbesondere also den Wahlrechtsgrundsätzen in Einklang stehen. Wahlrechtlich geprägte Staatsrechtsklausuren haben deshalb oft die Aufgabenstellung, dass eine Regelung des BWahlG *am Maßstab des Grundgesetzes* zu prüfen ist.

Gem. Art. 39 Abs. 1 S. 1 GG wird der Bundestag regelmäßig **aller vier Jahre** neu gewählt. Eine Neuwahl darf frühestens drei Monate und muss spätestens einen Monat vor Ablauf der Wahlperiode stattfinden.

Eine **vorzeitige Auflösung** des Bundestages ist nur in zwei Fällen vorgesehen:
- wenn es nicht zur Wahl des Bundeskanzlers kommt (Art. 63 Abs. 4 S. 3 GG, s. Rn. 176) oder
- wenn der Vertrauensantrag des Bundeskanzlers vom Parlament abgelehnt wird (Art. 68 GG, s. Rn. 178).

In beiden Fällen bedarf es einer entsprechenden Entscheidung des Bundespräsidenten.

Im Falle der vorzeitigen Auflösung des Bundestags findet die Neuwahl innerhalb von 60 Tagen nach der Auflösung statt (Art. 39 Abs. 1 S. 4 GG).

Mit dem Ende der Wahlperiode des Bundestages gelten alle Vorlagen (mit Ausnahme von Petitionen und Vorlagen, die keiner Beschlussfassung bedürfen) als erledigt (§ 125 Geschäftsordnung des Bundestages – GOBT). Dieser (verfassungsgewohnheitsrechtlich begründete) **Grundsatz der Diskontinuität** bedeutet etwa, dass alle noch nicht beschlossenen Gesetzentwürfe unabhängig vom Stand der Beratungen erneut in den neu gewählten Bundestag einzubringen sind.

1. Personalisierte Verhältniswahl

» Bitte nehmen Sie bei den folgenden Erörterungen neben dem GG unbedingt auch das BWahlG zur Hand. «

81 In Art. 38 Abs. 1 und 2 GG werden nur die Grundzüge der Wahl der Abgeordneten des Bundestages umrissen. Gem. Art. 38 Abs. 3 GG wird das Nähere durch das BWahlG geregelt.

82 Der Gesetzgeber darf in Ausführung dieses Regelungsauftrags das Verfahren der Wahl zum Bundestag als **Mehrheitswahl** oder als **Verhältniswahl** gestalten. Er darf auch beide Wahlsysteme miteinander verbinden, solange dabei die Grundsätze des Art. 38 Abs. 1 S. 1 GG berücksichtigt werden.

Wahlsysteme	
Mehrheitswahl	**Verhältniswahl (nach Listen)**
• Ein Kandidat pro Wahlkreis wird gewählt: derjenige mit den meisten Stimmen. • **Vorteil:** Stabilität (Funktionsfähigkeit) des Parlaments durch klare Mehrheitsverhältnisse und enge persönliche Beziehung des Abgeordneten zu Wahlbürgern im Wahlkreis (BVerfGE 95, 335, 352). • **Nachteil:** Stimmen, die für einen unterlegenen Kandidaten abgegebenen wurden, bleiben am Ende unberücksichtigt. Erhebliche Beeinträchtigung des gleichen Erfolgswerts der Stimmen. Wahlgleichheit erschöpft sich in der Forderung nach möglichst gleich großen Wahlkreisen.	• Jede Partei stellt zunächst eine Liste mit ihren Kandidaten auf. Das Verhältnis der für die verschiedenen Parteien abgegebenen Stimmen bestimmt dann, bis zu welchem Listenplatz die Kandidaten in das Parlament gewählt wurden. • **Vorteil:** Parlament als Spiegelbild des parteipolitischen Proporzes (BVerfGE 95, 335, 352) und bestmögliche Verwirklichung des gleichen Erfolgswerts der Stimmen, da grundsätzlich jede abgegebene Stimme berücksichtigt wird. • **Nachteil:** Mögliche Instabilität des Parlaments aufgrund einer Zersplitterung der Sitzverteilung.

Das geltende Wahlrecht verbindet beide Systeme: Nach § 1 Abs. 1 S. 2 BWahlG werden die Abgeordneten des Bundestags, deren regelmäßige Zahl nach § 1 Abs. 1 S. 1 BWahlG 598 beträgt, nach den Grundsätzen einer **personalisierten Verhältniswahl** gewählt. **83**

- Jeder Wähler hat nach § 4 BWahlG **zwei Stimmen**. Das Element der **Personenwahl** findet darin seinen Ausdruck, dass die Hälfte der Abgeordneten gem. § 1 Abs. 2, § 4 BWahlG mit der **Erststimme** auf der Grundlage von Kreiswahlvorschlägen in Wahlkreisen nach den Grundsätzen der **Mehrheitswahl** gewählt werden und dadurch ein **Direktmandat** gewinnt. Mit der **Zweitstimme** werden die übrigen 299 Abgeordneten aufgrund von **Landeslisten** der politischen Parteien nach den Grundsätzen der **Verhältniswahl** gewählt, § 1 Abs. 2, § 4 Hs. 2, § 27 Abs. 1 S. 1 BWahlG.
- Das Verhältnis von Erst- und Zweitstimme ist in §§ 5, 6 BWahlG geregelt. Die **Mandatszuteilung** vollzieht sich nach diesen Regelungen in mehreren Schritten. Zunächst werden die in den Wahlkreisen errungenen **Direktmandate** ermittelt. Sodann wird die jeder **Landesliste** zustehende Abgeordnetenzahl separat in den Ländern ermittelt, § 6 Abs. 2 S. 1 BWahlG. Dabei werden die Sitzkontingente der Länder nach dem Bevölkerungsanteil der Länder bestimmt. Schließlich werden für die endgültige Mandatsverteilung die in den Wahlkreisen errungenen Direktmandate auf die für jede Landesliste ermittelte Abgeordnetenzahl **angerechnet** (§ 6 Abs. 4 S. 1 BWahlG). Übersteigt die Zahl der von einer Partei in einem Land errungenen Direktmandate die Zahl der ihr nach dem Anteil der Wählerzweitstimmen zustehenden Sitze, bleiben diese Mandate der Partei zwar erhalten (sog. **Überhangmandate**, § 6 Abs. 4 S. 2 BWahlG). Jedoch ist im Anschluss die Gesamtsitzzahl so weit anzupassen, dass Überhangmandate im Verhältnis der Parteien zueinander vollständig ausgeglichen werden (§ 6 Abs. 5, Abs. 6, Abs. 7 BWahlG); sog. **Ausgleichsmandate**.
- Zur Berechnung der Sitzzuteilung an die Parteien und für die Verteilung der Wahlkreise auf die Länder wird das Verfahren **„Sainte-Laguë/Schepers"** angewandt. Bei dieser Methode werden die jeweiligen **Anzahlen der Zweitstimmen** für die einzelnen Parteien durch einen gemeinsamen **Divisor** geteilt. Die sich ergebenden Quotienten werden standardmäßig zu Sitzzahlen gerundet, d.h., bei einem Bruchteilsrest von mehr oder weniger als 0,5 wird auf- oder abgerundet. Bei einem Rest von genau 0,5 entscheidet das Los. Der

Divisor wird dabei so bestimmt, dass die Sitzzahlen in der Summe mit der Gesamtzahl der zu vergebenden Mandate übereinstimmen: Im ersten Schritt wird die **Gesamtanzahl aller zu berücksichtigenden Stimmen** durch die **Gesamtanzahl der zu verteilenden Sitze** geteilt und auf diese Weise ein vorläufiger Zuteilungsdivisor ermittelt wird. Etwa verbleibende Diskrepanzen werden in den folgenden Schritten durch Herauf- oder Herabsetzung des Zuteilungsdivisors so lange abgebaut, bis die Endzuteilung erreicht ist, bei der die Sitzzuteilung mit der Anzahl der zu vergebenden Sitze übereinstimmt.[2]

Verfahren nach § 6 Abs. 2 BWahlG

Formel:

$$\frac{\text{Zweitstimmenanzahl der Partei}}{\text{Zuteilungsdivisor}} = \text{Sitzanzahl der Partei}$$

↑

Ermittlung des Zuteilungsdivisors:

$$\frac{\text{Gesamtanzahl der Stimmen}}{\text{Gesamtzahl der zu verteilenden Sitze}} = \text{vorläufiger Zuteilungsdivisor}$$

ggf. Herauf- bzw. Herabsetzung des Zuteilungsdivisors, bis Berechnung die Summe der zu verteilenden Sitze ergibt.

2. Die Wahlrechtsgrundsätze des Art. 38 Abs. 1 S. 1 GG

84 Gem. Art. 38 Abs. 1 S. 1 GG werden die Abgeordneten des Bundestages in **allgemeiner, unmittelbarer, freier, gleicher und geheimer Wahl** gewählt.

Die Wahlrechtsgrundsätze des Art. 38 Abs. 1 GG binden den Gesetzgeber, wenn er gem. Art. 38 Abs. 3 GG das Wahlrecht in einem Bundesgesetz näher ausgestaltet. Eingriffe des Gesetzgebers in die Wahlrechtsgrundsätze bedürfen zu ihrer Rechtfertigung eines zwingenden Grundes.[3]

a) Allgemein

85 Der Grundsatz der Allgemeinheit der Wahl untersagt den **unberechtigten Ausschluss von Staatsbürgern** von der Teilnahme an der Wahl. Er verbietet dem Gesetzgeber, bestimmte Bevölkerungsgruppen aus politischen, wirtschaftlichen oder sozialen Gründen von der Ausübung des Wahlrechts auszuschließen und fordert, dass grundsätzlich jeder sein Wahlrecht in möglichst gleicher Weise ausüben können soll.[4]

2 Vgl. *Bundeswahlleiter*, Erläuterung des Verfahrens der Umrechnung von Wählerstimmen in Bundestagssitze mit dem vorläufigen Ergebnis der Bundestagswahl 2017 https://bundeswahlleiter.de.

3 *BVerfGE* 28, 220, 225.

4 *BVerfGE* 58, 202, 205.

Beispiel Bis zur Einführung des Wahlrechts für Frauen im Jahr 1918 war diese Bevölkerungsgruppe von der Ausübung des Wahlrechts ausgeschlossen. Unvereinbar mit der Allgemeinheit der Wahl ist auch das Zensuswahlrecht, bei dem das Wahlrecht abhängig vom Einkommen ist. ■

Wahlberechtigt ist nach Art. 38 Abs. 2 GG, wer das **achtzehnte Lebensjahr** vollendet hat.

Hinweis

Für eine Absenkung des Wahlalters wäre eine Grundgesetzänderung notwendig.

Nach § 12 Abs. 1 BWahlG sind **Ausländer** vom Wahlrecht auf Bundesebene ausgeschlossen. Fraglich ist, ob dies mit dem Art. 38 Abs. 1 GG, dem Grundsatz der allgemeinen Wahl, zu vereinbaren ist. Die **h.M.** geht davon aus, dass die Wahl der Willensbildung durch das Staatsvolk als Souverän dient, vgl. Art. 20 Abs. 2 GG. Das Staatsvolk wird in der **Präambel** und **Art. 146 GG** jeweils explizit als das **„deutsche Volk"** bezeichnet. Ist aber das „Volk" in diesem Sinne durch die Wahlrechtsgrundsätze berechtigt, kann ein Verstoß gegen Art. 38 Abs. 1 GG dann nicht vorliegen, wenn Personen ausgeschlossen werden, die überhaupt nicht zum so definierten Volk gehören. Die Zugehörigkeit zum Staatsvolk vermittelt jene **dauerhafte Beziehung** des Bürgers zum Staat, die durch die dauerhafte **Unterwerfung unter die Staatsgewalt** gekennzeichnet ist. Hieraus folgt die Notwendigkeit der demokratischen Legitimation dieser Staatsgewalt. Für den Ausländer besteht diese dauerhafte Bindung zum Staat nicht. Eine Neudefinition des Volkes durch Änderung des Grundgesetzes ist daher wegen Art. 79 Abs. 3 GG nicht möglich. Dies gilt auch für die **Landtagswahlen** wegen des Homogenitätsgebotes in Art. 28 Abs. 1 S. 1 GG. Für **kommunale Wahlen** sind zum Teil abweichende Auffassungen vertreten worden, der Volksbegriff könne hierfür abweichend bestimmt werden. Das **BVerfG**[5] ist dem entgegengetreten, hat aber die Möglichkeit einer Verfassungsänderung offen gehalten. Durch eine Verfassungsänderung wurde für Kommunalwahlen in Art. 28 Abs. 1 S. 3 GG explizit ein Wahlrecht für Personen aus anderen **Mitgliedstaaten der Europäischen Gemeinschaft** ermöglicht, nicht jedoch für Ausländer aus anderen Staaten.

Einschränkungen des Wahlrechts sind nur zulässig, wenn sie sich aus dem Wesen des Wahlrechts ergeben. Sie sind in §§ 12, 13 BWahlG geregelt. Dabei sind insbesondere die Einschränkungen bei sog. **„Auslandsdeutschen"** relevant. Hierbei handelt es sich um Deutsche im Sinne des Art. 116 Abs. 1 GG, die am Wahltag außerhalb der BR Deutschland ihre Wohnung oder ihren gewöhnlichen Aufenthalt haben. Diese sind § 12 Abs. 2 S. 1 BWahlG wahlberechtigt, sofern sie

- entweder nach Vollendung ihres vierzehnten Lebensjahres mindestens drei Monate ununterbrochen in der BR Deutschland eine Wohnung innegehabt haben und dieser Aufenthalt nicht länger als 25 Jahre zurück liegt oder
- aus anderen Gründen persönlich und unmittelbar Vertrautheit mit den politischen Verhältnissen in der BR Deutschland erworben haben und von ihnen betroffen sind (z.B. als Grenzpendler ihren Arbeitsplatz in Deutschland haben).

Ein Ausschluss vom Wahlrecht ist nur unter den engen Voraussetzungen des § 13 BWahlG (z.B. für Betreute in allen Angelegenheiten mangels entsprechender Einsichtsfähigkeit) zulässig.

5 *BVerfGE* 83, 37 ff.

b) Unmittelbar

86 Aus dem Grundsatz der Unmittelbarkeit folgt, dass die Bestimmung der Abgeordneten durch die Wähler selbst und direkt erfolgt. Der Wähler muss vor dem Wahlakt klar erkennen, wer sich um ein Mandat bewirbt und wie sich seine Stimmabgabe darauf auswirkt.[6]

Unmittelbar ist eine Wahl, wenn zwischen der Entscheidung des Wählers und der Wahl des Bewerbers kein weiterer Willensakt fällt.

Beispiel Die Entscheidung durch ein sog. **Wahlmännergremium** wie bei den Präsidentschaftswahlen in den USA ist in Deutschland ausgeschlossen. Hingegen verstößt die nach § 6 BWahlG vorgesehene Listenwahl nicht gegen den Grundsatz der Unmittelbarkeit, weil die Entscheidung über die Liste der Wahl vorausgeht (§ 27 BWahlG) und die festgelegte Reihenfolge unabänderlich ist. ■

Im Falle einer **Nachbesetzung** von Listenplätzen ausgeschiedener Kandidaten oder Mitglieder des Bundestages ist der Grundsatz der Unmittelbarkeit nicht verletzt, wenn das Ausscheiden auf „Handlungen der Gewählten selbst" (z.B. Rücktritt) zurückzuführen ist.

Hinweis

Es ist in diesem Zusammenhang zu berücksichtigen, dass aufgrund des freien Mandates der Abgeordneten nach Art. 38 Abs. 1 S. 2 GG weder ein Parteiaustritt bzw. -ausschluss noch ein Fraktionsaustritt bzw. -ausschluss zu einem Ausscheiden aus dem Bundestag führt. Dies gilt auch dann, wenn der Abgeordnete nicht als Wahlkreisbewerber direkt gewählt worden ist, sondern über die Liste seiner (ehemaligen) Partei in den Bundestag gewählt worden ist. Bei noch nicht im Bundestag gewählten Abgeordneten führt ein Ausscheiden aus der Partei allerdings dazu, dass der ausgeschiedene Listenkandidat bei einer etwaigen Listennachfolge (z.B. wegen Rücktritts eines Abgeordneten) unberücksichtigt bleibt, § 48 Abs. 1 S. 2 BWahlG.

c) Frei

87 Der Grundsatz der freien Wahl sichert die Ausübung des Wahlrechts gegenüber Zwang und Druck. Legitim sind hingegen der Wahlkampf und die ihn bestimmende Wahlpropaganda und -werbung.

» Auch hier wird wieder der enge Zusammenhang zwischen den Wahlgrundsätzen und dem Demokratieprinzip (Rn. 20) deutlich. «

Die Freiheit der Wahl schützt die Wähler auch vor objektiv unrichtigen oder parteiergreifenden Äußerungen von Hoheitsträgern, die im zeitlichen und sachlichen Zusammenhang mit einer Wahl stehen. In solchen Fällen **amtlicher Wahlbeeinflussung** liegt zudem ein Verstoß gegen den Grundsatz der Gleichheit der Wahl und gegen das Demokratieprinzip vor.

6 *BVerfGE* 95, 335, 350.

d) Geheim

88 Der Wahl als Instrument demokratischer Legitimation und pluralistischer Willensbildung muss eine geheime Wahl zugrunde liegen, um Auskunft darüber zu geben, was der Bürger wirklich denkt.

Die **Geheimheit** der Wahl sichert die freie Wahl und erfordert, dass der Wahlvorgang so ausgestaltet wird, dass der Wähler seine Wahlentscheidung trifft, ohne dass Dritte davon Kenntnis nehmen können.[7]

Auf den Schutz des Geheimhaltungsgebotes kann der Wähler nicht verzichten. Die Kennzeichnung des Stimmzettels außerhalb der Wahlkabine führt deshalb zur Zurückweisung des Wählers. Es ist allerdings niemand gehindert, die Partei seiner Wahl zu nennen.

Hinweis

Die Auszählung der Stimmen folgt wegen der nach dem Demokratieprinzip erforderlichen Öffentlichkeit der Wahl hingegen öffentlich, siehe Rn. 96.

89 Bei der **Briefwahl** ist die freie und geheime Wahl nur bedingt gewährleistet. Es kann nicht ausgeschlossen werden, dass bei der Stimmabgabe Dritte beteiligt waren und Einfluss genommen haben. Andererseits dient die Briefwahl der Allgemeinheit der Wahl, da auch Wähler abstimmen können, denen der Gang zum Wahlaum am Wahltermin nicht möglich ist. Deshalb werden im Rahmen der Briefwahl gewisse Einschränkungen der geheimen Wahl hingenommen. Jedoch hat das BVerfG[8] die mit der Briefwahl verbundene Gefährdung der geheimen und freien Stimmabgabe unter bestimmten Voraussetzungen hingenommen: Der Wähler muss die Briefwahl beantragen und hat bei ihrer Ausübung eidesstattlich zu versichern, dass er den Stimmzettel persönlich und unbeeinflusst ausgefüllt hat.

e) Gleich

90 Der Grundsatz der **Gleichheit der Wahl** verlangt, dass jedermann sein aktives und passives Wahlrecht in formal möglichst gleicher Art und Weise ausüben können soll.[9]

Hinweis

Die Gleichheit der Wahl muss nicht nur beim Wahlvorgang selbst, sondern auch bei der Wahlvorbereitung, der Wahlwerbung und der Wahlkampfkostenerstattung gewährleistet sein.

Der Grundsatz der Gleichheit der Wahl fordert, dass die Stimme jedes Wahlberechtigten – im Rahmen des vom Gesetzgeber nach Art. 38 Abs. 3 GG festzulegenden Wahlsystems – die **gleiche rechtliche Erfolgschance** hat. Er spiegelt sich in Bezug auf das passive Wahlrecht im Grundsatz der **Chancengleichheit der Parteien**.[10]

---

7 *BVerfGE* 99, 1, 13.
8 *BVerfGE* 134, 25 mit Anm. *Bätge* KommunalPraxis Wahlen 2013, 77.
9 *BVerfGE* 1, 208, 247; 95, 335, 366; 122, 304, 314 f.
10 *BVerfGE* 95, 408, 417.

91 Wahlgleichheit bedeutet zum einen, dass jede abgegebene Stimme als eine Stimme zählt – Grundsatz der **Zählwertgleichheit**.

Beispiel Um das Gewicht der Familien mit Kindern zu stärken, sollen sog. Familienwahlen eingeführt werden, bei denen die Erziehungsberechtigten Minderjähriger zusätzliche Stimmen für ihre Kinder bekommen. Eine solche Regelung würde gegen den Grundsatz der Zählwertgleichheit verstoßen.[11] Auch eine Vertretung des Minderjährigen durch den wahlberechtigen Erziehungsberechtigten wäre unzulässig, da in diesem Fall der Grundsatz der Unmittelbarkeit der Wahl verletzt wäre.[12] ■

Zum anderen bedeutet Wahlgleichheit, dass jede Stimme gleiches Gewicht für die Zusammensetzung des Parlaments, also gleiche rechtliche Erfolgschancen hat[13] – Grundsatz der **Erfolgswertgleichheit**. Diesen Erfordernissen hat der Gesetzgeber im Bundeswahlgesetz Rechnung zu tragen.

» Näheres zur Mehrheits- und Verhältniswahl finden Sie unter Rn. 82. «

Der Grundsatz der Wahlgleichheit wirkt sich in den Systemen der Mehrheits- und der Verhältniswahl unterschiedlich aus. Dem Zweck der **Mehrheitswahl** entspricht es, dass nur die für den Mehrheitskandidaten abgegebenen Stimmen zur Mandatszuteilung führen. Die auf den Minderheitskandidaten entfallenden Stimmen bleiben hingegen bei der Vergabe der Mandate unberücksichtigt. Die Wahlgleichheit fordert hier über den gleichen Zählwert aller Stimmen hinaus nur, dass bei der Wahl alle Wähler auf der Grundlage möglichst gleich großer Wahlkreise und von daher mit annähernd gleichem Stimmgewicht teilnehmen können.[14] Hingegen bedeutet Wahlgleichheit bei der **Verhältniswahl**, dass jeder Wähler mit seiner Stimme den gleichen Einfluss auf die Zusammensetzung der Vertretung haben muss.[15] Ziel des Verhältniswahlsystems ist es, dass alle Parteien in einem möglichst den Stimmenzahlen angenäherten Verhältnis in dem zu wählenden Organ vertreten sind. Zur Zählwertgleichheit tritt im Verhältniswahlrecht die Erfolgswertgleichheit hinzu.

92 Der Grundsatz der Gleichheit der Wahl unterliegt ebenso wie der Grundsatz der Chancengleichheit der politischen Parteien **keinem absoluten Abweichungsverbot**. Allerdings bedürfen Differenzierungen des Gesetzgebers bei der Ordnung des Wahlrechts stets der Rechtfertigung. Es genügen in diesem Zusammenhang „zureichende", „aus der Natur des Sachbereichs der Wahl der Volksvertretung sich ergebende Gründe".[16] Hierzu zählt insbesondere die Verwirklichung der mit der Wahl verfolgten Ziele, insbesondere die Gewährleistung der **Funktionsfähigkeit** der zu wählenden Volksvertretung (s. Fünf-Prozent-Sperrklausel, Rn. 93) und die Sicherung des Charakters der Wahl als eines **Integrationsvorgangs** bei der politischen Willensbildung des Volkes (zur Problematik der Grundmandate s. Rn. 94).

aa) Die Fünf-Prozent-Sperrklausel

» Zur Chancengleichheit der Parteien s. Rn. 31. «

93 Nach der **Fünf-Prozent-Sperrklausel** des § 6 Abs. 3 S. 1 Hs. 1 BWahlG bleiben Parteien bei der Sitzvergabe im Bundestag unberücksichtigt, die nicht mindestens fünf Prozent der gültigen Zweitstimmen erhalten haben. Entsprechend ist der Erfolgswert der für sie abgegebenen

11 *Degenhart* Staatsrecht I Rn. 85.

12 *Schreiber* BWG, § 12 Rn. 10, siehe auch *VG Stuttgart* KommunaPraxis Wahlen 2016, 38 mit Anm. *Bätge* ebenda.

13 *BVerfGE* 82, 322, 337.

14 *BVerfGE* 95, 335, 353.

15 *BVerfGE* 16, 130, 139.

16 *BVerfGE* 6, 84, 92.

Stimmen gleich Null – im Gegensatz zu den Stimmen, die für die erfolgreichen Parteien abgegeben wurden. Die Sperrklausel bedeutet also eine erhebliche **Einschränkung der Wahlrechtsgleichheit**.

Gleichzeitig werden die **Parteien** durch die Sperrklausel ungleich behandelt: Scheitern sie an der Fünf-Prozent-Hürde, werden sie bei der Vergabe der Mandate nicht berücksichtigt. Listenverbindungen von zwei oder mehr Parteien, die für sich jeweils die Fünf-Prozent-Hürde nicht überwinden, aber zusammen mehr als fünf Prozent der abgegebenen Wählerstimmen erzielen, sind unzulässig.[17]

Hinweis

Die Interessenvertretung und Regionalpartei des Südschleswigschen Wählerverbands (SSW), die für das Landesparlament von Schleswig-Holstein kandidiert, ist als Partei nationaler Minderheiten (dänische Minderheit in Schleswig-Holstein) von der Fünf-Prozent-Sperrklausel gem. § 6 Abs. 3 S. 2 BWahlG befreit.

Die durch die Fünf-Prozent-Sperrklausel bewirkte Ungleichgewichtung der Wählerstimmen wird mit dem Argument der **Wahrung der Handlungs- und Entscheidungsfähigkeit des Parlaments** durch die Bildung regierungsfähiger Mehrheiten gerechtfertigt. Die auch in anderen Staaten mit Verhältniswahlsystem übliche Sperrklausel soll in Reaktion auf die Verhältnisse in der Weimarer Republik eine politische Zersplitterung des Parlamentes verhindern, die seine Handlungsfähigkeit gefährden könnte. Denn ohne derartige Hürden bestünde die Gefahr, dass es auch kleinen Gruppen mit zerstreuter Wählerschaft gelänge, ins Parlament einzuziehen. Regierungsbildung und Regierungsstabilität würden dadurch erschwert. Wegen der Funktion der Wahlen, zur Integration aller Kräfte und Strömungen im Volk beizutragen, sieht das BVerfG bei einer Sperrklausel von fünf Prozent jedoch die Obergrenze.[18]

JURIQ-Klausurtipp

Ob eine Sperrklausel und der damit einhergehende schwerwiegende Eingriff in die Wahlrechtsgleichheit und Chancengleichheit der Parteien zur Sicherstellung der Funktionsfähigkeit des Vertretungsorgans gerechtfertigt sind, hängt von der konkreten Aufgabenstellung und den spezifischen Arbeitsbedingungen ab. Sie müssen in Ihrer Argumentation deshalb unbedingt auf die tatsächlichen und rechtlichen Verhältnisse in dem jeweiligen Vertretungsorgan (Bundestag, Europäisches Parlament, Landtag bzw. kommunale Vertretungen) eingehen. Siehe hierzu auch Übungsfall Nr. 3 (Rn. 99)

Beispiel Das BVerfG hat für die Europawahl entschieden, dass dort eine Fünf-Prozent-Sperrklausel gegen die Grundsätze der Wahlrechtsgleichheit und der Chancengleichheit der politischen Parteien verstößt.[19]

Nach Ansicht des Gerichts ist die Funktionsfähigkeit des Europäischen Parlaments durch das Vorhandensein kleiner politischer Gruppierungen nicht in einem für die Rechtfertigung der Fünf-Prozent-Sperrklausel erforderlichen Maße beeinträchtigt:

17 Das BWahlG wurde in Reaktion auf *BVerfGE* 121, 266 ff. entsprechend geändert.
18 *BVerfGE* 95, 408, 418 f.
19 *BVerfGE* 129, 300.

Aufgrund der erheblichen Integrationskraft der Fraktionen im Europäischen Parlament, die eine große Bandbreite der verschiedenen politischen Strömungen in den Mitgliedstaaten auffangen, ist davon auszugehen, dass auch weitere Kleinparteien, die beim Fortfall der Sperrklauseln im Europäischen Parlament vertreten wären, sich den bestehenden Fraktionen anschließen und mit ihnen die erforderlichen Abstimmungsmehrheiten organisiert werden können.

Eine mit der Wahl zum Bundestag vergleichbare Interessenlage besteht auf europäischer Ebene nicht. Das Europäische Parlament wählt keine Regierung, die auf seine fortlaufende Unterstützung angewiesen wäre. Ebenso wenig ist die Gesetzgebung der Europäischen Union von einer gleichbleibenden Mehrheit im Europäischen Parlament abhängig, die von einer stabilen Koalition bestimmter Fraktionen gebildet würde und der eine Opposition gegenüberstünde. Zudem ist die EU-Gesetzgebung nach dem Primärrecht so konzipiert, dass sie nicht von bestimmten Mehrheitsverhältnissen im Europäischen Parlament abhängig ist. ■

Hinweis

Prüfungsmaßstab für die Gewährleistung der Wahlrechtsgleichheit bei der Europawahl ist nicht Art. 38 Abs. 1 S. 1 GG, sondern Art. 3 Abs. 1 GG und Art. 21 Abs. 1 GG i.V.m. dem Demokratieprinzip.

bb) Die Grundmandatsklausel

94 Durch die Grundmandatsklausel wird gemäß § 6 Abs. 3 S. 1 Hs. 2 BWahlG die Fünf-Prozent-Sperrklausel gelockert: Sie bestimmt, dass die Parteien auch bei **Unterschreiten der Fünf-Prozent-Hürde** an der Sitzverteilung nach Landeslisten teilnehmen, wenn ihre Kandidaten mit den Erststimmen der Wähler **in mindestens drei Wahlkreisen** ein Direktmandat errungen haben.

Beispiel Bei der Bundestagswahl 1994 erlaubte die Grundmandatsklausel der PDS den Wiedereinzug in den Bundestag. Sie erzielte zwar nur einen Zweitstimmenanteil von 4,4 Prozent, errang aber vier Direktmandate. ■

Die Regelung bedeutet eine **Beeinträchtigung der Wahlrechtsgleichheit** zu Lasten der Parteien, die keine Direktmandate in der erforderlichen Anzahl erringen. Sie hat bei einem Wahlergebnis von jeweils unter fünf Prozent zur Folge, dass Zweitstimmen, die für eine Partei mit drei Direktmandaten gegeben wurden, einen **höheren Erfolgswert** haben als Zweitstimmen für eine Partei, die nicht drei Direktmandate gewonnen hat. Damit schränkt die Grundmandatsklausel den Grundsatz der Gleichheit der Wahl gem. Art. 38 Abs. 1 S. 1 GG ein. Zudem betrifft sie den Grundsatz der Chancengleichheit der Parteien gem. Art. 21 Abs. 1 i.V.m. Art. 38 Abs. 1 S. 1 GG.

Das BVerfG rechtfertigt diese Ungleichbehandlung dadurch, dass der Erwerb eines Direktmandats Rückschlüsse auf die **Integrationskraft politischer Parteien** und deren Verankerung in der Bevölkerung erlaubt. Wenn es einer insgesamt unterhalb der Fünf-Prozent-Grenze liegenden Partei gelingt, mit ihren Kandidaten mehrere Wahlkreismandate zu erringen, soll der Gesetzgeber dies als Indiz dafür werten dürfen, dass diese Partei besondere Anliegen aus der Bevölkerung aufgegriffen hat, die allgemein eine Repräsentanz im Parlament rechtfertigen. Er darf sie in diesem Sinne als politisch bedeutsam ansehen und deswegen an der Verteilung der Listenmandate teilnehmen lassen.[20]

20 *BVerfGE* 95, 408, 420 f.

cc) Überhang- und Ausgleichsmandate

Überhangmandate entstehen, wenn eine Partei in einem Bundesland mehr Wahlkreise gewinnt, als Mandate auf ihre Landesliste entfallen. Die überzähligen Direktmandate stehen der Partei als Überhangmandate zu, § 6 Abs. 4 S. 2 BWahlG. Das BVerfG[21] hält die Zuteilung von Überhangmandaten ohne Ausgleich oder Verrechnung für mit dem Grundsatz der Gleichheit der Wahl unvereinbar, weil dadurch neben der Zweitstimme auch die Erststimme Einfluss auf die Sitzverteilung im Bundestag gewinne. In dem vom Gesetzgeber geschaffenen System der mit der Personenwahl verbundenen Verhältniswahl seien Überhangmandate nur in einem Umfang hinnehmbar, der den Grundcharakter der Wahl als einer Verhältniswahl nicht aufhebt. Der Bundesgesetzgeber hat als Folge dieser Entscheidung einen *vollständigen* Ausgleich der entstehenden Überhangmandate durch **Ausgleichsmandate** normiert (§ 6 Abs. 5–7 BWahlG). Dies führt dazu, dass die Gesamtzahl der Sitze von den eigentlich in § 1 Abs. 1 S. 1 BWahlG regelmäßig vorgesehenen 598 deutlich ansteigt. 95

Beispiel Nach der Bundestagswahl 2017 hat der Bundestag 709 Sitze. Hiervon sind 46 Überhangmandate und 65 Ausgleichsmandate. ■

f) Öffentlichkeit der Wahl

Als ungeschriebenen verfassungsrechtlichen Wahlrechtsgrundsatz hat das Bundesverfassungsgericht den Grundsatz der Öffentlichkeit der Wahl aus Art. 38 Abs. 1 i.V.m. Art. 20 Abs. 1 und Abs. 2 GG hergeleitet. Er gebietet, *„dass alle wesentlichen Schritte der Wahl öffentlicher Überprüfbarkeit unterliegen, soweit nicht andere verfassungsrechtliche Belange eine Ausnahme rechtfertigen"*.[22] 96

Die Öffentlichkeit der Wahl ist danach Grundvoraussetzung für eine demokratische politische Willensbildung. Sie umfasst das Wahlvorschlagsverfahren, die Wahlhandlung (in Bezug auf die Stimmabgabe durchbrochen durch das Wahlgeheimnis) und die Ermittlung des Wahlergebnisses.[23]

Beispiele

- Nicht mit dem Grundsatz der Öffentlichkeit der Wahl vereinbar sind nicht öffentliche Auszählungen durch die Wahlvorstände, wenn der Wahlraum verschlossen ist.[24]
- Im Hinblick auf die Verwendung von **Wahlcomputern** muss für den Wähler hinreichend erkennbar und nachvollziehbar sein, was mit seiner Stimme geschieht.[25] ■

3. Wahlprüfung durch das Bundesverfassungsgericht[26]

Über die Gültigkeit einer Bundestagswahl, einschließlich der Gültigkeit der Wahl eines Abgeordneten, entscheidet das BVerfG im **Wahlprüfungsverfahren** nach Art. 41 Abs. 2 GG, §§ 13 Nr. 3, 48 BVerfGG. Es soll die gesetzmäßige Zusammensetzung des Bundestages gewährleisten. 97

21 *BVerfGE* 131, 316.
22 *BVerfGE* 123, 39 (1. Leitsatz).
23 *BVerfGE* 123, 39, 68.
24 *BVerwGE* 142, 124 mit Anm. *Bätge* KommP Wahlen 2012, 117.
25 *BVerfGE* 123, 39.
26 Siehe hierzu ausführlich *Hillgruber/Goos* Rn. 747 ff.

Antragsberechtigt sind:

- Der **Abgeordnete**, dessen Mitgliedschaft bestritten ist.
- Jeder einzelne **Wahlberechtigte**, wenn seiner Beschwerde mindestens 100 weitere Wahlberechtigte beitreten.
- Eine **Fraktion oder eine Minderheit des Bundestages**, die mindestens ein Zehntel der gesetzlichen Mitglieder umfasst.

» Abgesehen vom ersten Fall handelt es sich um ein objektives Beanstandungsverfahren, der Antragsteller muss nicht geltend machen, in eigenen Rechten verletzt zu sein. «

Hinweis

Dem verfassungsgerichtlichen Verfahren ist ein Wahlprüfungsverfahren beim Bundestag vorgeschaltet. Zum Verfahren lesen Sie sich bitte die §§ 1 ff. WahlprüfG durch.

98 Für die **Begründetheit** des Verfahrens kommt es darauf an, dass Fehler im Wahlverfahren sich auf die Mandatsverteilung auswirken konnten. Ein **mandatsrelevanter Wahlfehler** liegt immer dann vor, wenn durch die geltend gemachte Rechtsverletzung die gesetzmäßige Zusammensetzung der zu wählenden Körperschaft berührt sein kann. Dabei darf es sich nicht nur um eine theoretische Möglichkeit handeln. Das BVerfG prüft im Wahlprüfungsverfahren nicht nur den angegriffenen Beschluss des Bundestages in formeller Hinsicht und darauf, ob Vorschriften des materiellen Rechts zutreffend angewandt worden sind, sondern auch, ob das angewandte Wahlgesetz mit der Verfassung in Einklang steht.

Bei der Feststellung von Wahlfehlern kann die Wahl dann für ungültig erklärt werden, wenn bei fehlerfreiem Wahlverlauf das Wahlergebnis in mandatsrelevanter Art anders ausgefallen wäre. Grundsätzlich ist das Erfordernis des **Bestandsschutzes** einer gewählten Volksvertretung, das seine rechtliche Grundlage im Demokratiegebot findet, mit den **Auswirkungen des festgestellten Wahlfehlers** abzuwägen. Wahlbeeinflussungen einfacher Art und ohne jedes Gewicht führen nicht zur Ungültigkeit einer Wahl. Die Ungültigerklärung einer gesamten Wahl setzt einen erheblichen Wahlfehler von solchem Gewicht voraus, dass ein Fortbestand der in dieser Weise gewählten Volksvertretung unerträglich erschiene.[27]

Hinweis

Der Ausgleich erfolgt nach dem Grundsatz der praktischen Konkordanz:[28]

Wo Kollisionen zwischen zwei verfassungsrechtlichen Rechtsgütern entstehen, sind diese Verfassungsgüter einander so zuzuordnen, dass beide zu optimaler Wirksamkeit gelangen, es darf nicht eines einseitig auf Kosten des anderen durchgesetzt werden.

27 *BVerfGE* 103, 111, 134; vgl. auch *BVerfG* E 123, 39 ff.
28 *Hesse* Verfassungsrecht Rn. 72 ff.

4. Übungsfall Nr. 3[29]

„Die Fünf-Prozent-Klausel" 99

Nachdem die A-Partei bei den letzten Kommunalwahlen in zahlreichen Gemeinden und Kreisen an der Fünf-Prozent-Hürde gescheitert ist, hat sie sich die Abschaffung der Fünf-Prozent-Sperrklausel zumindest auf kommunaler Ebene zum Ziel gesetzt. Deshalb bringt sie einen Gesetzentwurf zur Abschaffung der Fünf-Prozent-Sperrklausel im Kommunalwahlgesetz des Bundeslandes B in den Landtag ein. Der Antrag wird in der Sitzung am 29.1. mit der Mehrheit der Stimmen abgelehnt. Die Vertreter der beiden größeren Fraktionen argumentieren damit, dass die Fünf-Prozent-Sperrklausel seit Jahren erfolgreich den Einzug rechtsextremistischer Parteien in die kommunalen Vertretungen verhindere. Im Übrigen halte sie Splitterparteien von den kommunalen Vertretungsorganen fern und stelle somit die Funktionsfähigkeit der Volksvertretung sicher.

Die A-Partei fühlt sich in ihrem Recht auf Wahlgleichheit und auf Chancengleichheit verletzt und beantragt am 16.2. beim BVerfG, im Wege des Organstreits festzustellen, dass die Ablehnung des Gesetzesentwurfs gegen die Verfassung des Bundeslandes B verstoße. Sie führt aus, dass schwerwiegende Störungen der Funktionsfähigkeit der Kommunalvertretungen aus anderen Ländern ohne Fünf-Prozent-Sperrklausel nicht bekannt geworden seien. Darüber hinaus seien die kommunalen Vertretungen im Bundesland B nicht mit den Parlamenten auf Landes- oder Bundesebene zu vergleichen, denn ihr Aufgabenbereich beschränke sich auf verwaltende Tätigkeiten. Die Leitung der Verwaltung obliege aber den Bürgermeistern und Landräten, die seit der Einführung ihrer Direktwahl vom Vertrauen der Volksvertretung nicht mehr abhängig seien. Zudem enthalte sowohl die Gemeinde- als auch die Kreisordnung Sonderregelungen, die die Entscheidungsfähigkeit der Kommunalvertretungen auch dann sicherstellen, wenn das übliche Quorum der Beschlussfähigkeit nicht zu wahren ist.

Der Präsident des Landtages ist hingegen der Ansicht, dass es sich bei der Ablehnung eines Gesetzentwurfs durch den Landtag um einen rein parlamentsinternen Vorgang handele, der vom BVerfG nicht überprüft werden kann.

Hat der Antrag Aussicht auf Erfolg?

Anmerkungen:

- *Art. 38 der Verfassung des Bundeslandes B regelt: „Für Landesverfassungsstreitigkeiten verbleibt es bis zur Errichtung des Landesverfassungsgerichts bei der Zuständigkeit des BVerfG."*
- *Alle Terminangaben beziehen sich auf dasselbe Kalenderjahr.*

29 Der Fall ist *BVerfGE* 120, 82 ff. nachgebildet.

100 Lösung

Der Antrag der A-Partei hat Aussicht auf Erfolg, wenn er zulässig und begründet ist.

A. Zulässigkeit

I. Zuständigkeit des Bundesverfassungsgerichts

Die Zuständigkeit des BVerfG im Organstreitverfahren bestimmt sich grundsätzlich nach Art. 93 Abs. 1 Nr. 1 GG, § 13 Nr. 5 BVerfGG. Da diese Vorschriften sich nur auf die Auslegung des Grundgesetzes beziehen, die A Partei sich in ihrem Antrag aber auf Landesverfassungsrecht stützt, ist fraglich ist, ob das BVerfG zuständig ist. Jedoch ist bei Verfassungsrechtsstreitigkeiten innerhalb eines Landes der Rechtsweg zum BVerfG gem. Art. 99 GG, § 13 Nr. 10 BVerfGG eröffnet. Eine entsprechende Zuweisung der Zuständigkeit enthält Art. 38 der Landesverfassung von B.

II. Antragsberechtigung und Antragsgegner

Wer im Organstreitverfahren antragsberechtigt ist, regeln Art. 93 Abs. 1 Nr. 1 GG, § 63 BVerfGG. Fraglich ist, ob die A-Partei antragberechtigt ist, da politische Parteien in beiden Vorschriften nicht erwähnt sind. Nach der Rechtsprechung des BVerfG sind sie gleichwohl im Organstreit parteifähig und berechtigt, eine behauptete Verletzung ihres verfassungsrechtlichen Status durch das Wahlrecht im Wege der Organklage zu rügen.

Sie sind im Organstreitverfahren als „andere" durch Art. 21 GG mit eigenen Rechten ausgestattete Beteiligte parteifähig.[30] Im Fall von Einwendungen der Parteien gegen gesetzliche Regelungen, die die Zusammensetzung der gewählten Volksvertretung betreffen, steht der verfassungsrechtliche Status der Partei in Rede.

Antragsgegner ist der Landtag, der als Gesetzgebungsorgan des Bundeslandes B für die Aufrechterhaltung der Fünf-Prozent-Sperrklausel verantwortlich ist.

30 *Hillgruber/Goos* Verfassungsprozessrecht Rn. 352.

III. Streitgegenstand

Nach § 64 Abs. 1 BVerfGG, der sinngemäß auch für Organstreitigkeiten innerhalb eines Landes gilt, ist ein Antrag im Organstreitverfahren zulässig, wenn der Antragsteller geltend machen kann, dass er durch eine Maßnahme oder eine Unterlassung des Antragsgegners in seinen ihm durch die Verfassung übertragenen Rechten und Pflichten verletzt oder unmittelbar gefährdet ist.

Fraglich ist, ob die Ablehnung eines Gesetzentwurfs als Maßnahme zu werten ist oder ob es sich lediglich um einen parlamentsinternen Vorgang handelt. Unstreitig läge eine Maßnahme bei Erlass eines Gesetzes zur Einführung einer Sperrklausel vor, da hierdurch in die Statusrechte von Parteien eingegriffen würde. Es stellt sich die Frage, ob dem die Ablehnung des Gesetzentwurfs über die Abschaffung der Sperrklausel gleichsteht. In beiden Fällen befasst sich der Gesetzgeber im parlamentarischen Verfahren inhaltlich mit der Frage der Sperrklausel. Auch mit der endgültigen Ablehnung des Gesetzentwurfs ist die unmittelbar nach außen wirkende und die verfassungsrechtlich garantierten Rechte der A Partei berührende Beibehaltung der Fünf-Prozent-Sperrklausel verbunden. Somit handelt es sich nicht nur um einen parlamentsinternen Vorgang, der keinerlei Außenwirkung entfaltet. Die Ablehnung und die damit verbundene Beibehaltung der Fünf-Prozent-Sperrklausel ist folglich ein zulässiger Streitgegenstand.

IV. Antragsbefugnis

Der Antragsteller muss geltend machen, durch die angegriffene Maßnahme in seinen verfassungsrechtlich gewährleisteten Rechten verletzt zu sein, § 64 Abs. 1 BVerfGG. Nicht erforderlich ist dabei, dass der Betroffene der Adressat des Aktes ist. Eine Verletzung oder unmittelbare Gefährdung in eigenen Rechten ist vielmehr schon dann gegeben, wenn der Antragsteller zwangsläufig von der Maßnahme mitbetroffen ist. Die A Partei, die an den Kommunalwahlen in Bundesland B teilnimmt, wird durch die Aufrechterhaltung der Fünf-Prozent-

Sperrklausel in ihren Rechten auf Chancengleichheit und Gleichheit der Wahl und damit in ihren statusmäßigen Rechten betroffen. Somit ist die A Partei gem. § 64 Abs. 1 BVerfGG antragsbefugt.

V. Antragsform und Frist

Es ist davon auszugehen, dass ein schriftlicher und begründeter Antrag gestellt wurde, § 23 Abs. 1 BVerfGG, der insbesondere die betroffenen Bestimmungen des Grundgesetzes hinreichend bezeichnet, § 64 Abs. 2 BVerfGG. Gem. § 73 Abs. 2 i.V.m. § 64 Abs. 3 BVerfGG muss der Antrag im Landesorganstreitverfahren binnen sechs Monaten, nachdem die beanstandete Maßnahme oder Unterlassung dem Antragsteller bekannt geworden ist, gestellt werden. Vorliegend ist der Antrag innerhalb der ab dem 29.1. zu berechnenden Sechsmonatsfrist eingegangen.

VI. Zwischenergebnis

Der Antrag ist zulässig.

B. Begründetheit

Das Organstreitverfahren ist begründet, wenn die beanstandete Maßnahme des Antragsgegners gegen Normen der Landesverfassung verstößt, auf die der Antragsteller sich berufen kann. Das BVerfG wird hier gem. Art. 93 Abs. 1 Nr. 5, Art. 99 GG als Landesverfassungsgericht für das Bundesland B tätig. Prüfungsmaßstab ist daher die Landesverfassung.

Gem. Art. 28 Abs. 1 S. 2 GG sind die Wahlrechtsgrundsätze des Art. 38 Abs. 1 GG auch für Kommunalwahlen verbindlich. Der Grundsatz der Gleichheit der Wahl gebietet, dass alle Staatsbürger das aktive und passive Wahlrecht möglichst in formal gleicher Weise ausüben können. Daraus folgt für das Wahlgesetz, dass die Stimme eines jeden Wahlberechtigten grundsätzlich den gleichen Zählwert und die gleiche rechtliche Erfolgschance haben muss. Alle Wähler sollen mit der Stimme, die sie abgeben, den gleichen Einfluss auf das Wahlergebnis haben.

Der Grundsatz der Chancengleichheit der Wahlbewerber findet für die Parteien seine Grundlage in Art. 21 Abs. 1 GG. Er verlangt, dass jeder Partei, jeder Wählergruppe und ihren Wahlbewerbern grundsätzlich die gleichen Möglichkeiten im gesamten Wahlverfahren und damit gleiche Chancen bei der Verteilung der Sitze eingeräumt werden. Das Recht der Parteien auf Chancengleichheit bei Wahlen folgt auf Landesebene aus ihrem in Art. 21 Abs. 1 GG umschriebenen verfassungsrechtlichen Status, der unmittelbar auch für die Länder gilt und Bestandteil der Landesverfassungen ist.[31]

Die Fünf-Prozent-Sperrklausel im Kommunalwahlgesetz bewirkt eine Ungleichgewichtung der Wählerstimmen. Während der Zählwert aller Wählerstimmen von der Fünf-Prozent-Sperrklausel unberührt bleibt, werden die Wählerstimmen hinsichtlich ihres Erfolgswerts ungleich behandelt.

Diejenigen Wählerstimmen, welche für Parteien abgegeben worden sind, die mehr als fünf Prozent der Stimmen erhalten haben, haben unmittelbaren Einfluss auf die Sitzverteilung nach dem Verhältnisausgleich. Dagegen bleiben diejenigen Wählerstimmen, die für Parteien abgegeben worden sind, die an der Sperrklausel gescheitert sind, ohne Erfolg. Die Fünf-Prozent-Sperrklausel nimmt diesen Stimmen insoweit ihren Erfolgswert.

Zugleich wird durch die Fünf-Prozent-Sperrklausel das Recht der A-Partei auf Chancengleichheit beeinträchtigt. Die A-Partei ist schon bei vorangegangenen Wahlen an der Fünf-Prozent-Sperrklausel gescheitert und konnte damit – im Gegensatz zu Parteien, die die Fünf-Prozent-Hürde überwunden hatten – an der Sitzverteilung teilnehmen.

Sowohl der Grundsatz der Wahlgleichheit als auch der Grundsatz der Chancengleichheit der politischen Parteien können bei entsprechender Rechtfertigung differenziert werden.

Fraglich ist, ob die Einschränkung der Wahlfreiheit und der Chancengleichheit der Parteien durch die Fünf-Prozent-Sperrklausel damit gerechtfertigt werden konnte, dass auf diese Weise rechtsextremistische Parteien von der Beteiligung an kommunalen

31 *BVerfGE* 66, 107, 114.

Vertretungsorganen ferngehalten werden können. Dagegen spricht zum einen, dass die Fünf-Prozent-Sperrklausel nicht nur gegen extremistische Parteien wirkt. Vielmehr trifft sie alle Wahlbewerber gleichermaßen. Zum anderen verbietet Art. 21 Abs. 2 GG die staatliche Bekämpfung einer politischen Partei, solange das BVerfG sie nicht durch Urteil für verfassungswidrig erklärt und aufgelöst hat. Es steht dem Gesetzgeber somit nicht zu, über die Einführung oder Beibehaltung einer Sperrklausel bestimmte Parteien gezielt von ihrer Mitwirkung an der politischen Willensbildung auszuschließen.

Jedoch könnte die Fünf-Prozent-Sperrklausel damit gerechtfertigt sein, dass durch sie die Funktionsfähigkeit einer Volksvertretung sichergestellt und der Einzug von Splitterparteien mit der Folge instabiler Mehrheiten verhindert wird. Zumindest auf Bundesebene hat das BVerfG mit dieser Argumentation die Erforderlichkeit der Fünf-Prozent-Sperrklausel anerkannt. Fraglich ist, ob diese Rechtsprechung auf kommunale Vertretungen übertragbar ist. Hierzu ist auf die Vergleichbarkeit der Sachverhalte einzugehen.

Zunächst ist zu berücksichtigen, dass Gemeindevertretungen und Kreistage nicht Parlamente im staatsrechtlichen Sinne sind. Die Gemeindevertretung ist ein Organ der Verwaltung, dem in erster Linie verwaltende Tätigkeiten anvertraut sind. Anders als Parlamente auf Landes- oder Bundesebene üben Gemeindevertretungen und Kreistage keine Gesetzgebungstätigkeit aus. Hieran ändern auch die kollegiale Struktur des Vertretungsorgans sowie die Befugnis zur Satzungsgebung nichts. Schließlich unterliegen die Entscheidungen der kommunalen Vertretungsorgane der Rechtsaufsicht.

Für die Einschätzung der Wahrscheinlichkeit des Einzugs von Splitterparteien und damit einhergehender Funktionsstörungen bei der Aufgabenerfüllung der kommunalen Vertretungsorgane kommt der Ausgestaltung des Kommunalverfassungsrechts in dem jeweiligen Bundesland entscheidendes Gewicht zu. Bedeutsam sind vor allem die gesetzlichen Zuständigkeiten der kommunalen Vertretungsorgane sowie das Instrumentarium, um Entscheidungsausfälle zu vermeiden und Störungen durch kleine Gruppen zu begegnen. Die Beeinträchtigung der Funktionsfähigkeit der Vertretungen darf nicht nur eine theoretische Möglichkeit sein, sie muss vielmehr mit einiger Wahrscheinlichkeit zu erwarten sein.

Mit der Wahl des Bürgermeisters oder Landrats liegt eine wesentliche Personalentscheidung unmittelbar beim Volk. Sie tragen in eigener Zuständigkeit die alleinige umfassende Verantwortung für die Leitung der Gemeindeverwaltung, für die sachliche und wirtschaftliche Erledigung der Aufgaben und für den Geschäftsgang der Verwaltung.

Durch ihre Direktwahl sind stabile Mehrheitsverhältnisse, die durch das Auftreten von Splitterparteien in Kommunalvertretungen und Kreistagen gefährdet werden könnten, nicht mehr notwendig. Hier liegt ein wesentlicher Unterschied zu den Landesparlamenten und zum Bundestag. So wird der Bundeskanzler gem. Art. 67 Abs. 1 und 2 GG mit den Stimmen der Mehrheit der Mitglieder des Bundestages gewählt, was bei einer parteipolitischen Zersplitterung der Abgeordneten zu Instabilität führen könnte.

Bürgermeister und Landrat sind seit der Einführung ihrer Direktwahl vom Vertrauen der Volksvertretung nicht mehr abhängig. Die unmittelbare Wahl durch das Volk sichert dem Bürgermeister und dem Landrat eine besondere institutionelle Unabhängigkeit. Dies garantiert bereits weitgehend eine funktionierende Gemeindeverwaltung, unabhängig von den Mehrheitsverhältnissen in der Gemeindevertretung.

Darüber hinaus enthalten die Gemeinde- und die Kreisordnung Sonderregelungen, die die Entscheidungsfähigkeit der Kommunalvertretungen auch dann sicherstellen, wenn das übliche Quorum der Beschlussfähigkeit nicht zu wahren ist. Diese Regelungen bieten auch beim Einzug von Splitterparteien Gewähr für die Handlungs- und Funktionsfähigkeit der Vertretungen.

Auch können die in anderen Ländern ohne Fünf-Prozent-Sperrklausel gemachten Erfahrungen nicht gänzlich außer Betracht gelassen werden. Die Tatsache, dass schwerwiegende Störungen der Funktionsfähigkeit der Kommunalvertretungen aus anderen Ländern ohne Fünf-Prozent-Sperrklausel nicht bekannt geworden sind, spricht ebenfalls gegen eine Rechtfertigung der Fünf-Prozent-Klausel im Bundesland B.

C. Ergebnis

Der Landtag hat die Rechte der A Partei aus Art. 28 Abs. 1 S. 2 GG und aus Art. 21 Abs. 1 GG dadurch verletzt, dass er in seiner Sitzung vom 29.1. den Gesetzentwurf der Fraktion der A Partei zur Abschaffung der Fünf-Prozent-Klausel im Kommunalwahlgesetz abgelehnt hat. Der Antrag ist somit zulässig und begründet.

101 **Hinweis**

Gem. § 72 Abs. 2 BVerfGG kann das BVerfG im Organstreitverfahren lediglich feststellen, ob die streitige Maßnahme oder Unterlassung gegen eine bestimmte Vorschrift der Landesverfassung verstößt. Es kann dagegen nicht feststellen, dass eine Norm gegen Vorschriften der Landesverfassung oder des Grundgesetzes verstößt und damit nichtig ist.

II. Die Arbeit des Bundestages

1. Die Zuständigkeit des Bundestages

102 Die Zuständigkeit des Bundestages umfasst grundsätzlich alle Angelegenheiten, die in die Kompetenz des Bundes fallen. Angelegenheiten, die der ausschließlichen Länderhoheit unterliegen, bzw. rein kommunale Angelegenheiten fallen nicht in seine Entscheidungskompetenz. Zudem darf der Bundestag **nicht in den Kernbereich der Zuständigkeiten anderer Bundesorgane** eingreifen.

Beispiele

- Eine Debatte des Bundestages über die Richtigkeit eines landgerichtlichen Urteils wäre sowohl ein Eingriff in die Länderhoheit als auch in den Kernbereich der Justiz.
- Ein Beschluss des Bundestages über die Errichtung einer neuen Abteilung in einem Bundesministerium wäre wegen des Eingriffes in den Kernbereich der Bundesregierung (Ressortkompetenz des zuständigen Bundesminsters nach Art. 65 S. 2 GG) verfassungswidrig. ■

2. Beschlüsse des Bundestages

103 Der Bundestag entscheidet durch **Beschluss**.

a) Beschlussformen

104 Zu unterscheiden sind nach dem Beschlussinhalt:

- **„Schlichte Parlamentsbeschlüsse"**: Der Bundestag kann durch einfache Beschlüsse mit resolutions- oder appellartigen Charaker auf politische Entwicklungen Einfluss nehmen, indem er beispielsweise die Bundesregierung auffordert, bestimmte Maßnahmen zu ergreifen, Gesetzesvorlagen einzubringen oder Planungsvorstellungen zu entwickeln. Allerdings sind derartige Beschlüsse für die Bundesregierung **rechtlich nicht verbindlich**. Sie muss in eigener Verantwortung prüfen, ob sie einem auf diese Weise geäußerten Willen des Parlaments Rechnung trägt oder möglicherweise einen politischen Konflikt in Kauf nimmt.
- **„Verbindliche Parlamentsbeschlüsse"**, die im Gegensatz zu den „schlichten" Parlamentsbeschlüssen **echte Rechtswirkungen** entfalten. Außerhalb von Gesetzesbeschlüssen sind rechtsverbindliche Beschlüsse nur zulässig und wirksam, wenn eine besondere Rechtsgrundlage dies vorsieht. Das Grundgesetz ordnet diese Beschlüsse bei vielen Wahl- und Kreationsakten an, aber auch bei anderen Akten mit stark personalem Bezug sowie bei einigen eilbedürftigen Entscheidungen und im parlamentsinternen Bereich. Auch außerhalb des Grundgesetzes bestehen Rechtsvorschriften, die für die Rechtsmäßigkeit einer Handlung einen Beschluss des Bundestages vorsehen.

Beispiele Zu den rechtsverbindlichen Bundestagsbeschlüssen gehören: Zustimmung oder Ablehnung eines Antrages der Bundesregierung auf Zustimmung zum Einsatz der Streitkräfte im Ausland (§ 3 Abs. 3 ParlBG), Feststellung der Beschlussfähigkeit (§ 45 GOBT), Überweisungen eines Antrages an einen Ausschuss (§ 80 GOBT), Wahl des Präsidenten/Stellvertreters/Schriftführers (Art. 40 Abs. 1 S. 1 GG), Wahl des Bundeskanzlers (Art. 63 Abs. 1, 67 Abs. 1, 68 Abs. 1 S. 2), Wahl der Mitglieder des BVerfG (Art. 94 Abs. 1 S. 2 GG), der Mitglieder des Vermittlungsausschusses (Art. 77 Abs. 2 S. 1 GG), Wahlprüfung (Art. 41 Abs. 1 S. 1 GG), Entscheidung über die Aufhebung der Immunität von Abgeordneten (Art. 46 Abs. 2 und 4 GG), Abstimmung über die Vertrauensfrage (Art. 68 Abs. 1 GG), Beschluss, die Anwesenheit von Mitgliedern der Bundesregierung zu verlangen (Art. 43 Abs. 1 GG), Feststellung des Eintritts des Spannungsfalles (Art. 80a Abs. 1 GG) und des Verteidigungsfalles (Art. 115a Abs. 1 GG), der Erlass der GOBT (Art. 40 Abs. 1 S. 2 GG), Festlegung der Sitzungen des Plenums (Art. 39 Abs. 3 GG), Ausschluss der Öffentlichkeit von den Verhandlungen (Art. 42 Abs. 1 S. 2 GG), Einsetzung von Untersuchungsausschüssen (Art. 44 GG). ■

- **Gesetzesbeschlüsse** (Art. 77 Abs. 1 GG). 105
  Gemäß Art. 77 Abs. 1 S. 1 GG beschließt der Bundestag die Bundesgesetze. Hierbei handelt es sich um die wichtigste Art von rechtsverbindlichen Beschlüssen, da nach dem Grundsätzen des Parlaments- und Gesetzesvorbehaltes alle wesentlichen Fragen des Gemeinwesen durch das Parlament und grundsätzlich in Gesetzesform beschlossen werden müssen. Sie grenzen sich von den übrigen Beschlüssen dadurch ab, dass hierfür nach dem Grundgesetz und der GOBT ein besonderes Verfahren einzuhalten ist.

Beispiel Der Bundeskanzler beschließt die Zusammenlegung von Innen- und Justizministerium. Im Bundestag kommt es hierüber zu heftigen Auseinandersetzungen. Es wird folgender Beschluss gefasst: *„Der Bundeskanzler wird aufgefordert, die Zusammenlegung des Innen- und des Justizministeriums rückgängig zu machen."* Der Bundeskanzler zeigt sich unbeeindruckt von diesem Beschluss. Er sieht hierin einen unzulässigen Zugriff des Parlaments auf den Kernbereich der Organisationsgewalt der Regierung. Der Bundestag könne nicht durch derartige Beschlüsse, deren Natur und Wirkungen unklar seien, über Minister und Ministerien verfügen. Drei Monate später beschließt der Bundestag wegen der Nichtbeachtung seines Beschlusses das folgende Gesetz: „Das Innen- und Justizministerium wird in das Ministerium für Inneres und das Justizministerium aufgespalten."

Der **erste Beschluss** könnte in die **Organisationsgewalt des Bundeskanzlers** eingreifen. Denn für die Errichtung und Aufhebung der Ministerien kommt die Organisationsgewalt grundsätzlich dem Bundeskanzler zu, vgl. Art. 64 und Art. 69 GG. Jedoch ist der Beschluss als **schlichter Parlamentsbeschluss** nicht rechtsverbindlich. Deshalb kann die Aufforderung zur Rückgängigmachung der Zusammenlegung der Ministerien nicht den Bestand der Organisationsgewalt der Bundesregierung berühren.

Anders liegt der Fall bei dem **Gesetzesbeschluss**. Aufgrund seiner Rechtsverbindlichkeit greift er in die Organisationsgewalt des Bundeskanzlers ein. Der **Kernbereich exekutiver Eigenverantwortung**, der einen nicht ausforschbaren Initiativ-, Beratungs- und Handlungsbereich einschließt,[32] umfasst auch den Bereich der Regierungsorganisation.[33] Denn es besteht ein enger Zusammenhang zwischen der Frage der Ressortzuständigkeit und der Persönlichkeit des vorgesehenen Amtsinhabers. Somit ist die Zusammenlegung

32 *BVerfGE* 68, 1, 87.
33 *Butzer* NWVBl. 1996, 208, 212.

zweier Ministerien ein unzulässiger Eingriff in den zugriffsfesten Kernbereich der Organisationsgewalt des Bundeskanzlers. Die Zuständigkeit des Bundestags wäre also abzulehnen. Nach a.A. hat das Justizministerium unmittelbaren Bezug zu den Aufgaben der **Rechtsprechung** und gehört damit nicht zum Kernbereich der Exekutive.[34] Vielmehr sei der **Gesetzgeber** verpflichtet, in grundlegenden normativen Bereichen alle wesentlichen Entscheidungen selbst zu treffen. Die Trennung oder Zusammenlegung von Innen- und Justizministerium sei eine wesentliche Entscheidung, da grundsätzliche Verfassungsfragen, wie der Grundsatz der Gewaltenteilung und die Unabhängigkeit der Gerichte berührt seien. Dem ist aber entgegenzuhalten, dass die Wesentlichkeitstheorie nicht auf Organisationsentscheidungen, wie sie hier vorliegt, anwendbar ist.[35] ■

b) Verfahren bei Bundestagsbeschlüssen

106 Die verfassungsrechtlichen Vorgaben für das Beschlussverfahren ergeben sich im Wesentlichen aus Art. 42 Abs. 1 GG, der eine Öffentlichkeit für die Sitzungen des Bundestages vorsieht und den Staatsstrukturprinzipien, die eine demokratischen und rechtssstaatlichen Grundlagen entsprechende Sitzungsvorbereitung und -durchführung erfordern.

Beispiel Auch wenn es nicht ausdrücklich in der Verfassung steht, muss aufgrund demokratischer und rechtsstaatlicher Mindestanforderungen an Sitzungen von Volksvertretungen eine entsprechende Tagesordnung für die Sitzung bestehen, die den Abgeordneten rechtzeitig vor der Sitzung mitgeteilt wird. Die GOBT hat dies in § 20 näher konkretisiert. ■

Die näheren Einzelheiten der Sitzungsorganisation finden sich in der nach Art. 40 Abs. 1 S. 2 GG erlassenden Geschäftsordung des Bundestages.

c) Mehrheitsprinzip

107 Zu einem Beschluss ist nach Art. 42 Abs. 2 S. 1 GG
- die Mehrheit der abgegebenen Stimmen erforderlich (Regelfall der einfachen Mehrheit),
- sofern das Grundgesetz nichts anderes bestimmt (Ausnahmefälle der absoluten und qualifizierten Mehrheit).

Hinweis

Die Ausnahmefälle sind im Rahmen des Demokratieprinzips unter Rn. 19 bereits benannt.

3. Die Aufgaben des Bundestages

a) Die Gesetzgebung

108 Die wesentlichste Aufgabe des Parlaments liegt in der Gesetzgebung. Kein formelles Gesetz kommt ohne seinen Beschluss zustande (Art. 77 Abs. 1 S. 1 GG). Näheres zum Gesetzgebungsverfahren s. Rn. 236 ff. Sollen völkerrechtliche Verträge in Deutschland Geltung erlangen, müssen auch sie das Gesetzgebungsverfahren durchlaufen, Art. 59 Abs. 2 GG.

---

34 *VerfGH NRW* NJW 1999, 1243, 1245.
35 *Böckenförde* NJW 1999, 1235 f.

b) Die Bildung weiterer Verfassungsorgane

Neben den Wahlen seiner eigenen Organe (z.B. Präsident, Vizepräsidenten, Schriftführer, Wehrbeauftragter) obliegt dem Bundestag die Bildung weiterer Verfassungsorgane. 109
Insbesondere wählt er:

- den Bundeskanzler (Art. 63 Abs. 1 GG)
- die Hälfte der Bundesverfassungsrichter (Art. 94 GG)
- den Wehrbeauftragten (Art. 45b GG)
- durch Mitgliedschaft der Bundestagsabgeordneten in der Bundesversammlung den Bundespräsidenten (Art. 54 Abs. 3 GG)
- durch Mitgliedschaft von Bundestagsabgeordneten im Richterwahlausschuss die Bundesrichter (Art. 95 Abs. 2 GG).

c) Die parlamentarische Kontrolle anderer Verfassungsorgane

Dem Bundestag obliegt die parlamentarische Kontrolle der übrigen Staatsgewalten, insbesondere der **Bundesregierung**. Instrumente der parlamentarischen Kontrolle sind vor allem: 110

- das **Herbeirufen** von Mitgliedern der Bundesregierung (Art. 43 Abs. 1 GG, § 42 GOBT – „Zitierrecht"),
- die Einsetzung von **Untersuchungsausschüssen** (Art. 44 Abs. 1 S. 1 GG),
- das **Interpellationsrecht**, d.h. das Recht, von der Bundesregierung Auskünfte zu verlangen. Hierzu dienen insbesondere die über die Fraktion einzubringenden (vgl. § 75 Abs. 1 Nr. f, Abs. 3, § 76 GOBT) sog. **Großen Anfragen** (mit Aussprache, vgl. §§ 100 ff. GOBT), die **Kleinen Anfragen** (ohne Aussprache, vgl. § 104 GOBT) und die **Kurzen Einzelfragen** (§ 105 GOBT – diese dürfen von jedem Abgeordneten gestellt werden),
- **Anklage** gegen den **Bundespräsidenten** wegen Gesetzesverletzung (Art. 61 Abs. 1 GG),
- die Genehmigung von **Staatsverträgen** (Art. 59 Abs. 2 GG),
- die Feststellung des **Haushaltsplanes**, in dem die Budgets der einzelnen Ministerien und des Kanzleramts festgelegt werden (Art. 110 Abs. 2 GG),
- die **Rechnungskontrolle** (Art. 114 GG),
- die Genehmigung von **Bundesanleihen** (Art. 115 GG).

Die Kontrollmöglichkeiten gegenüber der **Judikative** sind aufgrund der richterlichen Unabhängigkeit (Art. 97 Abs. 1 GG) auf das – bisher nicht zur Anwendung gekommene – Recht der Richteranklage gem. Art. 98 Abs. 2 GG beschränkt.

4. Die Organisation des Bundestages

a) Die Geschäftsordnung des Bundestages

Aufgrund seiner in Art. 40 Abs. 1 S. 2 GG verankerten Geschäftsordnungs-Autonomie hat der Bundestag das Recht, seine Organisation und das Verfahren selbst festzulegen. Die Geschäftsordnung des Bundestages (GOBT) enthält verbindliche Rechtsnormen mit Innenwirkung, die die Beziehungen der Abgeordneten untereinander und das Verhältnis des Bundestages zu den anderen Verfassungsorganen ausgestalten. Nach **h.M.**[36] kommt der GOBT die Rechtsnatur einer **autonomen Satzung** zu, nach **a.A.** handelt es sich um eine **Rechtsvor-** 111

36 *BVerfGE* 1, 144, 148 f.

schrift **„sui generis“**[37] Jedenfalls kommt ihr grundsätzlich **parlamentsinterne Geltungskraft** zu. Entsprechend dem Grundsatz der Diskontinuität gilt sie nur für die jeweilige Wahlperiode und muss bei der Neukonstituierung jedes Bundestags von diesem wieder übernommen werden.

Die GOBT dient der Herstellung und Aufrechterhaltung der Arbeitsfähigkeit des Parlaments. In diesem verfassungsrechtlich vorgezeichneten Rahmen kann die GOBT auch Abgeordnetenrechte einschränken bzw. dazu ermächtigen (z.B. Begrenzung der Redezeit, disziplinarische Maßnahmen gegen Abgeordnete bei Verletzung der Ordnung, Einräumung bestimmter parlamentarischer Rechte nur für Fraktionen). Die Verletzung von Statusrechten aus der GOBT kann von Bundestagsmitgliedern gegenüber dem Bundestag im **Organstreitverfahren** geltend gemacht werden.

Hinweis

Im Gesetzgebungsverfahren führt allein der Verstoß gegen Bestimmungen der GOBT nicht zur Verfassungswidrigkeit des Gesetzes. Anders liegt es, wenn die GOBT lediglich einen bestehenden **Verfassungssatz** konkretisiert und in dem Geschäftsordnungsverstoß zugleich ein **Verfassungsverstoß** liegt.

Beispiel In § 19 S. 1 GOBT ist normiert, dass die Sitzung des Bundestages öffentlich sind. Die Regelung ist nur deklaratorischer Art, da sich die Sitzungsöffentlichkeit bereits aus dem Grundgesetz (Art. 42 Abs. 1 S. 1) ergibt. Wird damit ein Gesetz entgegen Art. 42 Abs. 1 S. 1 GG beschlossen, so ist es *deshalb* verfassungswidrig und nicht wegen des gleichzeitigen Verstoßes gegen die GOBT. ■

Gegenbeispiel Nach § 76 Abs. 1 GOBT müssen Gesetzentwürfe, die von Mitgliedern des Bundestages erstellt werden, von einer Fraktion oder von mindestens 5 % der Mitglieder des Bundestages unterzeichnet sein. Das Grundgesetz enthält in Art. 76 Abs. 1 kein solches formales Erfordernis für Gesetzesvorlagen aus der Mitte des Bundestages. Kommt deshalb ein Gesetz unter Verstoß gegen § 76 Abs. 1 GOBT zustande, so ist es lediglich geschäftsordnungswidrig, aber nicht verfassungswidrig. Sofern das Gesetz auch im Übrigen verfassungsgemäß sein sollte, ist es wirksam zustandekommen und rechtsverbindlich. ■

b) Die Organe des Bundestages

aa) Der Bundestagspräsident

112 Der Bundestag wählt seinen Präsidenten, die Stellvertreter und die Schriftführer (Art. 40 Abs. 1 S. 1 GG). Der Bundestagspräsident übt die Sitzungsleitung und die Disziplinargewalt während der Sitzungen aus. Die Sitzungsgewalt hat den Zweck, die Funktionsfähigkeit des Bundestages durch einen von inneren und äußeren Störungen freien Sitzungsverlauf sicherzustellen. Die Ausübung der Sitzungsgewalt hat nach pflichtgemäßen Ermessen zu erfolgen und ist demgemäß gerichtlich voll überprüfbar. Der Bundestagspräsident hat dabei die vom Bundestag nach Art. 40 Abs. 1 S. 2 GG erlassene Geschäftsordnung zu beachten.

37 Vgl. *N. Achterberg/M. Schulte* in v. Mangold, Hermann/Klein, Friedrich/Starck, Christian, Das Bonner Grundgesetz, Art. 40 Rn. 33 ff.

Außerdem übt der Bundespräsidentgem. Art. 40 Abs. 2 S. 1 GG das Hausrecht und die Polizeigewalt im Gebäude des Bundestages aus.

Beispiel Ohne Einwilligung des Bundestagspräsidenten dürfen Polizisten in den Räumen des Bundestages nicht tätig werden. Auch richterlich angeordnete Durchsuchungen und Beschlagnahmen bedürfen der Genehmigung durch den Präsidenten (Art. 40 Abs. 2 S. 2 GG). ■

bb) Das Bundestagsplenum

Der Bundestag berät und entscheidet in öffentlicher Plenarsitzung, Art. 42 Abs. 1 S. 1 GG und 113
§ 19 Abs. 1 S. 1 GOBT. Die möglichen Gegenstände der Beratungen des Plenums ergeben sich aus § 75 GOBT; von besonderer Bedeutung ist die Behandlung von Gesetzentwürfen. Die Vorbereitung der Plenarsitzungen erfolgt vor allem durch die Beschlussempfehlungen der Ausschüsse. Das Letztentscheidungsrecht liegt allerdings beim Plenum.

Das Plenum ist **beschlussfähig**, wenn mehr als die Hälfte der Mitglieder des Bundestages anwesend sind (§ 45 Abs. 1 GOBT). Sind weniger Abgeordnete anwesend, kann das Plenum dennoch beschließen, es sei denn, die Beschlussunfähigkeit wird ausdrücklich festgestellt, § 45 Abs. 2, 3 GOBT.

Hinweis

Die Beschlussfähigkeit oder Beschlussunfähigkeit kann durch Zählung der Stimmen im sog. Hammelsprungverfahren nach § 51 Abs. 2 GOBT festgestellt werden.

Rederecht im Plenum besitzen die Bundestagsabgeordneten und die Mitglieder der Bundesregierung, Art. 43 Abs. 2 S. 2 GG.

cc) Die Bundestagsausschüsse

Die eigentliche Sacharbeit des Bundestages wird in den Bundestagsausschüssen geleistet. 114
Diese bereiten die Plenarbeschlüsse vor.

Ausschüsse sind, wie Fraktionen, Teile des Bundestages. Während bei Fraktionen die Teilung nach parteipolitischer Orientierung erfolgt, folgen Ausschüsse fachlichen Einteilungskriterien. So gibt es u.a. einen Rechtsausschuss, einen Haushaltsausschuss, einen Petitionsausschuss. Die Zusammensetzung von Ausschüssen richtet sich nach dem **Fraktionsproporz**, § 57 Abs. 1 S. 1 GOBT. Aus dem Demokratieprinzip folgt der **Grundsatz der Spiegelbildlichkeit** hinsichtlich der Zusammensetzung von Parlament und Ausschuss.[38] Dieser besagt, dass sich bei der Ausschussbesetzung das Stärkeverhältnis der Fraktionen im Plenum widerspiegeln muss. Der Ausschuss muss also ein verkleinertes Abbild des Plenums sein. Aus dem Grundsatz der Spiegelbildlichkeit kann aber in aller Regel keine Vergrößerung der Ausschussmitgliederzahl beansprucht werden.

38 *BVerfGE* 80, 188, 222.

Hinweis

Der Grundsatz der Spiegelbildlichkeit gilt auch für die Wahl der Mitglieder des Bundestages im Vermittlungsausschuss nach Art. 77 Abs. 2 GG. Dieser ist zwar als gemeinsamer Ausschuss von Bundestag und Bundesrat nicht ohne Weiteres mit einem Bundestagsausschuss vergleichbar, aber nicht weniger bedeutsam. Für Arbeitsgruppen, die der Vermittlungsausschuss bildet, gilt der Spiegelbildlichkeitsgrundsatz jedoch nicht, da diese der Vorbereitung der eigentlichen Beschlussfassung dienen und hierbei dem auf politischen Kompromiss angelegten Vermittlungsausschuss ein weiter Spielraum autonomer Verfahrensgestaltung einzuräumen ist.[39]

Jeder Abgeordnete des Bundestages soll grundsätzlich einem Ausschuss angehören, § 57 Abs. 1 S. 2 GOBT. Das Benennungsrecht liegt in aller Regel bei den Fraktionen, § 57 Abs. 2 GOBT. Welche Ausschüsse er einrichtet, entscheidet der Bundestag in Ausübung seiner Geschäftsordnungsautonomie. Jedoch sind bestimmte Ausschüsse **verfassungsrechtlich vorgeschrieben**: Ausschüsse für auswärtige Angelegenheiten (Art. 45a Abs. 1 GG), für die Angelegenheiten der Europäischen Union (Art. 45 GG), für Verteidigung (Art. 45a Abs. 1 GG) und der Petitionsausschuss (Art. 45c GG).

dd) Beauftragte des Bundestages

115 Im Grundgesetz vorgesehen ist der **Wehrbeauftragte** des Bundestages (Art. 45b GG). Dieser hat den Bundestag bei der Wahrnehmung der parlamentarischen Kontrolle zu unterstützen und auf den Schutz der Grundrechte der Soldaten hinzuwirken. Näheres regelt das Gesetz über den Wehrbeauftragten des Bundestages.

III. Der Status der Bundestagsabgeordneten

116 Aus der Bundestagswahl gehen gem. § 1 Abs. 1 S. 1 BWahlG – vorbehaltlich der noch hinzuzurechnenden Überhang- und Ausgleichsmandate – insgesamt 598 Abgeordnete hervor. Deren Status ist in Art. 38 Abs. 1 S. 2 GG geregelt. Jeder Abgeordnete des Deutschen Bundestages ist Vertreter des Volkes. Aus dem Status des Abgeordneten folgen die Rechte, die erforderlich sind, damit er der Aufgabe als Volksvertreter nachkommen kann. Einiges wird im Grundgesetz ausdrücklich genannt, so die **Indemnität** (Art. 46 Abs. 1 GG), **Immunität** (Art. 46 Abs. 2 bis 4 GG) oder ein **Zeugnisverweigerungsrecht** (Art. 47 GG). Die meisten mandatsbezogenen Rechte ergeben sich jedoch als Ausprägung des freien Mandates aus Art. 38 Abs. 1 S. 2 GG. Sie garantieren damit ein verfassungsrechtliches Recht auf freie Mandats*ausübung* (vgl. Rn. 118).

1. Der Grundsatz des freien Mandats

» Bitte wiederholen Sie den Zusammenhang des freien Mandates mit dem Grundsatz der repräsentativen Demokratie in Rn. 20. «

117 Da die Abgeordneten Vertreter des gesamten Volkes und nicht nur einer Partei oder ihrer Wähler sind, können sie an Aufträge nicht gebunden sein, Art. 38 Abs. 1 S. 2 GG. Sie sind vielmehr berechtigt und verpflichtet, in ihrer Tätigkeit ausschließlich nach dem Gesetz und ihrer freien, nur durch Rücksicht auf das öffentliche Wohl bestimmten Überzeugung zu handeln.

39 *BVerfGE* 140, 115.

Das freie Mandat ist abzugrenzen vom **imperativen Mandat**. Letzteres bindet den Abgeordneten an den Wählerwillen oder an Weisungen von Partei oder Fraktion. Das freie Mandat schützt hingegen die Abgeordneten vor unzulässiger Einflussnahme von Wählern, Wählergruppen, Parteien bzw. Fraktionen oder anderen politischen und wirtschaftlichen Gruppen und garantiert ihre Unabhängigkeit.

JURIQ-Klausurtipp

Entscheiden Sie sich in Konfliktfällen für den Vorrang der Entscheidungsfreiheit des Abgeordneten i.S.d. Art. 38 Abs. 1 S. 2 GG.

Eine wichtige Folge aus der Gewährleistung des freien Mandates sind die sehr klausurträchtigen konkreten Mitwirkungs-, Gleichbehandlungs-, Informations- und Störungsbeseitigungs- und Schutzansprüche, die Rechtsprechung und Literatur mangels ausdrücklicher Erwähnung in der Verfassung aus Art. 38 Abs. 1 S. 2 GG abgeleitet haben. Allgemein fasst man diese Ausprägung des freien Mandats unter dem Begriff **„freies Mandatsausübungsrecht"** zusammen, da es hierbei um die verfassungsrechtliche Gewährleistung einer effektiven Ausübung des Mandates geht. **118**

Hierzu gehören insbesondere:
- das Teilnahme-, Rede- und Fragerecht der Abgeordneten,
- das Recht zur Bildung von Fraktionen,
- das Informationsrecht,
- das Recht auf gleiche Teilhabe am Prozess der politischen Willensbildung,[40]
- der Störungsbeseitigungsanspruch gegenüber dem Vorsitzenden in Sitzungen des Bundestages und seiner Ausschüsse und
- die Freiheit der Abgeordneten von exekutiver Beobachtung, Beaufsichtigung und Kontrolle.[41]

JURIQ-Klausurtipp

Es geht um die Frage: Was muss dem Abgeordneten zustehen, damit er der Aufgabe gerecht werden kann, „Vertreter des ganzen Volkes" zu sein? Diese Herleitung ermöglicht in der Klausur die Überprüfung eines Gesamtverständnisses, das über bloßes Detailwissen hinausgeht.

2. Die Mitwirkungsrechte der Abgeordneten

Aus Art. 38 Abs. 1 S. 2 GG wird hergeleitet, dass der Abgeordnete über Mitwirkungsmöglichkeiten im Parlament verfügen muss, um seinem Amt als Volksvertreter nachkommen zu können. Aus dem demokratischen Gewaltenteilungsgrundsatz gem. Art. 20 Abs. 2 S. 2 GG ergibt sich zudem das Informationsrecht des Abgeordneten. Denn er kann seine **Funktion der Kontrolle der Regierung** nur wahrnehmen, wenn er die Möglichkeit hat, sich über das Handeln der Exekutive in ihrem Verantwortungsbereich zu informieren. Seine Konkretisierung erfährt **119**

40 *BVerfGE* 140, 115.
41 *BVerfGE* 134, 141.

das Fragerecht in §§ 104 f. GOBT. Gem. § 105 GOBT können auch einzelne Abgeordnete von der Bundesregierung Auskunft über bestimmte einzelne Bereiche verlangen.

JURIQ-Klausurtipp

Die GOBT ist kein Verfassungsrecht, sondern autonomes Satzungsrecht des Parlaments, Art. 40 Abs. 1 S. 2 GG. Ein Verstoß gegen das parlamentarische Informationsrecht des Abgeordneten muss nach den einschlägigen Normen in der **Verfassung**, insbesondere also dem freien Mandatsausübungsrecht (Art. 38 Abs. 1 S. 2 GG), geprüft werden.

Die parlamentarischen Mitwirkungsrechte gelten nicht unbeschränkt. Sie können im Einzelfall durch anderes Verfassungsrecht, die Grundrechte Dritter oder die Verpflichtung der Verfassungsorgane zur gegenseitigen Rücksichtnahme beschränkt werden.

Verfassungsorgantreue ist die ungeschriebene Verpflichtung der Verfassungsorgane, in ihrem Verhältnis zueinander über die positiv festgestellten Befugnisse hinaus, sich von wechselseitiger Rücksichtnahme leiten zu lassen.

Beispiel Bei der Beurteilung der Zumutbarkeit ist zu berücksichtigen, dass für die Beantwortung **Kleiner Anfragen** nur eine Frist von 14 Tagen zur Verfügung steht, § 104 Abs. 2 GOBT. Begehrt ein Abgeordneter Auskunft über einen **geheimhaltungsbedürftigen Gegenstand**, hat die Regierung – in Abwägung zwischen Informations- und Geheimhaltungsinteresse – die Möglichkeit einer Unterrichtung in nichtöffentlicher, vertraulicher oder geheimer Form. Verweigert die Regierung die Auskunft pauschal und ohne hinreichende Abwägung mit Hinweis auf das Geheimhaltungsinteresse, liegt insoweit ein Verstoß gegen das parlamentarische Informationsrecht des Abgeordneten vor. ■

Zudem rechtfertigt die **Gewährleistung der Funktionsfähigkeit des Parlaments** Beschränkungen der Rechte des einzelnen Abgeordneten. Jedoch dürfen den Abgeordneten die Mitwirkungsrechte nicht vollständig entzogen werden. Das BVerfG[42] definiert einen unentziehbaren **„Kernbereich" verfassungsrechtlicher Abgeordnetenrechte**: das Rederecht, das Stimmrecht im Plenum, die Beteiligung an der Ausübung des Frage- und Informationsrechts des Parlaments, das Recht, sich an vom Parlament vorgenommenen Wahlen zu beteiligen, parlamentarische Initiativen zu ergreifen sowie sich mit anderen Abgeordneten zu einer Fraktion zusammenzuschließen. Dabei muss nach der Rechtsprechung[43] ein Mindeststandard gewährleistet sein, der die sinnvolle Wahrnehmung dieser Rechte ermöglicht.

Beispiel So können zwar Redezeiten im Plenum für einzelne Abgeordnete begrenzt werden (vgl. § 35 Abs. 1 GOBT), doch liegt die Untergrenze der Redezeit dort, wo diese so kurz bemessen ist, dass eine dem Debattenthema angemessene Äußerung nicht mehr möglich ist. ■

42 *BVerfGE* 80, 188, 218.
43 *BVerfGE* 96, 264, 285.

3. Indemnität und Immunität

Indemnität bedeutet nach Art. 46 Abs. 1 GG, dass ein Abgeordneter wegen seiner Abstimmung oder wegen einer Äußerung, die er **im Bundestag** getan hat, nicht zur Verantwortung gezogen werden kann. 120

Damit schließt Art. 46 Abs. 1 GG zivilgerichtliche Klagen, Straf- und Disziplinarverfahren gegen einen Abgeordneten aus.

Immunität bedeutet nach Art. 46 Abs. 2 GG, dass ein Abgeordneter wegen einer mit Strafe bedrohten Handlung nur mit Genehmigung des Bundestages zur Verantwortung gezogen oder verhaftet werden darf, es sei denn, er wird auf frischer Tat ertappt.

Indemnität und Immunität sind beide einschlägig, soweit ein Abgeordneter wegen seiner Abstimmung oder wegen einer Äußerung im Bundestag strafrechtlich zur Verantwortung gezogen oder gar verhaftet werden soll. Ansonsten unterscheidet sich ihr Anwendungsbereich:

Die **Indemnität** schützt das **parlamentarische Verhalten** des Abgeordneten, befreit ihn diesbezüglich aber von jeder, auch der zivilrechtlichen Verantwortlichkeit. Sie gewährt Straffreiheit, auch über die Dauer des Mandates hinaus (vgl. § 36 StGB). Schutzgut der Indemnität ist die Freiheit des Mandats: Der einzelne Abgeordnete soll in seiner parlamentarischen Arbeit nicht durch die Drohung mit straf- oder zivilrechtlichen Konsequenzen behindert werden können. Folgerichtig darf das Parlament über die Indemnität eines Abgeordneten nicht verfügen.

Die **Immunität** dagegen schützt zwar auch das außerparlamentarische Verhalten, jedoch nur vor der Strafgewalt des Staates. Sie ist ein reines **Strafverfolgungshindernis** und besteht im Interesse des Parlamentes, dessen Arbeit vor den Strafverfolgungsorganen geschützt werden soll.

Infolgedessen kann das Parlament auf die Immunität gegen den Willen des Abgeordneten verzichten, indem es die Genehmigung zu Strafverfolgungsmaßnahmen erteilt (Art. 46 Abs. 2 GG). Auch erlischt die Immunität mit dem Mandat.

Beispiel[44] Der Abgeordnete X richtet eine Anfrage an die Bundesregierung, in der dem 121
Bundesminister Y die Beteiligung an einer Steuerhinterziehungsaffäre unterstellt wird Zugleich übergibt X seine Anfrage der Presse, die tags darauf über die angebliche Steuerhinterziehung des Y berichtet. Y beantragt gegen X vor dem zuständigen Zivilgericht eine einstweilige Verfügung, mit der X verboten werden soll, eine derartige Unterstellung zu wiederholen. Ist der auf eine einstweilige Verfügung gerichtete Antrag zulässig?

Die Unzulässigkeit des Antrags könnte wegen Art. 46 Abs. 1 GG in Betracht kommen. Dies setzte aber eine Äußerung des X im Bundestag voraus. Hieran kann wegen der Mitteilung an die Presse gezweifelt werden. Jedoch besteht ein unmittelbarer Zusammenhang mit einem parlamentarischen Vorgang. Der BGH differenziert in diesen Fällen wie folgt: Wird eine in der Öffentlichkeit getane Äußerung im Parlament nur wiederholt, ist Art. 46 Abs. 1 GG nicht anwendbar. Wenn aber die Äußerung als Drucksache des Parlaments vorliegt,

44 Der Beispielsfall ist *BGHZ* 75, 384 ff. nachgebildet.

bevor sie an die Presse gegeben wird, es sich also um die **nachträgliche Berichterstattung** über eine im Parlament getane Äußerung handelt, unterfällt sie insgesamt dem Schutz von Art. 46 Abs. 1 GG.

Folglich schützt Art. 46 Abs. 1 GG den X. Der Antrag des Y ist unzulässig. Etwas anderes würde nur gelten, wenn die Äußerung des X als verleumderische Beleidigung zu werten gewesen wäre, Art. 46 Abs. 1 S. 2 GG. ■

Verfolgungsverbote bei Abgeordneten		
Regelung	Indemnität Art. 46 Abs. 1 GG	Immunität Art. 46 Abs. 2 GG
umfasst	Abstimmungen/Äußerungen	jede mit Strafe bedrohte Handlung
Tatort	im Bundestag	in und außerhalb des Bundestages
Schutzzweck	• Gewissensfreiheit des Abgeordneten • sachgerechte Parlamentsarbeit	Funktionsfähigkeit des Parlaments
Aufhebbarkeit	nein	durch Beschluss des Bundestages

4. Die Abgeordnetenentschädigung

122 Nach Art. 48 Abs. 3 S. 1 GG, §§ 11 ff. AbgG haben die Abgeordneten einen Anspruch auf eine angemessene, ihre Unabhängigkeit sichernde Entschädigung. Die Tatsache, dass die Tätigkeit als Abgeordneter die Ausübung eines Berufs neben dem Mandat kaum zulässt, hat das BVerfG[45] in seinem grundlegenden **Diäten-Urteil** aufgegriffen: Aus der von Art. 48 Abs. 3 GG geforderten Entschädigung, die einmal eine Entschädigung für besonderen, mit dem Mandat verbundenen Aufwand war, sei die Bezahlung für die im Parlament geleistete Tätigkeit geworden. Die Diät verstehe sich als **Entgelt für die Inanspruchnahme des Abgeordneten durch sein zur Hauptbeschäftigung gewordenes Mandat**. Der Abgeordnete erhalte nicht mehr bloß eine Aufwandsentschädigung, sondern beziehe aus der Staatskasse ein echtes Einkommen. Die Alimentation sei so zu bemessen, dass sie auch für den, der kein Einkommen aus einem anderen Beruf hat, eine Lebensführung gestattet, die der Bedeutung des Mandats angemessen ist.

Die Entscheidung über die Diäten, insbesondere ihre Höhe und ihre Anpassung, liegt nach Art. 48 Abs. 3 S. 3 GG beim Gesetzgeber. Dieser hat die einzelnen Entschädigungsposition und ihre Höhe in den §§ 11–17 des Abgeordnetengesetzes geregelt.[46]

5. Die prozessuale Geltendmachung von Rechten der Abgeordneten

123 Sofern es zu Rechtsstreitigkeiten von Abgeordneten mit anderen Organen (z.B. Bundestag oder Bundestagspräsident) oder Organteilen (z.B. Ausschuss oder Fraktion) über deren funktionelle Kompetenzen kommt, sind prozessuale Besonderheiten zu beachten. Es handelt sich

45 *BVerfGE* 40, 296 ff.
46 *BVerfGE* 118, 277.

um sogenannte Organstreitverfahren. Die Besonderheiten liegen vor allem darin begründet, dass die Wirkungen solcher Streitigkeiten innerhalb des Bundestages verbleiben (Innenrechtsstreitigkeit) und dass es dabei (nur) um Streitigkeiten über funktionelle Kompetenzen, nicht aber um private Rechte geht.

Die mit dem Abgeordnetenstatus verbundenen Kompetenzen stehen den Abgeordneten nicht als Privatpersonen, sondern sind ihnen als Funktionsträger zugewiesen.

Hinweis

Die mandatsbezogenen Rechte und Pflichten sind demnach keine persönlichen, privaten Rechte der hinter dem Amt stehenden natürlichen Person. Es handelt sich vielmehr um die funktionellen Wahrnehmungszuständigkeiten des **Abgeordnetenmandats**. Diese Wahrnehmungszuständigkeiten des Mandats sind rechtlich strikt von privaten Rechten der jeweiligen natürlichen Person zu trennen, die gerade das Abgeordnetenamt ausfüllt.

Abgeordnete können ihre mandatsbezogenen Rechte aus dem GG und der GOBT beim BVerfG im Wege des **Organstreitverfahrens** prozessual geltend machen und durchsetzen, Art. 93 Abs. 1 Nr. 1 GG, §§ 13 Nr. 5, 63 ff. BVerfGG.

Beispiel[47] In einer Rede vor dem Bundestag beschimpft der Abgeordnete A den Bundesfinanzminister B als „den bisher größten deutschen Bankrotteur des 3. Jahrtausends". Der Präsident des Bundestages rügt diese Bezeichnung als ungebührlich. Diese Rüge empfindet der Abgeordnete als einen Eingriff in sein Rederecht. Deshalb beantragt er vor dem BVerfG die Feststellung, die Rüge sei rechtswidrig.

In Betracht kommt eine **Verletzung der Redefreiheit** des Abgeordneten im Parlament, die durch Art. 38 Abs. 1 S. 2 GG als Ausprägung der Mandatsausübungsfreiheit gewährleistet ist. Eine **Verfassungsbeschwerde** scheitert allerdings daran, dass die Redefreiheit auf dem Abgeordnetenstatus des A beruht. A beruft sich auf seine Rechte als Staatsorgan. Ein **Organstreitverfahren** scheitert daran, dass eine Rüge in der Regel nicht den Status als Abgeordneter berührt und somit keine Antragsbefugnis gegeben ist. Die **Rüge** ist das mildeste Mittel zur Aufrechterhaltung der parlamentarischen Ordnung gegenüber einem Bundestagsabgeordneten. Der Bundestagspräsident kann sie bei solchen Verstößen gegen die parlamentarische Ordnung anwenden, die er als so leicht bewertet, dass selbst ein Ordnungsruf als schwächstes der förmlichen Disziplinarmittel der Geschäftsordnung noch nicht angezeigt erscheint. Die Rüge, die zum Teil auch als Mahnung bezeichnet wird, ist an keine bestimmte Form gebunden. Kennzeichnend für die Rüge als Ordnungsmaßnahme ist ihr **präventiver, hinweisender Charakter**. Sie ist eine **Maßnahme unterhalb der Sanktion** für die Verletzung der parlamentarischen Form, ein Hinweis, die parlamentarischen Gepflogenheiten zu beachten. Dementsprechend gibt es gegen die Rüge auch keinen Einspruch an den Bundestag, wie er in § 39 GOBT für die Fälle des Ordnungsrufes und des Ausschlusses vorgesehen ist. Aus dem vorwiegend mahnenden Charakter der parlamentarischen Rüge folgt, dass dieses Ordnungsmittel in der Regel nicht die verfassungsmäßigen Rechte des Abgeordneten, gegen den sie sich richtet, beeinträchtigen kann. Eine Rüge durch den Präsidenten bringt zwar auch eine Missbilligung

47 Vgl. *BVerfGE* 60, 374.

der Äußerung oder des Verhaltens eines Abgeordneten zum Ausdruck, hat jedoch **weder unmittelbar noch mittelbar einen Rechtsnachteil zur Folge**. Somit ist auch das Organstreitverfahren unzulässig.

Anders wäre der Fall, wenn der Bundestagsabgeordnete wegen einer Äußerung in einer Plenardebatte mit einer **Ordnungsmaßnahme** – Ordnungsruf oder Ausschluss gem. §§ 36 ff GOBT – belegt worden wäre. Dabei ist zwischen Rüge und Ordnungsruf allerdings streng zu trennen. Ein Ordnungsruf im Sinne des § 36 S. 2 GOBT liegt nur dann vor, wenn er vom Präsidenten des Bundestages auch nach außen hin ausdrücklich als solcher **kenntlich** gemacht worden ist. Er muss mindestens den Begriff „Ordnung" enthalten. Durch dieses strenge Formerfordernis soll gerade sichergestellt werden, dass der Ordnungsruf, gegen den der betroffene Abgeordnete Einspruch einlegen kann (§ 39 GOBT) und der bei zweimaliger Wiederholung zur Entziehung des Wortes führt (§ 37 GOBT), eindeutig von der Rüge im engeren Sinn zu unterscheiden ist. Bei einer Ordnungsmaßnahme wäre die zu dem **verfassungsrechtlichen Status des Abgeordneten** aus Art. 38 Abs. 1 S. 2 GG gehörende Befugnis zur Rede nachteilig berührt.[48] Das Organstreitverfahren wäre hier zulässig. ■

Im Organstreitverfahren ist neben der Geltendmachung eigener aber auch die Geltendmachung **fremder Rechte** möglich. Nach § 64 Abs. 1 BVerfGG kann ein Teil eines Organs auch eine Verletzung der Rechte des Organs, dem er angehört, und somit fremde Rechte geltend machen. Diese **Prozessstandschaft**, nähme man sie wörtlich, gäbe jedem einzelnen Abgeordneten das Recht, etwa Rechte, die dem Bundestag insgesamt gegenüber der Bundesregierung zustehen, geltend zu machen, möglicherweise gegen den Willen der Mehrheit im Bundestag. Das BVerfG beschränkt die Möglichkeiten der Prozessstandschaft deshalb auf **Fraktionen und Ausschüsse**.[49]

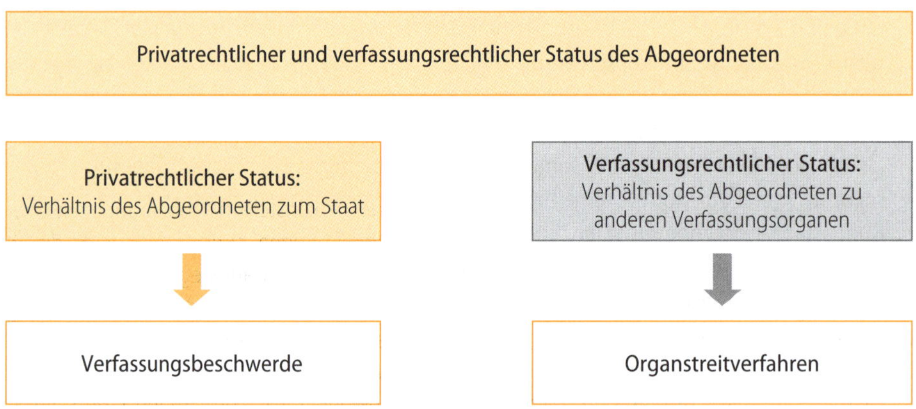

48 *BVerfGE* 10, 4, 12.
49 *BVerfGE* 2, 143 ff.

6. Übungsfall Nr. 4[50]

„Mandat im Mittelpunkt“ 124

Nach § 44a Abs. 1 S. 1 des Abgeordnetengesetzes (AbgG) muss die Ausübung des Mandats *„im Mittelpunkt der Tätigkeit eines Mitglieds des Bundestages“* stehen. Unbeschadet dieser Verpfichtung bleiben aber nach S. 2 der Norm *„Tätigkeiten beruflicher oder anderer Tat neben dem Mandat grundsätzlich zulässig“*.

Der Abgeordnete A, der neben seinem Mandat eine Rechtsanwaltskanzlei betreibt, hält die Norm für verfassungswidrig, da sie eine Mandatsausübung für Unternehmer, Freiberufler und sonstige Selbstständige faktisch unmöglich mache. Von einer Gefährdung der Unabhängigkeit des Mandats könne bei der Ausübung einer Tätigkeit neben der Ausübung des Mandats keine Rede sein. Vielmehr widerspreche die Mittelpunktregelung dem Grundgesetz, das eine pluralistische Zusammensetzung des Bundestages voraussetze. Ohne jede Rechtfertigung werde in den Status der Freiheit der Abgeordneten eingegriffen, wenn ihnen vorgeben wird, wie viel Zeit sie für ihr Mandat zu verwenden hätten. Außerdem sieht sich A in der Übernahme und Ausübung des Abgeordnetenamtes behindert, da es dadurch zu Beschränkungen seiner beruflichen Tätigkeit komme.

Bitte prüfen Sie die materielle Verfassungsgemäßheit der Mittelpunktsregelung des § 44a Abs. 1 AbgG?

Lösung 125

A. Materielle Verfassungsmäßigkeit der Mittelpunktregelung

Zu prüfen ist, ob die Bestimmung des § 44a Abs. 1 AbgG materiell verfassungsmäßig ist.

I. Verletzung von Grundrechten

A könnte zunächst Grundrechtsverletzungen, die sich aus den befürchteten Auswirkungen des Gesetzes auf seine berufliche Tätigkeit ergeben, geltend machen. In Betracht kommt eine Verletzung der Berufsausübungsfreiheit nach Art. 12 Abs. 1 GG und der allgemeinen Handlungsfreiheit nach Art. 2 Abs. 1 GG. Durch § 44a Abs. 1 AbgG wird es dem A verwehrt, neben dem Mandat einen anderweitigen Beruf als Mittelpunkt seiner Tätigkeit auszuüben.

Die Grundrechte müssten jedoch auf die vorliegende Fallkonstellation überhaupt anwendbar sein. Dagegen spricht, dass sich die in § 44a Abs. 1 AbgG auferlegten Pflichten nach Ziel, Regelungsgehalt und Regelungswirkung auf den Abgeordnetenstatus beziehen. Nach dem Normzweck geht es um die Erfüllung des Gemeinwohlauftrags des Bundestages; individualrechtliche Rechte der hinter dem Abgeordnetenamt stehenden natürlichen Personen stehen hingegen nicht im Vordergrund. Das freie Mandat ist ein zwar in der Gesellschaft verwurzeltes, aber innerhalb der Staatsorganisation wahrgenommenes Amt. Deshalb können vorliegend grundrechtliche Positionen keine Anwendung finden.

50 Der Fall ist *BVerfGE* 118, 277 ff. nachgebildet.

Übungsfall Nr. 4

II. Verletzung mandatsbezogener Rechte

In Betracht kommt aber ein Verstoß gegen den Grundsatz des freien Mandates nach Art. 38 Abs. 1 S. 2 GG. Aus dem freien Mandat ist ein freies Mandatsausübungsrecht abzuleiten. § 44a Abs. 1 AbgG könnte in dieses freie Mandatsausübungsrecht eingreifen, da die verpflichtende Mittelpunktregelung eine an das Bundestagsmandat anknüpfende belastende Regelung für den Amtsinhaber enthält. Ein Abgeordneter darf sein Mandat nicht mehr dergestalt ausüben, dass es nur noch eine Nebentätigkeit im Vergleich zu einer anderweitigen beruflichen Tätigkeit ist

Des Weiteren könnte die Regelung in das Behinderungsverbot des Art. 48 Abs. 2 GG eingreifen, nachdem niemand gehindert werden darf das Amt eines Abgeordneten zu übernehmen oder auszuüben. Die Mittelpunktregelung könnte berufstätige Personen davon abhalten, das Abgeordnetenamt zu übernehmen und auszuüben.

Die Freiheit des Mandats in Art. 38 Abs. 1 S. 2 GG und das Behinderungsverbot in Art. 48 Abs. 2 GG sind allerdings nicht schrankenlos gewährleistet. Sie können durch andere Rechtsgüter von Verfassungsrang begrenzt werden. Als ein solches Rechtsgut ist die in der parlamentarischen Demokratie wurzelnde besondere Stellung des Abgeordneten als Repräsentant des ganzen Volkes anerkannt (Art. 20 Abs. 2 S. 2 Hs. 2 i.V.m. Art. 38 Abs. 1 S. 2 GG).

Wird das Volk bei parlamentarischen Entscheidungen nur durch das Parlament als Ganzes, das heißt die Gesamtheit seiner Mitglieder, angemessen repräsentiert, so muss die Mitwirkung aller Abgeordneten bei derartigen Entscheidungen im Rahmen des Vertretbaren sichergestellt sein. Es entspricht dem Prinzip der repräsentativen Demokratie und liegt im konkreten Interesse des Wählers und der Bevölkerung insgesamt, dass der Abgeordnete sein ihm anvertrautes Amt auch tatsächlich ausübt. Nur so kann das Parlament möglichst vollständig, das heißt unter aktiver Teilnahme aller Abgeordneten seine Aufgaben wahrnehmen

Zu den Pflichten eines Abgeordneten nach Art. 38 Abs. 1 S. 2 GG gehört es daher, dass er in einer Weise und einem Umfang an den parlamentarischen Aufgaben teilnimmt, die deren Erfüllung gewährleistet. Dabei verlangt die parlamentarische Demokratie vom Abgeordneten mehr als nur eine ehrenamtliche Nebentätigkeit. Vielmehr fordert sie den ganzen Menschen, der allenfalls unter günstigen Umständen neben seiner Abgeordnetentätigkeit noch versuchen kann, seinem Beruf nachzugehen. Nur dieser Umstand rechtfertigt, dass ihnen ein voller Lebensunterhalt aus Steuermitteln finanziert wird.

Die Annahme des A, ein freiberuflich tätiger Abgeordneter entspreche in besonderer Weise dem verfassungsrechtlichen Leitbild des unabhängigen Abgeordneten, ist ohne tragfähige Grundlage. Bereits Art. 48 Abs. 3 S. 1 GG geht davon aus, dass die Unabhängigkeit des Abgeordneten durch die ihm zustehende Entschädigung ausreichend gesichert wird.

Die Verfassungsnorm des Art. 38 Abs. 1 S. 2 GG bestimmt den Abgeordneten zum Vertreter des ganzen Volkes, der an Weisungen nicht gebunden und nur seinem Gewissen unterworfen ist. Diese Vorschrift zielt insbesondere auf Unabhängigkeit von Interessengruppen ab, die ihre Sonderinteressen im Parlament mit finanziellen Anreizen durchzusetzen suchen. Die Wahrung der Unabhängigkeit der Abgeordneten nach dieser Seite hin hat besonders hohes Gewicht; denn hier geht es – anders als der Einfluss der Parteien und Fraktionen im Prozess der politischen Willensbildung – um die Unabhängigkeit gegenüber Einwirkungen, die nicht durch Entscheidungen des Wählers vermittelt sind.

Von der Möglichkeit, politischen Einfluss durch ein Bundestagsmandat für die außerhalb des Mandats ausgeübte Berufstätigkeit gewinnbringend zu nutzen, gehen besondere Gefahren für die Unabhängigkeit der Mandatsausübung aus. Es genügt die abstrakte Gefahr einer Beeinträchtigung der Unabhängigkeit des Mandats. Dass vor und neben dem Mandat ausgeübte Tätigkeiten Rückwirkungen auf die Mandatsausübung haben können, liegt nicht fern. Daher durfte der Gesetzgeber das verfassungsrechtliche Leitbild des Abgeordneten in dem Sinne nachzeichnen, dass die Ausübung des Mandats im Mittelpunkt der Tätigkeit eines Mitglieds des Bundestages steht. Die Bestimmung soll die Wertigkeit der verfassungsrechtlichen Pflicht des Abgeordneten verdeutlichen, die in der Vertretung des ganzen Volkes besteht und neben der die Ausübung von Nebentätigkeiten neben dem Mandat in den Hintergrund tritt.

Nach alledem ist § 44a Abs. 1 AbgG mit Art. 38 Abs. 1 S. 2 GG und Art. 48 Abs. 2 S. 1 GG vereinbar. Der Gesetzgeber durfte das verfassungsrechtliche Leitbild des Abgeordneten in dem Sinne nachzeichnen, dass die Ausübung des Mandats im Mittelpunkt der Tätigkeit eines Abgeordneten steht (§ 44a Abs. 1 S. 1 AbgG) und unbeschadet dieser Verpflichtung Tätigkeiten beruflicher oder anderer Art neben dem Mandat zulässig bleiben (§ 44a Abs. 1 S. 2 AbgG).

B. Ergebnis

Die Mittelpunktregelung des § 44a Abs. 1 AbgG ist materiell verfassungsgemäß.

IV. Die Fraktionen

126 Das BVerfG hat die Fraktionen als *„notwendige Einrichtungen des Verfassungslebens“*[51] und *„maßgebliche Faktoren der politischen Willensbildung“* bezeichnet, die *„in die organisierte Staatlichkeit eingefügt“* seien und *„die parlamentarische Handlungsfähigkeit garantieren“*.[52]

1. Begriff und Rolle der Fraktion im Parlament

127 Nähere Bestimmungen finden sich in §§ 10 ff. GOBT und §§ 45 ff. AbgG.

In § 10 Abs. 1 S. 1 GOBT werden die Bundestagsfraktionen wie folgt definiert:

Fraktionen sind Vereinigungen von mindestens fünf von Hundert der Mitglieder des Bundestages, die derselben Partei oder solchen Parteien angehören, die auf Grund gleichgerichteter Ziele in keinem Land miteinander im Wettbewerb stehen.

Die Mitgliedschaft in einer Bundestagsfraktion hängt damit – anders als teilweise bei kommunalen Vertretungen – von der Zugehörigkeit zu derselben Partei ab. Der Fall einer Fraktion, gebildet aus Abgeordneten verschiedener Parteien, die in keinem Bundesland im Wettbewerb stehen, ist die CDU/CSU-Fraktion, da bei Bundestagswahlen die CDU-Partei in allen Bundesländern außer Bayern antritt, während die CSU-Partei nur Wahlvorschläge in Bayern unterbreitet.

Zusammenschlüsse von Abgeordneten, die zahlenmäßig nicht Fraktionsgröße erreichen, können nach § 10 Abs. 4 GOBT als **Gruppen** anerkannt werden.

Beispiele

- Mehrere parteilose direkt gewählte Abgeordnete,
- Abgeordnete einer Partei, die über die Grundmandatsklausel in den Bundestag eingezogen sind; also drei Direktmandate und weitere Abgeordnete entsprechend dem unter 5 % liegenden Anteil an den Zweitstimmungen erlangt hat,
- Durch Ausscheiden von Fraktionsmitgliedern (z.B. infolge Fraktionsaustritts) sinkt eine vormalige Fraktion unter 5 %. ■

Mit der Gruppenankennung ist eine Berücksichtigung in den parlamentarischen Gremien verbunden, die der proportionalen Größe der Gruppe entspricht und ein Anspruch auf Zuschüsse zu den Geschäftsführungszuwendungen, nicht aber in Höhe eines Fraktionszuschusses. Es besteht hingegen kein Anspruch auf Gewährung der parlamentarischen Rechte, die exklusiv den Fraktionen zugesprochen werden, wie den Ausschussvorsitz oder die Mitgliedschaft in besonderen Ausschüssen.[53]

Fraktionen sind **rechtsfähige Vereinigungen von Abgeordneten**, § 46 Abs. 1 AbgG. Sie können im eigenen Namen klagen und verklagt werden, § 46 Abs. 2 AbgG, und üben keine öffentliche Gewalt aus, § 46 Abs. 3 AbgG. Andererseits leiten sie ihre Rechte von den Abgeordneten her. Der Fraktionsstatus beruht letztlich auf der **Gesamtheit der im Abgeordnetenstatus wurzelnden Rechte** nach Art. 38 Abs. 1 S. 2 GG. Damit sind Fraktionen Teile des Bundestag. Dies wird besonders deutlich durch § 47 Abs. 1 AbgG, nach dem *„die Fraktionen an*

51 *BVerfGE* 10, 4, 14.
52 *BVerfGE* 80, 188, 202.
53 *BVerfGE* 96, 264, 278 ff.

der Erfüllung der Aufgaben des Deutschen Bundestages" mitwirken. Sie gehören als solche zweifelsfrei zur staatlichen Organisation und haben Teil an der Ausübung staatlicher Gewalt. Hier liegt ein wesentlicher Unterschied zu den Parteien, die gerade nicht zur organisierten Staatlichkeit gehören.

Hinweis

Partei ist nicht gleich Fraktion:

- Parteien gehören dem politisch-gesellschaftlichen Bereich an. Sie sind privatrechtlich organisiert und erhalten staatliche Leistungen im Wege der Teilfinanzierung für ihre Teilnahme an Parlamentswahlen.
- Fraktionen sind parteibezogene Untergliederungen des Bundestages und damit nicht Teil der jeweiligen Partei, wenn sie auch politisch und personell eng verbunden sind. Es handelt sich um öffentlich-rechtliche Vereinigungen, die staatliche Leistungen aus dem Haushalt des Bundestages erhalten.

Nicht die Partei, sondern das Abgeordnetenmandat ermöglicht Eingang in die staatliche Organisation und die Mitwirkung an der staatlichen Willensbildung.

In der Staatspraxis sind Fraktionen und Parteien jedoch stark aufeinander bezogen. Fraktionen setzen in ihrem parlamentarischen Wirken die Parteiprogrammatik um, die bei den Wahlen durch die politischen Parteien aufgestellt wurde.

Angesichts ihrer zentralen Rolle im parlamentarischen Geschehen verlangt das **Demokratieprinzip**, dass Fraktionen ebenfalls demokratisch organisiert sind, § 48 Abs. 1 AbgG. Die Zugehörigkeit zu einer Fraktion verändert die **Wirkungsmöglichkeiten** des einzelnen Abgeordneten erheblich. Sie gehört deshalb zum **verfassungsrechtlichen Status** eines jeden Abgeordneten. Schon die Entscheidung, sich überhaupt in Fraktionen zusammenzuschließen, wird als eine Ausübung des freien Mandats verstanden. Das hat zur Folge, dass Art. 38 Abs. 1 S. 2 GG die Fraktionen über die fraktionsangehörigen Abgeordneten mittelbar mit eigenen Rechten ausstattet, die von der **GOBT** näher festgelegt werden: **128**

- das Einbringen von Gesetzentwürfen, § 76 Abs. 1 i.V.m. § 75 Abs. 1 Buchst. a GOBT,
- Anrufung des Vermittlungsausschusses, § 89 GOBT,
- Anträge auf Änderung von Gesetzesentwürfen in der Dritten Lesung, § 85 Abs. 1 GOBT und
- Kleine und Große Anfragen im Bundestag, § 76 Abs. 1 i.V.m. § 75 Abs. 1 Buchst. f GOBT.

Neben den Kleinen und Großen Anfragen, mit denen die Bundesregierung zur Rechenschaft gezogen werden kann, sind insbesondere für die **Oppositionsfraktionen** einige vom **Grundgesetz** vorgesehene Befugnisse von Bedeutung:

- Erzwingung einer Sondersitzung des Bundestags, Art. 39 Abs. 3 S. 3 GG und das
- Ingangsetzen eines Normenkontrollantrags beim BVerfG, Art. 93 Abs. 1 Nr. 2 GG.

Das Grundgesetz begründet aber weder explizit spezifische Oppositionsfraktionsrechte, noch lässt sich ein Gebot der Schaffung solcher Rechte daraus ableiten.

Beispiel[54] Aufgrund der Mehrheitsverhältnisse im 18. Bundestag konnten die seinerzeit die Regierung tragenden Fraktionen der CDU/CSU und SPD insgesamt 503 der 630 Sitze auf sich vereinen („Große Koalition"). Damit unterschritt die Gesamtheit der Abgeordneten

54 *BVerfGE* 142, 25.

der Oppositionsfraktionen die Quoren, die das GG für die Ausübung von parlamentarischen Minderheitenrechten vorsieht, wie z.B. das Antragsrecht eines Drittels der Mitglieder des Bundestages auf Einberufung des Bundestages durch den Präsidenten des Bundestages (Art. 39 Abs. 3 S. 3 GG), das Antragsrecht eines Viertels der Mitglieder auf Einsetzung eines Untersuchungsausschusses durch den Bundestag (Art. 44 Abs. 1 S. 1 GG) oder die Antragsberechtigung eines Viertels der Mitglieder für die abstrakte Normenkontrolle (Art. 93 Abs. 1 Nr. 2 GG). Eine Oppositonsfraktion forderte deshalb die Absenkung dieser Quoren, um sie als Minderheitenrechte auch gegen die Stimmen der Großen Koalition durchsetzen zu können.

Dies hat das BVerfG abgelehnt, da das GG kein Gebot spezifischer Oppositionsfrakionsrechte enthält, sondern die Einräumung dieser Rechte der freien Mandatsausübung aller Abgeordneten überlässt. Die Einführung spezifischer Oppositionsfraktionsrechte ist daher mit dem Grundsatz der Gleichheit der Abgeordneten und ihrer Zusammenschlüssen nach Art. 38 Abs. 1 S. 2 GG nicht vereinbar. Eine Absenkung der grundgesetzlich vorgegebenen Quoren durch eine Regelung in der GOBT oder einem einfachen Bundesgesetz steht insgesamt die bewusste Entscheidung des Verfassungsgebers entgegen. ■

2. Der fraktionslose Abgeordnete

» Machen Sie sich mit den parlamentarischen Vorgängen und der Ausschussarbeit vertraut, s. Rn. 114. «

129 Der Abgeordnete ist in seiner Mandatswahrnehmung in erheblichem Maße auf die Zugehörigkeit zu einer Fraktion oder Gruppe angewiesen. Fraktionslose Abgeordnete spielen im parlamentarischen Leben nur eine eingeschränkte Rolle. Zwar haben sie ein **Rederecht** im Bundestag und auch ein **Mitwirkungsrecht in den Ausschüssen**. Letzteres jedoch **ohne Stimmrecht**. Fraktionslose Abgeordnete sind nach § 57 Abs. 2 S. 2 GOBT sog. beratende Ausschussmitglieder.

Die parlamentarische Willensbildung findet im Wesentlichen durch die Beschlussempfehlungen in den Ausschüssen statt, vgl. § 62 Abs. 1 S. 2 GOBT. Im Plenum stehen in der Regel nur bereits festgeschriebene Alternativen zur Abstimmung. Daher ist das **Stimmrecht im Ausschuss** ein wesentliches Teilhaberecht des Abgeordneten.

Die Versagung des Stimmrechts ist deshalb ein **Eingriff in das freie Mandat**, Art. 38 Abs. 1 S. 2 GG. Danach hat jeder Abgeordnete das Recht und die Pflicht, an der Arbeit des Bundestags effektiv teilzunehmen, und zwar in gleicher Weise: Nach dem Grundsatz der demokratischen Repräsentation und der Gleichheit der Wahl (Art. 38 Abs. 1 S. 1 Alt. 4, S. 2, Art. 20 Abs. 1 und 2 GG) gilt grundsätzlich Abgeordnetengleichheit, also das Recht aller Angeordneten auf gleiche Teilhabe am Prozess der parlamentarischen Willensbildung.[55]

Deshalb bedürfen Differenzierungen zwischen Abgeordneten stets eines besonderen rechtfertigenden Grundes. Das BVerfG[56] rechtfertigt dies mit der Zusammensetzung des Ausschusses als *„verkleinertes Spiegelbild des Plenums"*, in dem die Stimme eines fraktionslosen Abgeordneten *„notwendigerweise überproportional"* wirken müsste.[57]

---

55 *BVerfGE* 84, 304, 321 f.

56 *BVerfGE* 80, 188 ff.

57 Kritisch und vertiefend hierzu *Degenhart* Staatsrecht I Rn. 672 ff.

3. Der Fraktionsausschluss

Der Fraktionsausschluss stellt sich als starker Eingriff in das freie Mandat des Abgeordneten dar, denn er führt zu einer erheblichen Einschränkung seiner Wirkungsmöglichkeiten. Deshalb steht die Entscheidung einer Fraktion bzgl. des Ausschlusses eines Fraktionsmitglieds nicht im Belieben der Fraktion, sondern sie setzt unter Berücksichtigung rechtsstaatlicher und demokratischer Verfahrensregeln (formelle Voraussetzung) einen willkürfreien und auf einen wichtigen Grund beruhenden Beschluss (materielle Voraussetzung) der Fraktionsversammlung voraus. 130

a) Die Voraussetzungen des Fraktionsausschlusses

Weder im GG noch im einfachen Recht findet sich eine explizite Rechtsgrundlage für den Fraktionsausschluss. Die Bestimmungen der §§ 45 ff. AbgG und des § 10 Abs. 4 und 5 PartG können weder direkt noch analog herangezogen werden. Die **Rechtsgrundlage** für einen Fraktionsausschluss auf Bundesebene kann nur **Art. 38 Abs. 1 S. 2 GG** selbst entnommen werden, da in dieser Verfassungsnorm auch das Recht auf das freie Mandat der übrigen Fraktionsmitglieder und die Funktionsfähigkeit der Fraktion als Teil des Parlaments gewährleistet werden. Die Kollision dieser verfassungsrechtlichen Positionen bedarf einer verhältnismäßigen Auflösung im Einzelfall.[58] 131

58 Vgl. zum Fraktionsausschluss *Degenhart* Staatsrecht I Rn. 675.

Ein Fraktionsausschluss ist unter folgenden Voraussetzungen möglich:

PRÜFUNGSSCHEMA

Rechtmäßigkeit des Fraktionsausschlusses

I. Formelle Ausschlussvoraussetzungen

1. **Einleitung nur durch Antrag eines Organs der Fraktion** Fraktionsvorstand, aus der Mitte des Fraktionsplenums oder durch ein anderes fakultatives Fraktionsorgan
2. **Schriftliche Ankündigung** des beabsichtigten Fraktionsausschlusses, Gewährung rechtlichen Gehörs und angemessene Fristsetzung zur Stellungnahme
3. **Ordnungsgemäße Ladung** zur Fraktionsversammlung unter Aufnahme des geplanten Ausschlusses als Tagesordnungspunkt sowie Beratung mit Gelegenheit zur Stellungnahme für den Betroffenen
4. **Abstimmung und Mehrheitsbeschluss**
   Mehrheit der Gesamtheit aller Abgeordneten in dieser Fraktion; – das Fraktionsstatut kann eine qualifizierte Mehrheit (idR 2/3-Mehrheit) vorsehen, die dann erfüllt sein muss; Stimmrecht des Betroffenen
5. **Protokollierung des Beschlusses und Bekanntgabe**
   ggf. schriftliche Mitteilung an den betroffenen Abgeordneten

II. Materielle Ausschlussvoraussetzungen

1. **Vorliegen eines wichtigen Grundes**
   - nicht jede Differenz zwischen einem Abgeordneten und seiner Fraktion reicht aus
   - parlamentsinterne und -externe Ausschlussgründe möglich
   - Anhaltspunkt kann ein Verstoß gegen programmatische Entscheidungen zu wesentlichen Fragen der Politik oder mangelnde Rücksichtnahme und Loyalität gegenüber der Fraktion sein
   - zu beachten ist das Recht des freien Mandats des betroffenen Abgeordneten aus Art. 38 Abs. 1 S. 2 GG: die Entscheidungsfreiheit des Abgeordneten und das Recht der Fraktion auf politische Loyalität sind in Ausgleich zu bringen; nur wenn das Verhalten eines Fraktionsmitglieds geeignet ist, die dadurch geschaffenen Wirkungsmöglichkeiten zu schwächen, kommt ein Ausschluss in Betracht.
2. **Negative Zukunftsprognose**
   Der Fraktionsausschluss dient der Aufrechterhaltung einer effektiven Arbeit der Fraktion, keine Strafe für vergangenes Fehlverhalten.

Im Bundestag haben sich einige Fraktionen in ihren Geschäftsordnungen entsprechende Regelungen gegeben, die sich an der einschlägigen Rechtsprechung orientieren.

Beispiel So sieht § 15 der Arbeitsordnung der CDU/CSU-Fraktion im Bundestag vor: *„Die Fraktionsversammlung kann in geheimer Abstimmung den Ausschluss von Mitgliedern aus der Fraktion beschließen. Der Antrag auf Fraktionsausschluss muss allen Fraktionsmitgliedern schriftlich bekannt gegeben werden. Zwischen der Bekanntgabe und der Abstimmung müssen drei Tage liegen. Der Beschluss bedarf einer Mehrheit von zwei Dritteln der Mitglieder der Fraktion."* ■

Auch wenn die formellen und materiellen Voraussetzungen für den Fraktionsausschluss gegeben sind, ist die Fraktionsversammlung nicht zum Ausschluss des Mitglieds verpflichtet. Es besteht vielmehr ein von politischen Zweckmäßigkeitserwägungen geprägtes **Ausschlussermessen**. Grenzen des Ermessens sind insbesondere die Grundsätze der Verhältnismäßigkeit und der **Gleichbehandlung** in ähnlich gelagerten Fällen. So können die zeitweise Suspendierung, der Rückruf aus einem Ausschuss oder eine Abmahnung als **milderes Mittel** in Betracht kommen. 132

Hinweis

Der Abgeordnete ist in seinem Mandat unabhängig von der Zugehörigkeit zu einer Partei, so dass der Parteiausschluss für sich allein genommen noch keinen Grund für einen Fraktionsausschluss darstellt. Dies folgt aus der strikten rechtlichen Trennung von Partei und Fraktion. Nur wenn die den Parteiausschluss begründenden und vom Parteischiedsgericht festgestellten Tatsachen zugleich einen durch das Fraktionsplenum auszusprechenden Fraktionsausschluss rechtfertigen, kann ein paralleler Ausschluss aus Partei und Fraktion erfolgen. Allerdings sind an den Fraktionsausschluss höhere Anforderungen zu stellen, da dieser einen stärkeren Eingriff in Art. 38 Abs. 1 S. 2 GG darstellt.

b) Rechtsschutz gegen den Fraktionsausschluss

Rechtsschutz gegen den Ausschluss kann der betroffene Abgeordnete in einem **Organstreitverfahren** gem. Art. 93 Abs. 1 Nr. 1 GG, §§ 13 Nr. 5, 63 ff. BVerfGG (bzw. im einstweiligen Rechtsschutz nach § 32 BVerfGG) suchen. Vom BVerfG wird in vollem Umfang überprüft, ob die verfassungsrechtlich vorgegebenen Verfahrensvoraussetzungen eingehalten wurden und die Fraktion von einem zutreffenden Sachverhalt ausgegangen ist. Auch die Voraussetzungen des materiell-rechtlichen Ausschlussgrundes sind der verfassungsgerichtlichen Überprüfung zugänglich. 133

4. Übungsfall Nr. 5[59]

134 „Der ausgeschlossene Abgeordnete“

H wurde über eine Landesliste der Q-Partei in den Bundestag gewählt. Er war Mitglied der Q-Fraktion und wurde von dieser für den Sport- und den Verkehrsausschuss benannt. In beiden Ausschüssen ist er sehr engagiert, stellt sich jedoch aus persönlicher Überzeugung gegen die politische Linie seiner Fraktion. Daraufhin wird H in einem rechtmäßigen Verfahren aus der Q-Fraktion ausgeschlossen. Die Q-Fraktion benennt ein anderes Fraktionsmitglied für die Ausschussplätze, die zuvor H innehatte. Die Vorsitzenden der Ausschüsse verweigern H die weitere Teilnahme. Sie weisen darauf hin, dass es nach der Geschäftsordnung des Bundestages allein Sache der Fraktionen sei, über die Ausschusszusammensetzung zu verfügen. H könne als fraktionsloser Abgeordneter zwar an den Plenarsitzungen teilnehmen, habe aber keine Rechte auf Anwesenheit oder Abstimmung in nichtöffentlichen Ausschusssitzungen.

H wendet sich an den Bundestagspräsidenten und verlangt, beiden Ausschüssen mit Sitz und Stimme zugewiesen zu werden. Jedenfalls müsse ihm dies für einen der beiden Ausschüsse gewährt werden. Der Bundestagspräsident lehnt dies mit der Begründung ab, dass schon nach der Anzahl von Ausschussplätzen jedem Abgeordneten rein rechnerisch nur ein Sitz in einem Ausschuss zustehe. Stattdessen wählt der Bundestagspräsident im Losverfahren den Innenausschuss aus und weist H dort einen Platz ohne Stimmrecht zu. Im Übrigen weigert er sich, dem Begehren des H zu entsprechen.

H ist empört: Der Innenausschuss behandele kein einziges Thema, zu dem er irgendeine Beziehung habe. Seine Wahl als Repräsentant des Volkes werde zur Farce, wenn er nicht dort arbeiten dürfe, wo sein politischer Interessenschwerpunkt liege. H will sein Anliegen im Wege des Organstreitverfahrens vor das BVerfG bringen.

Hat der Antrag des H beim BVerfG Aussicht auf Erfolg?

135 Lösung

Der Antrag hat Aussicht auf Erfolg, wenn er zulässig und begründet ist.

A. Zulässigkeit

I. Zuständigkeit

Die Zuständigkeit des BVerfG ergibt sich aus Art. 93 Abs. 1 Nr. 1 GG i.V.m. §§ 13 Nr. 5, 63 ff. BVerfGG.

II. Parteifähigkeit

H müsste zunächst in einem Organstreitverfahren antragsberechtigt sein. Gem. § 63 BVerfGG sind nur Bundesorgane oder Organteile mit eigenen Rechten antragsberechtigt, nach Art. 93 Abs. 1 Nr. 1 GG auch „andere Beteiligte“, die mit eigenen Rechten ausgestattet sind, ohne zwingend Organteil i.S.v. § 63 BVerfGG zu sein. Die Regelung des Grundgesetzes hat Vorrang vor dem einfachen Gesetz, so dass auch „andere Organteile“ parteifähig sein können.

H ist als einzelner Abgeordneter zunächst in der GOBT mit eigenen Rechten ausgestattet, vgl. etwa Art. 38 Abs. 1 GG, §§ 47 S. 1, 57 Abs. 1 S. 2 GOBT. Auch ist er als Abgeordneter des Bundestages Teil dieses Organs. Mithin ist der Abgeordnete H antragsberechtigt, sei es als selbstständiger „anderer Beteiligter“ oder als Teil des Bundestags.

III. Streitgegenstand

Gem. § 64 Abs. 1 BVerfGG sind taugliche Streitgegenstände rechtserhebliche Maßnahmen oder Unterlassungen des Antragsgegners.

Vorliegend ist die Ausschusszuweisung des Bundestagspräsidenten als rechtserhebliche Maßnahme ein tauglicher Streitgegenstand.

---

59 Der Fall ist *BVerfGE* 80, 188 ff. nachgebildet.

IV. Antragsbefugnis

Der Antragsteller muss geltend machen, durch die angegriffene Maßnahme in seinen verfassungsrechtlich gewährleisteten Rechten verletzt zu sein, § 64 Abs. 1 BVerfGG. Geltendmachung bedeutet substantiierte Behauptung, wobei die Verletzung eigener Rechte zumindest möglich erscheinen muss.

Vorliegend ist eine Verletzung des freien Mandats gem. Art. 38 Abs. 1 S. 2 GG jedenfalls nicht von vornherein ausgeschlossen, die Antragsbefugnis mithin zu bejahen.

V. Form und Frist (§§ 23 Abs. 1, 64 Abs. 2 und 3 BVerfGG)

Es sind das Schriftformerfordernis mit spezifischer Begründung und die Sechs-Monats-Frist zu beachten.

VI. Zwischenergebnis

Das beabsichtigte Organstreitverfahren ist zulässig.

B. Begründetheit

Eine Verletzung der Rechte des H könnte in der Weigerung des Bundestagspräsidenten liegen, H beiden Ausschüssen zuzuweisen.

Fraglich ist, ob der H durch die Weigerung des Bundestagspräsidenten in seinen Rechten aus dem freien Mandat, Art. 38 Abs. 1 S. 2 GG verletzt wurde.

Das freie Mandat berechtigt und verpflichtet alle Abgeordneten in gleicher Weise zur Mitarbeit (insbes. Abstimmung) im Bundestag. Dazu zählt auch die vorbereitende Arbeit in den Ausschüssen. Vorliegend kann H an den Plenarsitzungen zwar teilnehmen, ihm werden jedoch die Zuweisung zu beiden (I) selbst gewählten (II) Ausschüssen sowie das Stimmrecht in den Ausschüssen (III) verweigert. Fraglich ist, ob diese Einschränkung bei der Ausschussarbeit gegen den Grundsatz des freien Mandats verstößt.

I. Recht auf mehrere Ausschussplätze

§ 57 Abs. 1 S. 2 GOBT sieht lediglich vor, dass jeder Abgeordnete grundsätzlich einem Ausschuss angehören soll. Somit wäre das Handeln des Bundestagspräsidenten durch die GOBT gerechtfertigt. Es könnte jedoch sein, dass § 57 Abs. 1 S. 2 GOBT gegen Art. 38 Abs. 1 S. 2 GG verstößt. Bei der vorliegenden Anzahl von Ausschussplätzen steht jedoch rein rechnerisch jedem Abgeordneten nur ein Sitz in einem Ausschuss zu. Das freie Mandat verpflichtet den Bundestag nicht zur Schaffung weiterer Ausschussplätze. Dies fällt allein in die Organisationshoheit des Bundestages, vgl. Art. 40 Abs. 1 S. 2 GG. Die Weigerung des Bundestagspräsidenten, H beiden Ausschüssen zuzuweisen, verstößt somit nicht gegen Art. 38 Abs. 1 S. 2 GG und ist auch ansonsten nicht verfassungswidrig.

II. Freie Ausschusswahl

Das freie Mandat könnte durch die Zuweisung des H in den Innenausschuss und die damit verbundene Weigerung des Bundestagspräsidenten, H dem Ausschuss seiner Wahl zuzuweisen, verletzt sein.

Gem. § 57 Abs. 2 S. 1 GOBT benennen die Fraktionen die Ausschussmitglieder. Hierbei haben die Abgeordneten keine freie Ausschusswahl. Im Interesse einer Fraktion liegt jedoch regelmäßig die Berücksichtigung der besonderen Kenntnisse und Interessen der Abgeordneten, damit eine effiziente Mitarbeit im Ausschuss möglich ist. Dieser Grundsatz muss auch auf die fraktionslosen Abgeordneten übertragen werden: Der Bundestagspräsident hätte somit zumindest versuchen müssen, die Präferenzen des H zu berücksichtigen. Die rein zufällige Zuordnung des H zu dem Innenausschuss stellt daher eine unzulässige Ungleichbehandlung gegenüber den übrigen Abgeordneten dar.

III. Stimmrecht

§ 57 Abs. 2 S. 2 GOBT sieht für fraktionslose Abgeordnete die Zuweisung an einen Ausschuss nur als beratendes Mitglied – ohne Stimmrecht – vor. Fraglich ist, ob hierin eine Verletzung des freien Mandats gem. Art. 38 Abs. 1 S. 2 GG liegt.

Hinter den Regelungen der § 57 Abs. 1 und 2 GOBT steht der in § 12 S. 1 GOBT niedergelegte Proportionalitätsgrundsatz: Die Zusammensetzung der Ausschüsse soll ein Spiegelbild der Fraktionen im Plenum darstellen. Nur so wird gewährleistet, dass entscheidende Vorarbeiten bspw. für Gesetze in die Ausschüsse vorverlagert werden können. Würde man fraktionslosen Abgeordneten ein Stimmrecht zubilligen, käme es zu einer Verzerrung der jeweiligen Stimmengewichte im Ausschuss: der Fraktionslose wäre auf-, die übrigen Abgeordneten abgewertet. Die Ernennung zum lediglich beratenden Ausschussmitglied gem. § 57 Abs. 2 S. 2 GOBT ist nach alledem verfassungsgemäß.

C. Ergebnis

Durch die Zufallszuordnung zum Innenausschuss ist das aus Art. 38 Abs. 1 S. 2 GG folgende Recht des H verletzt. Der Antrag ist somit zulässig und teilweise begründet.

V. Der Untersuchungsausschuss

Untersuchungsverfahren haben in der parlamentarischen Demokratie eine wichtige Aufgabe zu erfüllen. Sie dienen der **Informations- und Kontrollbefugnis** des Parlaments. Mit der Einsetzung eines Untersuchungsausschusses erhalten die Parlamente die Möglichkeit, mit hoheitlichen Mitteln, wie sie sonst nur Gerichten und besonderen Behörden zur Verfügung stehen, selbstständig die Sachverhalte zu prüfen, die sie in Erfüllung ihres Verfassungsauftrags als Vertretung des Volkes für aufklärungsbedürftig halten.[60] **136**

Das Ergebnis der Untersuchungen wird in einem Abschlussbericht zusammengefasst. Dies hat aber **keine sanktionierende Wirkung**. Die Gerichte sind nicht an die Ermittlungsergebnisse gebunden und in der Würdigung des dem Untersuchungsverfahren zugrunde liegenden Sachverhalts frei.

Das Recht des Bundestages auf Einsetzung eines Untersuchungsausschusses ergibt sich aus Art. 44 GG, der seine einfachgesetzliche Konkretisierung im Untersuchungsausschussgesetz (PUAG) erfährt.

1. Verfassungsmäßigkeit der Einsetzung eines Untersuchungsausschusses

Der Untersuchungsausschuss ist ein **Hilfsorgan des Bundestages**.[61] Er erfüllt nur die Aufgaben, die ihm durch den Einsetzungsbeschluss des Bundestages übertragen worden sind und beendet seine Tätigkeit mit Ablauf der Legislaturperiode. Der **Einsetzungsbeschluss** bildet die Grundlage für die Tätigkeit des Untersuchungsausschusses. Damit wird die Frage nach der Verfassungsmäßigkeit der Einsetzung eines Untersuchungsausschusses grundlegend für seine Arbeit. Hierfür ergibt sich folgendes Prüfungsschema: **137**

PRÜFUNGSSCHEMA

Verfassungsmäßigkeit der Einsetzung eines Untersuchungsausschusses

I. Formelle Verfassungsmäßigkeit des Einsetzungsbeschlusses
- 1. Zuständigkeit, Art. 44 Abs. 1 S. 1 GG
- 2. Verfahren
  - a) Antrag von mind. ¼ der MdB
  - b) Mehrheitsbeschluss des Bundestages
    - Abänderung des Untersuchungsgegenstandes Rn. 139
    - Ausdehnung des Untersuchungsgegenstandes Rn. 140

II. Materielle Verfassungsmäßigkeit des Einsetzungsbeschlusses

Verfassungsgemäßer Untersuchungsgegenstand
- 1. Zuständigkeit des Bundestages
  - a) Bundesstaatsprinzip
  - b) Gewaltenteilungsgrundsatz
  - c) Grundrechte
- 2. Bestimmtheitsgebot
- 3. Klärung von Tatsachen
- 4. Öffentliches Interesse am Untersuchungsgegenstand

---

60 *BVerfGE* 49, 70, 85.

61 *BVerfGE* 77, 1, 40.

JURIQ-Klausurtipp

Der Untersuchungsausschuss bietet dem Klausursteller vielfältige Konstellationen. Konflikte sind denkbar innerhalb des Bundestags zwischen Regierungsmehrheit und Opposition, im Verhältnis von Bundestag und Bundesregierung sowie im Verhältnis von Untersuchungsausschuss und Privaten, die von der Untersuchung betroffen sind.

a) Formelle Verfassungsmäßigkeit des Einsetzungsbeschlusses

» Wiederholen Sie die unterschiedlichen Mehrheitsbegriffe, s. Rn. 19. «

138 Die Einsetzung eines Untersuchungsausschusses erfolgt durch Beschluss des Bundestages, § 1 Abs. 2 PUAG. Ist ein verfassungsrechtlich zulässiger Untersuchungsausschuss von einer qualifizierten Minderheit gem. Art. 44 Abs. 1 Alt. 2 GG beantragt, so hat der Bundestag diesen unverzüglich einzusetzen und dabei auch die Zahl seiner Mitglieder zu bestimmen. Bei diesem sog. **Minderheitenantrag** kann es zu besonderen Problemstellungen kommen.

aa) Verbot der Abänderung des von einer Minderheit beantragten Untersuchungsgegenstandes durch Mehrheitsbeschluss

139 Bei einem Antrag eines Viertels der Mitglieder des Bundestages auf Einsetzung eines Untersuchungsausschusses bedarf es eines Einsetzungsbeschlusses des Bundestags. Bei dieser Konstellation können in der Klausur besondere Probleme auftauchen.

P

Probleme können auftauchen, wenn die Mehrheit der Parlamentarier im Einsetzungsbeschluss den **Untersuchungsgegenstand abändert**.

» Beachten Sie: Die Frage der Verfassungsmäßigkeit muss mit der Verfassung beantwortet werden. «

Beispiel Ein Viertel der Abgeordneten des Bundestags beantragt die Einsetzung eines Untersuchungsausschusses. Der Untersuchungsausschuss soll im Wesentlichen aufklären, (1) ob durch die Visaerteilungspraxis bestimmter Botschaften im Ausland gegen geltendes Recht verstoßen und der Kriminalität in Deutschland Vorschub geleistet wurde, und (2) wie sich etwaige Missstände entwickelt haben, ob es Hinweise darauf gab und ob die Bundesregierung für Missstände verantwortlich ist.

Die Mehrheit des Bundestages beschließt letztlich die Einsetzung des Untersuchungsausschusses, allerdings unter Streichung des zweiten Punktes. Die antragstellenden Abgeordneten halten den Beschluss für verfassungswidrig. Nach § 2 Abs. 2 PUAG darf der Einsetzungsbeschluss den in dem **Einsetzungsantrag bezeichneten Untersuchungsgegenstand** nicht ändern, es sei denn, die Antragstellenden stimmen der Änderung zu. Allerdings handelt es sich bei § 2 Abs. 2 PUAG um ein einfaches Gesetz, das **nicht Prüfungsmaßstab** für die Frage der Verfassungsmäßigkeit sein kann.

Ein grundsätzliches Abänderungsverbot des von der Minderheit ursprünglich beantragten Untersuchungsgegenstandes müsste vielmehr der **Verfassung** zu entnehmen sein. Hier scheint die Möglichkeit der Abänderung durch Mehrheitsbeschluss gegeben zu sein: Nach Art. 42 Abs. 2 S. 1 GG entscheidet der Bundestag mit der Mehrheit der abgegebenen Stimmen über den Inhalt des Untersuchungsausschusses. Das könnte auch im Falle der Abänderung gelten. Jedoch hätte damit eine – die Regierung stellende – Mehrheit im Bundestag immer die Möglichkeit, für die Regierung ungünstige Untersuchungsausschüsse zu verhindern.

Bei Art. 44 Abs. 1 S. 1 GG handelt es sich um ein **Minderheitenrecht**.[62] Seine verfassungsrechtliche Bedeutung liegt in der Sicherstellung der parlamentarischen Kontrolle von Regierung und Verwaltung, insbesondere in der Aufklärung von in den Verantwortungsbereich der Regierung fallenden Vorgängen, die auf Missstände hinweisen. Das durch die Verfassung garantierte Recht der Minderheit auf Einsetzung eines Untersuchungsausschusses darf vor diesem Hintergrund nicht angetastet werden.[63]

Mit dem Recht auf Einsetzung eines Untersuchungsausschusses allein ist jedoch das Kontrollrecht der Minderheit noch nicht gewährleistet. Seine ungehinderte Ausübung setzt weitere Sicherungen voraus. So muss es vor allem der Minderheit überlassen bleiben, den Gegenstand der von ihr beantragten Untersuchung festzulegen. Somit darf der Untersuchungsgegenstand gegen den Willen der Minderheit **grundsätzlich nicht verändert** werden. Das Kontrollrecht, das der parlamentarischen Opposition zusteht, schließt das Recht ein, den genauen Gegenstand der beantragten Untersuchung im Einsetzungsbeschluss selbst zu bestimmen. Sowohl der Untersuchungsausschuss als auch das Parlament sind in der Folge hieran gebunden. ■

bb) Zulässigkeit der Ausdehnung des Untersuchungsgegenstandes durch den Einsetzungsbeschluss

Die Ausdehnung des Untersuchungsgegenstandes führt unweigerlich zu einem erhöhten 140
Aufklärungsbedarf und Arbeitsaufwand. Durch eine solche Vorgehensweise könnte unschwer die Untersuchung blockiert, zumindest aber erheblich verzögert werden. Da die Arbeit des Untersuchungsausschusses mit der jeweiligen Legislaturperiode endet, kann eine solche **Verzögerung** die Wirksamkeit der parlamentarischen Kontrolle entscheidend in Frage stellen. Jeder zusätzliche Untersuchungsauftrag kann hier zu einem Hemmnis werden, das die Untersuchung gänzlich vereitelt.[64] Zulässig sind jedoch Zusatzfragen der Mehrheit, wenn sie den Untersuchungsgegenstand im Kern unverändert lassen und nur dazu dienen, eine verzerrte Darstellung zu vermeiden und ein umfassenderes, wirklichkeitsgetreueres Bild des angeblichen Missstandes zu vermitteln.[65]

cc) Änderung des Untersuchungsgegenstandes mit der Begründung der teilweisen Verfassungswidrigkeit

Beispiel Wie oben Rn. 139; ein 3. Teil des Antrags sieht vor, dass der Untersuchungsausschuss 141
die Praktiken der Polizei des Bundeslandes B bei der dauerhaften Beobachtung eines mit einem gültigen Visum eingereisten Terror-Verdächtigen überprüft. Die Mehrheit des Bundestages hält diesen Punkt für verfassungswidrig, weil er in die Zuständigkeiten der Länder eingreift. Sie beschließt die Einrichtung eines Untersuchungsausschusses ohne Punkt 3. ■

Hält der Bundestag den Einsetzungsantrag der Minderheit für teilweise verfassungswidrig, so ist der Untersuchungsausschuss gem. § 2 Abs. 3 S. 1 PUAG mit der Maßgabe einzusetzen, dass dessen Untersuchungen auf diejenigen Teile des Untersuchungsgegenstandes zu beschränken sind, die der Bundestag für nicht verfassungswidrig hält. Jedoch muss es sich aus dem Grundgesetz selbst ergeben, ob ein solcher Einsetzungsbeschluss mit der Verfassung im Einklang wäre.

---

62 *RGZ* 116, 45, 52.
63 *BVerfGE* 49, 70, 85 f.
64 *BVerfGE* 49, 70, 86.
65 *BVerfGE* 49, 70, 80 ff.

Bei der Prüfung ist darauf abzustellen, wie ein möglichst **schonender Ausgleich** zwischen dem Recht der Minderheit auf Einsetzung eines Untersuchungsausschusses und der Verpflichtung zu verfassungsgemäßen Untersuchungsausschussanträgen erreicht werden kann. Die **Einschränkung auf verfassungsgemäße Teile** stellt im Vergleich zur gänzlichen Ablehnung das mildere Mittel dar, soweit der verbleibende Teil allein noch Sinn ergibt. Die Streichung der für verfassungswidrig gehaltenen Teile entspricht also dem **Grundsatz der Verhältnismäßigkeit**. Die Ablehnung des gesamten Antrags wäre unverhältnismäßig.

b) Materielle Verfassungsmäßigkeit des Einsetzungsbeschlusses

142 Bei der Prüfung der materiellen Verfassungsmäßigkeit eines Einsetzungsbeschlusses kommt es insbesondere darauf an, ob sich der Untersuchungsgegenstand innerhalb der verfassungsrechtlichen Grenzen des Untersuchungsrechts bewegt. Zwar enthält Art. 44 GG selbst in seinem Wortlaut keine Beschränkung der Befugnis des Bundestages, Untersuchungsausschüsse nur zu bestimmten Themen einzusetzen. Wie jede Verfassungsbestimmung ist jedoch auch diese Norm im **Gesamtzusammenhang des Grundgesetzes** zu sehen. Das Untersuchungsrecht des Untersuchungsausschusses ist auf den verfassungsrechtlichen Zuständigkeitsbereich des Bundestages beschränkt (sog. **Korollartheorie**). Als Hilfsorgan des Bundestages kann der Untersuchungsausschuss **nicht mehr Rechte haben als das Parlament** selbst, vgl. § 1 Abs. 3 PUAG.

Die Einsetzung eines Untersuchungsausschusses ist somit zur Klärung von Tatsachen im Rahmen eines Gesetzgebungsverfahrens, zur Kontrolle von Regierung und Verwaltung sowie zur Wahrung des Ansehens des Bundestages selbst zulässig. Darüber hinaus können grundsätzlich auch Vorgänge im öffentlichen Leben und Vorkommnisse im gesellschaftlichen Bereich in die Untersuchung einbezogen werden, wenn ein die parlamentarische Beratung und gegebenenfalls Beschlussfassung rechtfertigendes **öffentliches Interesse** besteht.[66] Hierfür kann es auch ausreichen, dass lediglich Empfehlungen politischer Art angestrebt werden.[67]

Hinweis

Nach Auffassung des BVerfG[68] kann der Bundestag auch einen Untersuchungsausschuss zur Aufklärung von Missständen bei privaten Unternehmen einsetzen. Voraussetzung ist, dass die Unternehmen aufgrund „gemeinwirtschaftlicher" Zielsetzung in erheblichem Umfang aus staatlichen Mitteln gefördert oder steuerlich begünstigt werden und besonderen rechtlichen Bindungen unterliegen.

Das parlamentarische Untersuchungsrecht darf von den Untersuchungsausschüssen nur innerhalb der Grenzen ausgeübt werden, die sich aus dem **Kompetenzbereich des Bundes** (aus Art. 30, 70 GG), aus der **Gewaltenteilung** (Art. 20 Abs. 2 S. 2, Abs. 3 GG), und aus dem **Grundrechtsschutz** (Art. 1–19 GG) ergeben.

66 *BVerfGE* 67, 100, 140.
67 Vgl. *Degenhart* Staatsrecht I Rn. 681.
68 *BVerfGE* 77, 1 ff.

> **Hinweis**
>
> Zwar ist gem. § 1 Abs. 3 PUAG ein Untersuchungsverfahren im Rahmen der verfassungsmäßigen Zuständigkeit des Bundestages zulässig. Beachten Sie aber, dass für die Frage der Verfassungsmäßigkeit ein einfaches Gesetz nicht Prüfungsmaßstab sein kann.

aa) Untersuchungsgegenstand im Kompetenzbereich des Bundes

Wegen des Bundesstaatsprinzips darf nicht in den Zuständigkeitsbereich der Länder eingegriffen werden. Es erfolgt also in sachlicher Hinsicht eine Begrenzung auf den Kompetenzbereich des Bundes. Ausgeschlossen sind damit alle Angelegenheiten, die in die **ausschließliche Zuständigkeit der Länder und Kommunen** fallen oder die gem. Art. 23 GG der **Europäischen Union** zur ausschließlichen Wahrnehmung übertragen worden sind. Eine Ausnahme bilden die Kontroll- und Aufsichtsrechte nach Art. 84, 85 GG. **143**

> **Hinweis**
>
> Dieses schließt jedoch nicht aus, dass auch Mitglieder der Länderverwaltungen oder der Landesregierungen etc. vor dem Untersuchungsausschuss des Bundestages vernommen werden können, sofern die zu untersuchende Materie in die Bundeskompetenz fällt.[69]

bb) Die Beachtung des Gewaltenteilungsgrundsatzes

Eine weitere Begrenzung des Untersuchungsrechts des Bundestages folgt aus dem Grundsatz der Gewaltenteilung, Art. 20 Abs. 2 S. 2, Abs. 3 GG. Es dürfen damit keine Angelegenheiten untersucht werden, die in die **ausschließliche Kompetenz anderer Verfassungsorgane** fallen, also in feste Zuständigkeiten anderer Staatsgewalten eingreifen. **144**

Bei der Regierungs- und Verwaltungskontrolle muss zudem der nicht ausforschbare *„Kernbereich exekutiver Eigenverantwortung"*[70] beachtet werden. Dazu gehört z.B. die **Willensbildung der Regierung im Kabinett**, die sich vornehmlich in ressortübergreifenden und -internen Abstimmungsprozessen vollzieht.[71]

Beispiel Es wird die Einsetzung eines Untersuchungsausschusses beantragt, der zukünftig als ständige Einrichtung die Aufsicht der Regierung über die KfW-Bankengruppe überwachen und begleiten soll, so dass bereits im Vorfeld für eine ordnungsgemäße Arbeit der Regierung gesorgt wird und es nicht wieder zu Missständen kommen kann. Der Einsetzungsbeschluss wäre verfassungswidrig. ■

Das parlamentarische Untersuchungsrecht erstreckt sich deshalb im Grundsatz nur auf **bereits abgeschlossene Vorgänge**, da dort der Kernbereich exekutiver Eigenverantwortung im Regelfall nicht mehr betroffen ist. Damit die Kontrollfunktion des Parlaments wirksam ausgeübt werden kann, ist dieser Kernbereich eng auszulegen.[72]

---

69 *BVerwGE* 79, 339, 344.
70 *BVerfGE* 67, 100, 139.
71 *BVerfGE* 67, 100, 139.
72 *BVerfGE* 67, 100, 139.

cc) Die Grundrechtsbindung des Untersuchungsausschusses

145 Der Grundrechtsschutz kann Bedeutung für die Frage haben, ob ein Untersuchungsverfahren, das private Angelegenheiten zum Gegenstand hat, überhaupt eingeleitet werden darf. In jedem Einzelfall muss unter Beachtung des **Grundsatzes der Verhältnismäßigkeit** geprüft werden, ob das Interesse der Allgemeinheit an einer parlamentarischen Untersuchung das Interesse des Einzelnen an dem grundrechtlichen Schutz seiner Privatsphäre überwiegt.[73]

2. Die Beweiserhebungsrechte des Untersuchungsausschusses

146 Art. 44 Abs. 1 GG gibt dem Bundestag das Recht, einen Untersuchungsausschuss mit der Befugnis zur Erhebung der erforderlichen Beweise einzusetzen. Der Untersuchungsausschuss erhebt die durch den Untersuchungsauftrag angebotenen Beweise aufgrund von Beweisbeschlüssen, § 17 Abs. 1 PUAG. Beweise sind zu erheben, wenn sie von einem Viertel der Ausschussmitglieder beantragt sind, es sei denn, die Beweiserhebung ist unzulässig oder das Beweismittel ist auch nach Anwendung von Zwangsmitteln unerreichbar, § 17 Abs. 2 PUAG. Bezüglich der Beurteilung der Erforderlichkeit und des beizuziehenden Beweismaterials ist dem Ausschuss ein **Beurteilungsspielraum** eröffnet, innerhalb dessen er die Beweiserhebung selbst bestimmen kann. Als Beweismittel kommen insbesondere die Vernehmung von Zeugen und Sachverständigen, §§ 24, 28 PUAG, sowie die Aktenvorlage, § 18 PUAG, in Betracht. Der Untersuchungsausschuss hat das Recht, das Erscheinen von Zeugen zu erzwingen, im Falle einer ungerechtfertigten Zeugnisverweigerung ein Ordnungsgeld festzusetzen bzw. die Person in Haft nehmen zu lassen, § 27 PUAG.

Die Beweiserhebungsrechte gelten allerdings nicht unbeschränkt. Gem. Art. 44 Abs. 2 S. 1 GG finden die **Vorschriften über den Strafprozess**, also insbesondere die StPO, *„sinngemäße"* Anwendung. „Sinngemäße" Anwendung bedeutet dabei, dass berücksichtigt werden muss, dass das parlamentarische Verfahren nicht die Verhängung von Strafen, sondern regelmäßig die **Aufklärung von Tatsachen** und die **Zuweisung politischer Verantwortung** zum Gegenstand hat.

Beispiel § 96 StPO bestimmt, dass die Vorlegung oder Auslieferung von Akten oder anderen in amtlicher Verwahrung befindlichen Schriftstücken durch Behörden und öffentliche Beamte nicht gefordert werden kann, wenn deren oberste Dienstbehörde erklärt, dass das Bekanntwerden des Inhalts dieser Akten oder Schriftstücke dem Wohl des Bundes oder eines Landes Nachteile bereiten würde. § 96 StPO findet jedoch nur sinngemäße Anwendung, d.h. unter Beachtung des parlamentarischen Kontrollauftrags. Bei einer entsprechenden Anwendung des § 96 StPO im Untersuchungsausschuss-Verfahren ist der Wortlaut der Vorschrift gegenüber dem Auskunftsverlangen des Bundestages deshalb dahingehend einschränkend auszulegen, dass die Regierung die verfassungsrechtliche Pflicht trifft, den Untersuchungsauftrag zu fördern.

Daher darf die Bundesregierung die Herausgabe **nicht generell** unter Hinweis auf Geheimhaltungsinteressen verweigern. Das Wohl des Bundes, zu dessen Wahrung besondere sensible Informationen geheim gehalten werden müssen, ist im parlamentarischen Regierungssystem Bundestag und Bundesregierung gemeinsam anvertraut. Auch der Bundestag und seine Mitglieder sind daher zur Geheimhaltung verpflichtet. Nach Art. 44

73 *Magiera* in Sachs GG Art. 44, Rn. 7 ff.

Abs. 1 S. 2 GG kann die Öffentlichkeit von Untersuchungsausschusssitzungen ausgeschlossen werden. Haben Bundestag und Bundesregierung wirksame Vorkehrungen gegen das Bekanntwerden von Dienstgeheimnissen getroffen, kann die Bundesregierung die Herausgabe von Akten an den Untersuchungsausschuss nicht verweigern. In der Konsequenz darf der Untersuchungsausschuss die auf diesem Wege gewonnenen Erkenntnisse nicht öffentlich bekannt geben; damit muss er auf eines der stärksten Mittel des parlamentarischen Untersuchungsrechts verzichten.

Über eine ablehnende Entscheidung zu einem Herausgabeersuchen bzw. über die Einstufung als Verschlusssache muss die Bundesregierung den Untersuchungsausschuss **schriftlich unterrichten**. Der Untersuchungsausschuss hat das Recht, die Entscheidung der Ablehnung durch das BVerfG bzw. die Rechtmäßigkeit der Einstufung durch den Ermittlungsrichter oder die Ermittlungsrichterin des Bundesgerichtshofs überprüfen zu lassen, § 18 Abs. 3 PUAG.[74] ■

Da die Untersuchungsausschüsse öffentliche Gewalt ausüben,[75] haben sie neben den Schranken des Art. 44 Abs. 2 S. 2 GG die **Grundrechte** allgemein zu beachten, Art. 1 Abs. 3 GG. Diese können insbesondere das Beweiserhebungsrecht und das Recht auf Aktenvorlage einschränken.[76]

3. Die Geltendmachung der Beweiserhebungsrechte des Untersuchungsausschusses im Organstreitverfahren

Wendet sich z.B. eine Bundestagsfraktion dagegen, dass die Bundesregierung dem Untersuchungsausschuss die Herausgabe von Beweismitteln verweigert, ergibt sich folgende Prüfungsreihenfolge: 147

74 Vgl. zum Ganzen *BVerfGE* 67, 100, 139.

75 *BVerfGE* 77, 1, 46.

76 Vertiefend zu den Beweiserhebungsrechten *Degenhart* Staatsrecht I Rn. 687 ff.

PRÜFUNGSSCHEMA

Geltendmachung der Rechte des Untersuchungsausschusses

A. Zulässigkeit

I. Zuständigkeit des Bundesverfassungsgerichts, Art. 93 Abs. 1 Nr. 1 GG, § 13 Nr. 5 BVerfGG
Abgrenzung gem. § 36 PUAG Rn. 148

II. Parteifähigkeit von Antragsteller und Antragsgegner, Art. 93 Abs. 1 Nr. 1 GG, § 63 BVerfGG
Parteifähigkeit einzelner Teile des Bundestages Rn. 149

III. Streitgegenstand, § 64 Abs. 1 BVerfGG
„Maßnahme oder Unterlassung"

IV. Antragsbefugnis, § 64 Abs. 1 BVerfGG
Geltendmachung der Verletzung von Rechten und Pflichten, die durch das Grundgesetz übertragen sind
Eigene Rechte bzw. Prozessstandschaft einzelner Teile des Bundestages Rn. 150

V. Antragsform, §§ 23 Abs. 1, 64 Abs. 2 BVerfGG
Schriftliche Begründung mit Bezeichnung der Bestimmung des GG

VI. Frist, § 64 Abs. 3 BVerfGG
6 Monate

B. Begründetheit

I. Verfassungsmäßigkeit des Einsetzungsbeschlusses
1. Formelle Verfassungsmäßigkeit
2. Materielle Verfassungsmäßigkeit

II. Verfassungsmäßigkeit der Maßnahme

III. Rechtsverletzung des Antragstellers

Beispiel Die qualifizierte Minderheit wendet sich gegen einen Beschluss des Untersuchungsausschusses, mit dem die Erforderlichkeit bestimmter Beweiserhebungen abgelehnt wird. ■

a) Besonderheiten bei der Zulässigkeitsprüfung

aa) Zuständigkeit des Bundesverfassungsgerichts

148 Bei der Wahl des zuständigen Gerichts ist zunächst § 36 Abs. 1 Hs. 1 PUAG zu beachten. Danach ist die verfahrensrechtliche Überprüfung der Ausschussarbeit im Einzelnen – nichts anderes ist mit der Formulierung *„Streitigkeiten nach diesem Gesetz [PUAG]"* gemeint – **dem Bundesgerichtshof zugewiesen**. Streitigkeiten nach dem PUAG können sich auf die Erhebung bestimmter Beweise (§ 17 PUAG), die Verlesung von Schriftstücken (§ 31 PUAG) oder die Herausgabepflicht von Gegenständen (§ 29 PUAG) beziehen.

Geht es aber um die **Vereinbarkeit einer Maßnahme mit Verfassungsrecht**, um den Umfang und den Inhalt der **Rechte aus Art. 44 GG**, so ist das **BVerfG zuständig**. Das ergibt sich sowohl aus dem verfahrensrechtlichen Vorbehalt des § 36 Abs. 1 PUAG als auch aus der Vorlagepflicht an das BVerfG bei Zweifeln an der Verfassungsmäßigkeit des Einsetzungsbeschlusses nach § 36 Abs. 2 PUAG. Die Zuständigkeit des BVerfG ist auch dann gegeben, wenn eine verfassungsrechtliche Frage zugleich die Auslegung einer Norm des PUAG betrifft. Für den Fall der Verweigerung der Vorlage von Beweismitteln ist dies explizit in § 18 Abs. 3 PUAG geregelt.

Geht es um verfassungsmäßige Rechte des Untersuchungsausschusses gegenüber der Bundesregierung oder dem Bundestag, ist dies im **Organstreitverfahren** geltend zu machen.

> **Hinweis**
>
> Machen Private eine Rechtsverletzung durch Maßnahmen des Untersuchungsausschusses geltend, so ist die **Verfassungsbeschwerde** die richtige Verfahrensart.

bb) Parteifähigkeit

Nach Art. 93 Abs. 1 Nr. 1 GG, § 63 BVerfGG können auch Teile des Bundestages parteifähig sein. Voraussetzung ist allerdings, dass sie durch das Grundgesetz oder in der Geschäftsordnung eines obersten Bundesorgans mit eigenen Rechten ausgestattet sind. 149

Hier sind verschiedene Konstellationen denkbar:

1. **Die Bundestagsfraktionen:** Sie sind als ständig vorhandene Gliederung des Bundestages ebenfalls parteifähig.[77] Dies gilt auch für Organklagen, in denen die Fraktion in Prozessstandschaft für das Gesamtparlament tritt, um im eigenen Namen Rechte geltend zu machen, die dem Bundestag gegenüber einem möglichen Antragsgegner zustehen könnten.[78]
2. **Die Antragsminderheit:** Parteifähig sind auch die Mitglieder des Bundestages (mindestens ein Viertel), die den Untersuchungsausschuss beantragt haben (konkrete Antragsminderheit) bzw. die potenziell einsatzberechtigte Minderheit (die ein Viertel der Abgeordneten umfasst, aber keinen Antrag gestellt hat). Denn nach Art. 44 GG sind sie mit eigenen Rechten ausgestattet.
3. **Die „Fraktion im Ausschuss“:** Gem. § 4 S. 3 PUAG muss jede Fraktion im Untersuchungsausschuss vertreten sein. Die in einem Ausschuss vertretenen Mitglieder einer Fraktion bilden die sog. „Fraktion im Ausschuss“. Nach der GOBT ist sie mit eigenen Rechten ausgestattet (vgl. §§ 59 Abs. 4, 60 Abs. 2, 61 Abs. 2, 64 Abs. 2 S. 3 GOBT). Die „Fraktion im Untersuchungsausschuss“ ist deshalb gem. § 63 BVerfGG wie ein Teil des Bundestages zu behandeln.[79]
4. **Der Untersuchungsausschuss:** Er ist ein gem. Art. 44 GG mit eigenen Rechten ausgestattetes Hilfsorgan des Bundestages. Der Bundestag kann die besonderen Befugnisse des Art. 44 GG nicht selbst wahrnehmen. Deshalb kann auch der Untersuchungsausschuss selbst parteifähig sein.[80]

cc) Antragsbefugnis

Der Antragsteller im Organstreitverfahren muss schlüssig behaupten, dass er und der Antragsgegner an einem **verfassungsrechtlichen Rechtsverhältnis unmittelbar beteiligt** seien und dass der Antragsgegner hieraus folgende **eigene Rechte des Antragstellers** durch die beanstandete Maßnahme oder durch sein Unterlassen verletzt oder unmittelbar gefährdet habe, Art. 93 Abs. 1 Nr. 1 GG, § 64 Abs. 1 BVerfGG. Die Verletzung oder Gefährdung muss dabei **möglich**, also nicht von vornherein ausgeschlossen sein. 150

---

77 *BVerfGE* 45, 1, 28.
78 *BVerfGE* 104, 151, 193.
79 *BVerfGE* 67, 100, 124.
80 *BVerfGE* 105, 197, 220.

JURIQ-Klausurtipp

Ob eine solche Verletzung tatsächlich vorliegt, müssen Sie im Rahmen der Begründetheit prüfen. In der Zulässigkeit reicht es, die Möglichkeit unter Benennung eines konkreten Artikels des GG aufzuzeigen.

Auch hier sind wieder verschiedene Konstellationen denkbar:

1. **Die Bundestagsfraktion:** Die Rechte aus Art. 44 GG sind Rechte des Bundestages, der sich zur Unterstützung seiner Arbeit des Untersuchungsausschusses bedient. Das Untersuchungsrecht aus Art. 44 Abs. 1 GG bleibt auch nach der Einsetzung des Untersuchungsausschusses Sache des Parlaments als Ganzes. Eine Fraktion ist daher im Organstreitverfahren antragsbefugt, soweit sie **prozessstandschaftlich die Rechte des Gesamtparlaments** in eigenem Namen geltend zu machen beabsichtigt.[81]
2. **Die Antragsminderheit:** Nach Art. 44 Abs. 1 S. 1 GG ist der Bundestag verpflichtet, dem von mindestens einem Viertel seiner Mitglieder gestellten Antrag auf Einsetzung eines Untersuchungsausschusses zu entsprechen. Die Rechte der Antragsminderheit beschränken sich aber **nicht** auf das **Recht auf Einsetzung** eines Untersuchungsausschusses. Damit das Kontrollrecht ausgeübt werden kann, treten zur Sicherung der Durchführung des Untersuchungsauftrags **weitere Mitbestimmungsrechte** in Bezug auf die Arbeit des Untersuchungsausschusses hinzu.[82] Das gilt sowohl für die mit der Stellung des Einsetzungsantrags als konkrete Antragsminderheit in Erscheinung getretene Fraktion als auch für eine potenziell einsetzungsberechtigte Minderheit.[83]
3. **Die „Fraktion im Ausschuss“:** Ihr stehen **keine eigenen Rechte aus Art. 44 GG** zu. Sie ist auch nicht befugt, in Prozessstandschaft eine Verletzung oder unmittelbare Gefährdung der Rechte des Bundestages aus Art. 44 GG zu rügen. Die prozessstandschaftliche Geltendmachung von Rechten des Bundestages ist nur für die Bundestagsfraktionen anerkannt, nicht für einzelne Mitglieder. Etwas anderes gilt nur, wenn die in einen Untersuchungsausschuss entsandten Abgeordneten Mitglieder einer Fraktion sind, die mindestens ein Viertel der Mitglieder des Bundestags umfasst. Sie repräsentieren den einsetzungsberechtigten Teil des Bundestages im Ausschuss jedenfalls so lange, wie kein Dissens zwischen der Fraktion und ihren Vertretern im Ausschuss erkennbar ist. Deshalb können sie **in Prozessstandschaft die Rechte der Antragsminderheit** geltend machen.[84]

b) Der Umfang der Begründetheitsprüfung

151 Ein Organstreitverfahren ist grundsätzlich dann begründet, wenn die Maßnahme oder Unterlassung verfassungswidrig ist und der Antragsteller dadurch in seinen Rechten verletzt wird. Geht es im Verfahren um die Arbeit des Untersuchungsausschusses, muss zunächst die Verfassungsmäßigkeit des Einsetzungsbeschlusses geprüft werden. Somit ergibt sich die in dem folgenden Beispielsfall angeführte Prüfungsreihenfolge:

81 *BVerfGE* 45, 1, 28.
82 *BVerfGE* 49, 70, 85 f.
83 *BVerfGE* 105, 197, 220.
84 *BVerfGE* 105, 197, 220 f.

Beispiel Der Friedrich Flick Industrieverwaltung KGaA wurde vom Bundesminister der Finanzen eine Steuerermäßigung in dreistelliger Millionenhöhe aufgrund einer Ermessensvorschrift gewährt. Ein Jahr später wurde bekannt, dass die Friedrich Flick Industrieverwaltung KGaA der Z-Partei zuvor erhebliche finanzielle Zuwendungen hat zukommen lassen. Der Bundesminister der Finanzen gehört dieser Partei an. Als sich Gerüchte über einen möglichen Zusammenhang zwischen Steuerermäßigung und Zuwendungen verdichten, konstituiert sich auf Antrag der oppositionellen X-Fraktion ein parlamentarischer Untersuchungsausschuss. Der Ausschuss fordert von der Bundesregierung die Herausgabe der den Vorgang betreffenden Steuerakten. Diese weigert sich unter Berufung auf das Steuergeheimnis. Daraufhin rufen die der X-Fraktion angehörenden Mitglieder des Untersuchungsausschusses das BVerfG an.[85]

In Betracht kommt ein **Organstreitverfahren**, Art. 93 Abs. 1 Nr. 1 GG, §§ 13 Nr. 5, 63 ff. BVerfGG. Die „Fraktion im Ausschuss" wird vom BVerfG[86] als antragsberechtigter Teil des Organs Bundestag anerkannt, weil die GOBT sie mit eigenen Rechten ausstattet, vgl. §§ 59 Abs. 4, 60 Abs. 2, 61 Abs. 2 und 64 Abs. 2 S. 3 GOBT. Die Antragsbefugnis ergibt sich aus dem Untersuchungsrecht des Bundestages gem. Art. 44 GG, das von der „Fraktion im Ausschuss" prozessstandschaftlich geltend gemacht werden darf.

Der Antrag ist **begründet**, wenn der Untersuchungsausschuss in zulässiger Weise eingesetzt worden ist (1), ein Recht auf Aktenvorlage grundsätzlich besteht (2) und dieses Recht nicht wirksam eingeschränkt worden ist (3).

(1) Von der Einhaltung der verfahrensrechtlichen Voraussetzungen ist mangels entgegenstehender Sachverhaltsangaben auszugehen.

(2) Ein Recht auf Aktenvorlage ergibt sich aus Art. 44 Abs. 1 S. 1 GG. Es wird konkretisiert in § 18 Abs. 1 PUAG.

(3) Schranken dieses Rechts ergeben sich grundsätzlich aus dem **Kernbereich exekutiver Eigenverantwortung**. Geschützt ist damit insbesondere die regierungsinterne Willensbildung. So darf die Vorlage von Kabinettsprotokollen nicht verlangt werden. Dies ist bei einem abgeschlossenen Verwaltungsvorgang jedoch nicht der Fall. Eine weitere Schranke könnte sich aus dem **Steuergeheimnis** ergeben, das sich grundrechtlich aus dem informationellen Selbstbestimmungsrecht und einfachgesetzlich aus § 30 AO ergibt. Das Steuergeheimnis schützt auch gegen eine Informationsweitergabe innerhalb des Staates. Jedoch gilt das Steuergeheimnis nicht schrankenlos. § 30 Abs. 4 Nr. 5 AO sieht Ausnahmen bei **zwingenden öffentlichen Interessen** vor. Somit muss zwischen dem informationellen Selbstbestimmungsrecht und dem öffentlichen Interesse abgewogen werden. Für eine Offenlegung spricht, dass auch der Untersuchungsausschuss gem. § 15 PUAG Geheimnisschutz gewähren muss. Verfassungsrechtliche Schranken für die Ausübung des Untersuchungsrechts bestehen somit nicht. Die Bundesregierung verstößt mit ihrer Weigerung gegen Art. 44 GG. Der Antrag ist zulässig und begründet. ■

85 Der Beispielsfall ist *BVerfGE* 67, 100 ff. nachgebildet; vgl. auch *Degenhart* Staatsrecht I Rn. 628.
86 *BVerfGE* 67, 100, 124 f.

B. Der Bundesrat

152 Durch den Bundesrat wirken die Länder bei der Gesetzgebung und der Verwaltung des Bundes und in Angelegenheiten der Europäischen Union mit (Art. 50 GG). Damit verkörpert der Bundesrat als Vertretungsorgan der Länder auf Bundesebene das föderative System des Bundes. Er ist jedoch kein Organ der Länder, sondern **Verfassungsorgan des Bundes**.

I. Zusammensetzung und Arbeitsweise

153 Der Bundesrat besteht aus Mitgliedern der 16 Landesregierungen, die sie bestellen und abberufen, Art. 51 Abs. 1 S. 1 GG. Gem. Art. 51 Abs. 2 GG hat jedes Land mindestens drei Stimmen, Länder mit mehr als zwei Millionen Einwohnern haben vier, Länder mit mehr als sechs Millionen Einwohnern fünf, Länder mit mehr als sieben Millionen Einwohnern sechs Stimmen. Insgesamt hat der Bundesrat 69 Stimmen und demzufolge 69 ordentliche Mitglieder, denn jedes Land kann nur so viele ordentliche Mitglieder für den Bundesrat benennen, wie es dort Stimmen hat (Art. 51 Abs. 3 GG). Nach jeder Landtagswahl müssen die Bundesratsmitglieder von der jeweiligen Regierung neu benannt werden, erst dann ändert sich auch die Zusammensetzung des Bundesrates.

Hinweis

„Bundesrats-Wahlen" gibt es nicht. Der Bundesrat kennt deshalb auch keine Wahlperioden. Er ist verfassungsrechtlich gesehen ein „ewiges Organ", das sich auf Grund der Landtagswahlen von Zeit zu Zeit erneuert. Die Wahlen zum Landesparlament haben dadurch stets auch eine bundespolitische Bedeutung. Die Wähler entscheiden zwar in erster Linie über die Zusammensetzung des Landtages; indirekt wird damit aber zugleich festgelegt, wer im Bundesrat Sitz und Stimme erhält, denn die Mehrheit im Landesparlament bestimmt die Landesregierung, die ihrerseits die Bundesratsmitglieder aus ihrer Mitte bestellt (Art. 51 Abs. 1 GG). Die Mitglieder des Bundesrates und die Staatsgewalt, die vom Bundesrat ausgeht, sind damit persönlich und sachlich demokratisch legimiert.

An der Spitze des Bundesrates steht der Präsident. Er wird jährlich neu gewählt, Art. 52 Abs. 1 GG. Nach dem sog. „Königsteiner Abkommen" vom 30.8.1950 fällt die Wahl turnusmäßig auf die Ministerpräsidenten der Länder in der Reihenfolge der Größe ihrer Bevölkerungszahl. Die besondere Bedeutung dieses Amtes im föderalen System der Bundesrepublik wird dadurch deutlich, dass der **Präsident des Bundesrates** nach Art. 57 GG den Bundespräsidenten vertritt.

Der Bundesrat tritt ca. einmal monatlich zu öffentlichen **Plenarsitzungen** zusammen, vgl. Art. 52 Abs. 3 S. 3 GG. Vorbereitet werden diese Sitzungen in den Ausschüssen des Bundesrates. Deren Aufgabenverteilung entspricht im Wesentlichen der Zuständigkeitsverteilung der Bundesministerien. Gem. Art. 52 Abs. 3 S. 2 GG hat sich der Bundesrat eine Geschäftsordnung (GOBR) gegeben, die Näheres über den Geschäftsgang im Bundesrat regelt. Die Bundesratsmitglieder haben Rederecht im Bundestag (Art. 43 Abs. 2 GG), die Bundesminister dürfen im Bundesrat das Wort ergreifen (Art. 53 Abs. 2 GG).

II. Aufgaben und Befugnisse des Bundesrates

Der Bundesrat wirkt gem. Art. 50 GG bei der **Gesetzgebung** und **Verwaltung** des Bundes und in **Angelegenheiten der Europäischen Union** mit. Der Bundesrat hat danach keine selbstständigen Befugnisse, sondern **Mitwirkungsrechte** bei der Wahrnehmung von Aufgaben anderer Bundesorgane, insbesondere Bundestag und Bundesregierung. 154

Hinweis

Weil der Bundesrat insbesondere an der Gesetzgebung lediglich „mitwirkt" und bei seiner Entscheidung die Länderinteressen vertritt, handelt es sich nicht um eine „Zweite Kammer" wie z.B. beim Senat in den USA. Vom Senat in den USA unterscheidet sich der Bundesrat ferner dadurch, dass er nicht mit gewählten „Senatoren" besetzt ist.

1. Mitwirkung an der Gesetzgebung des Bundes

Von besonderem Gewicht ist die Mitwirkung des Bundesrates im Gesetzgebungsverfahren. Sie ist in Art. 76, 77 Abs. 2 bis 4 GG näher geregelt. Danach kommt kein Bundesgesetz zustande, ohne dass der Bundesrat damit befasst war. Viele Gesetze können sogar nur dann in Kraft treten, wenn der Bundesrat ihnen ausdrücklich zustimmt (s. Rn. 242). 155

2. Mitwirkung an der Verwaltung des Bundes

Die Mitwirkung des Bundesrates an der Verwaltung des Bundes besteht im Wesentlichen darin, dass er zu bestimmten **Rechtsverordnungen** seine Zustimmung erteilen muss (Art. 80 Abs. 2 GG) bzw. bei diesen zustimmungspflichtigen Rechtsverordnungen ein eigenes Vorschlagsrecht hat (Art. 80 Abs. 3 GG). Daneben sind **Allgemeine Verwaltungsvorschriften**, die die Bundesregierung im Zusammenhang mit der Ausführung von Bundesgesetzen erlässt (vgl. Art. 84 Abs. 2, 85 Abs. 2 S. 1 GG), von der Zustimmung des Bundesrates abhängig. 156

Beispiel Mit Zustimmung des Bundesrates sind der „Verwarnungsgeldkatalog" für Ordnungswidrigkeiten im Straßenverkehr und der „Punktekatalog" für den Führerscheinentzug ergangen. ■

Der Zustimmung des Bundesrates bedürfen ferner die Errichtung bestimmter Bundesbehörden (vgl. Art. 87 Abs. 3 S. 3 GG), Maßnahmen des Bundeszwanges (Art. 37 Abs. 1 GG), Allgemeine Verwaltungsvorschriften für die Finanzverwaltung der Landesfinanzbehörden (Art. 108 Abs. 7 GG) und die Entsendung von Beauftragten der Bundesregierung zu Landesbehörden ohne Zustimmung der obersten Landesbehörden (Art. 84 Abs. 3 S. 2 GG).

3. Mitwirkung in Europäischen Angelegenheiten

Art. 23 Abs. 2 GG bestimmt, dass in Angelegenheiten der Europäischen Union der Bundestag und durch den Bundesrat die Länder mitwirken. Die Mitwirkung des Bundesrates regelt Art. 23 Abs. 4 bis 6 GG sowie das auf der Grundlage des Art. 23 Abs. 7 GG erlassene Gesetz über die Zusammenarbeit von Bund und Ländern in Angelegenheiten der Europäischen Union.[87] 157

---

87 Zur Vertiefung: *Kottmann* in: Europe and the Regions: Sub-National Entity Representation at Community Level, in: [2001] 26 European Law Review, S. 159 ff.

4. Weitere Aufgaben

158 Zu den Aufgaben des Bundesrates gehört die Wahl der Hälfte der **Bundesverfassungsrichter** (Art. 94 Abs. 1 GG). Im Weiteren wirkt der Bundesrat bei **Verträgen mit auswärtigen Staaten** mit, Art. 59 Abs. 2 GG.

Ein Beschluss des Bundesrates ist erforderlich zur Anklage gegen den Bundespräsidenten vor dem BVerfG wegen Gesetzesverletzung (Art. 61 Abs. 1 GG) und zur Feststellung von Rechtsverletzungen der Länder bei Ausführung der Bundesgesetze (Art. 84 Abs. 4).

5. Der Bundesrat im prozessualen Verfahren

159 Der Bundesrat ist gem. § 63 BVerfGG parteifähig im **Organstreitverfahren**. Er kann gem. Art. 93 Abs. 1 Nr. 2a GG i.V.m. §§ 13 Nr. 6a, 76 ff. BVerfGG die Nachprüfung verlangen, ob eine bundesgesetzliche Regelung den Voraussetzungen des Art. 72 Abs. 2 GG entspricht (s. Rn. 216). Weiterhin ist der Bundesrat im Parteienverbotsverfahren gem. Art. 21 Abs. 2 GG i.V.m. §§ 13 Nr. 2, 43 ff. BVerfGG und im Anklageverfahren gegen den Bundespräsidenten gem. Art. 61 GG, §§ 13 Nr. 4, 49 ff. BVerfGG antragsberechtigt.

Bei der abstrakten Normenkontrolle besitzt der Bundesrat hingegen keine Antragsberechtigung.

III. Die Abstimmung im Bundesrat

160 Das Grundgesetz unterscheidet zwischen **Mitgliedern und Stimmen** im Bundesrat: Jedes Bundesland kann so viele Mitglieder entsenden, wie es Stimmen hat, Art. 51 Abs. 3 S. 1 GG. Das Stimmengewicht jedes einzelnen Landes ist nach Art. 51 Abs. 2 GG abhängig von der jeweiligen Bevölkerungszahl.

Der Bundesrat fasst seine Beschlüsse mit mindestens der Mehrheit seiner **Stimmen** (Art. 52 Abs. 3 S. 1 GG). Für bestimmte Beschlüsse, insbesondere die Zustimmung zu einer Änderung des Grundgesetzes, bedarf es einer Zweidrittelmehrheit. Insgesamt hat der Bundesrat 69 Stimmen. So macht die für Beschlüsse in der Regel erforderliche absolute Mehrheit 35 Stimmen und die manchmal notwendige Zweidrittelmehrheit 46 Stimmen aus. **Stimmenthaltungen** wirken sich im Bundesrat somit wie Nein-Stimmen aus. Abgegeben werden können die Stimmen pro Land aber **nur einheitlich**, Art. 51 Abs. 3 S. 2 GG. Das setzt eine vorhergehende Festlegung der Stimmabgabe voraus. Das Landesrecht ordnet diese **Weisungsbefugnis den Landesregierungen** zu. Für eine selbstständige Entscheidung der Mitglieder des Bundesrats ist somit kein Raum.[88]

Hinweis

Gerade Koalitionsregierungen in den Ländern bereitet diese Mehrheitsregelung Probleme. Denn Koalitionsvereinbarungen sehen regelmäßig vor, dass die Bundesratsmitglieder eines Landes zur Stimmenthaltung angewiesen werden, wenn in der instruktionsbefugten Landesregierung keine Einigung über die Entscheidung einer Bundesrats-Vorlage zustande kommt.

88 Vgl. zum Ganzen *BVerfGE* 106, 310 ff.

Ist eine Weisung der Landesregierung zu einer bestimmten verfassungsgemäß? Das Weisungsrecht der Landesregierung steht zwar nicht ausdrücklich im Grundgesetz, ergibt sich aber durch Auslegung des Art. 51 Abs. 1 S. 1 GG im Wege des Erst-recht-Schlusses. Wenn schon die Mitglieder des Bundesrates von den Landesregierungen bestellt und abberufen werden, dann können sie erst recht zu einer bestimmten Stimmabgabe angewiesen werden.

Weisungswidriges Stimmverhalten: Stimmen die Bundesrats-Mitglieder eines Landes weisungswidrig ab, hindert dies aber nicht die Gültigkeit ihrer Stimmabgabe. Die Weisungen entfalten **nur Wirkung im Innenverhältnis** zwischen der Landesregierung und dem Bundesratsmitglied. Im Außenverhältnis zwischen dem Bundesrat und dem Bundesland bleibt der Verstoß gegen solche Weisungen unbeachtlich. Weisungswidrig im Bundesrat abgegebene Stimmen bleiben damit **gültig**.

Hinweis

Trennen Sie zwischen Bundestag und Bundesrat: Die Mitglieder des Bundesrates haben nicht die Rechtsstellung von Abgeordneten. Sie üben kein freies Mandat aus, sondern sind grundsätzlich an die Weisungen der entsendenden Landesregierung gebunden.

Unterschiedliche Stimmabgabe für ein Bundesland: Geben mehrere anwesende Mitglieder eines Landes unterschiedliche Voten ab, so liegt keine einheitliche Stimmabgabe i.S.v. Art. 51 Abs. 3 S. 2 GG vor. Die Stimmen des Landes werden insgesamt als ungültig gewertet. Der Ministerpräsident eines Landes kann im Bundesrat nicht die „Stimmführerschaft" für ein Land insoweit beanspruchen, als er durch seine Stimmabgabe eine widersprechende Stimme eines anderen Mitglieds desselben Landes überstimmen könnte.

Beispiele Der Bundesrat beschließt über die Zustimmung zu einem zustimmungspflichtigen Gesetz. Ist eine Zustimmung in den folgenden Fällen erfolgt?

1. *Mit Ja werden 34 Stimmen abgegeben; mit Nein 30 Stimmen und mit Enthaltung 5 Stimmen.*
   Gemäß Art. 52 Abs. 3 S. 1 GG fasst der Bundesrat seine Beschlüsse mit mindestens der Mehrheit seiner Stimmen. Da eine besondere Mehrheit für die Zustimmung grundsätzlich nicht vorgeschrieben ist, bedarf sie daher der absoluten Mehrheit im Bundesrat von 35 der 69 Stimmen. Weil nur 34 Stimmen für die Zustimmung vorliegen, ist ein Zustimmungsbeschluss nicht wirksam zustande gekommen ist.
2. *Der Bundesrat beschließt über die Zustimmung zu einem Gesetz über die Änderung des Art. 54 GG mit 39 Ja-Stimmen, 30 Enthaltungen und keiner Nein-Stimme.*
   Anders als im *Beispiel Nr. 1* ist hier für die Zustimmung eine über die absolute Mehrheit hinausgehende Zweidrittelmehrheit erforderlich, da es um eine Änderung des Grundgesetzes geht (Art. 79 Abs. 2 GG). Da statt der erforderlichen 46 von 69 Stimmen nur 39 Ja-Stimmen für die Zustimmung vorliegen, liegt auch hier keine wirksame Zustimmung des Bundesrats vor.
3. *Der Bundesrat beschließt über die Zustimmung zu einem einfachen Bundesgesetz mit 30 Ja-Stimmen und 33 Nein-Stimmen. Die noch nicht berücksichtigten 6 Stimmen des Landes NRW sind fraglich. Der Ministerpräsident hat mit „Ja" gestimmt, während der Umweltminister entgegen einer Weisung der Landesregierung mit „Nein" gestimmt hat.*

Gemäß Art. 52 Abs. 3 S. 1 GG bedarf der Besschluss der absoluten Mehrheit im Bundesrat von 35 der 69 Stimmen. Für einen wirksamen Zustimmungsbeschluss, kommt es daher darauf an, ob die noch fehlenden sechs Stimmen des Landes NRW als Ja-Stimmen gezählt werden können. Der Umweltminister durfte nach Art. 51 Abs. 1 S. 1 GG zu einer Stimmabgabe mit „Ja" angewiesen werden, allerdings ist seine tatsächlich erfolgte Stimmabgabe mit „Nein" im Außenverhältnis entscheidend. Da der Ministerpräsident mit „Ja" abgestimmt hat, hat das Land NRW seine Stimmen nicht einheitlich abgegeben, was nach Art. 52 Abs. 3 S. 2 GG die Ungültigkeit aller Stimmen des Landes NRW zur Folge hat (siehe hierzu auch den Übungsfall Nr. 6). Im Ergebnis liegt also auch im dritten *Beispiel* keine wirksame Zustimmung des Bundesrates vor. ■

IV. Übungsfall Nr. 6[89]

„Nachfragen im Bundesrat" 161

Bei der Abstimmung über das Zuwanderungsgesetz im Bundesrat kommt es für die Mehrheit auf die Stimmen des Landes Brandenburg an. Nachdem die Minister Ziel und Schönbohm für dieses Bundesland mit Ja bzw. mit Nein votiert hatten, fragte der Bundesratspräsident den brandenburgischen Ministerpräsidenten, wie Brandenburg abstimme. Dieser erklärte daraufhin: „Als Ministerpräsident des Landes Brandenburg erkläre ich hiermit Ja." Schönbohm sagte darauf ungefragt: „Sie kennen meine Auffassung, Herr Präsident!" Der Bundesratspräsident erklärte daraufhin: Damit stelle ich fest, dass das Land Brandenburg mit Ja abgestimmt hat.

Die brandenburgische Landesregierung ist von der Nichtigkeit des Zuwanderungsgesetzes überzeugt und beantragt die Einleitung eines abstrakten Normenkontrollverfahrens. Hat der Antrag Aussicht auf Erfolg?

Anmerkung:

Das Zuwanderungsgesetz regelt für das gesamte Bundesgebiet u.a. die Einreise, den Aufenthalt, die Erwerbstätigkeit und die Förderung der Integration von Ausländern. Ferner enthält es bundeseinheitliche Verfahrensvorschriften.

Art. 89 der Landesverfassung Brandenburg lautet: „Willensbildung. Der Ministerpräsident bestimmt die Richtlinien der Regierungspolitik und ist dafür dem Landtag verantwortlich. Innerhalb dieser Richtlinien leitet jeder Minister den ihm anvertrauten Geschäftsbereich selbstständig und unter eigener Verantwortung gegenüber dem Landtag."

§ 29 der GOBR lautet: „(1) Abgestimmt wird durch Handaufheben. Auf Verlangen eines Landes wird durch Aufruf der Länder abgestimmt. Die Länder werden in alphabetischer Reihenfolge aufgerufen."

Lösung 162

Ein durch die Landesregierung eingeleitetes Verfahren vor dem BVerfG hat Aussicht auf Erfolg, wenn es zulässig und begründet ist. In Betracht kommt ein abstraktes Normenkontrollverfahren nach Art. 93 Abs. 1 Nr. 2 GG, §§ 13 Nr. 6, 76 ff. BVerfGG.

A. Zulässigkeit

Der Antrag der Landesregierung ist zulässig, wenn die Sachentscheidungsvoraussetzungen eines abstrakten Normenkontrollverfahrens gegeben sind.

I. Zuständigkeit des Bundesverfassungsgerichts

Gem. Art. 93 Abs. 1 Nr. 2 GG, §§ 13 Nr. 6, 76 ff. BVerfGG ist das BVerfG für Verfahren der abstrakten Normenkontrolle zuständig.

II. Antragberechtigung (§ 76 Abs. 1 BVerfGG)

Mögliche Antragsteller in einem abstrakten Normenkontrollverfahren können die Bundesregierung, eine Landesregierung oder ein Viertel der Mitglieder des Bundestages sein. Die Landesregierung ist somit antragsberechtigt.

89 Der Fall ist *BVerfGE* 106, 310 ff. nachgebildet.

III. Antragsgegenstand (§ 76 Abs. 1 Nr. 1 BVerfGG)

Tauglicher Prüfungsgegenstand im Verfahren der abstrakten Normenkontrolle können alle geltenden, Rechtswirkungen entfaltenden Bundes- und/oder Landesrechtsnormen gleich welcher Rangstufe sein. Insoweit kommt hier das Zuwanderungsgesetz als tauglicher Antragsgegenstand in Betracht.

IV. Antragsgrund (Art. 93 Abs. 1 Nr. 2 GG, § 76 Abs. 1 Nr. 1 BVerfGG)

Weitere Zulässigkeitsvoraussetzung für ein abstraktes Normenkontrollverfahren sind Meinungsverschiedenheiten oder Zweifel über die förmliche und sachliche Vereinbarkeit von Bundesrecht mit dem Grundgesetz (Art. 93 Abs. 1 Nr. 2 GG), bzw. das Fürnichtighalten von mit dem Grundgesetz unvereinbarem Bundesrecht (§ 76 Abs. 1 Nr. 1 BVerfGG). Im vorliegenden Fall ist die Antragstellerin von der Nichtigkeit des Zuwanderungsgesetzes überzeugt, so dass auch die gegenüber Art. 93 Abs. 1 Nr. 2 GG engeren Voraussetzungen des § 76 BVerfGG erfüllt sind. Ein tauglicher Antragsgrund ist somit gegeben.

V. Zwischenergebnis

Der Antrag der Landesregierung ist zulässig.

B. Begründetheit

Der Antrag ist begründet, wenn das Zuwanderungsgesetz formell und/oder materiell mit dem Grundgesetz unvereinbar ist.

I. Formelle Verfassungsmäßigkeit

» Zu den Gesetzgebungszuständigkeiten s. Rn. 227 ff. «

1. Gesetzgebungskompetenz des Bundes

Nach Art. 70 Abs. 1 GG sind grundsätzlich die Länder für die Gesetzgebung zuständig, es sei denn, dem Grundgesetz kann eine Kompetenz des Bundes entnommen werden. Die ausschließliche Gesetzgebungskompetenz des Bundes könnte sich vorliegend aus der Erwähnung der Einwanderung in Art. 73 Abs. 1 Nr. 3 GG ergeben. Einwanderung bedeutet in diesem Zusammenhang die Einreise in das Bundesgebiet mit der Absicht, in ihm einen dauerhaften Wohnsitz oder Aufenthalt zu begründen. Die Zuwanderung stellt unzweifelhaft eine solche Einreise dar. Folglich ergibt sich aus Art. 71, 73 Abs. 1 Nr. 3 GG für das Zuwanderungsgesetz die ausschließliche Gesetzgebungskompetenz des Bundes.

2. Ordnungsgemäße Durchführung des Gesetzgebungsverfahrens

a) Das Verfahren im Bundestag

Da zum Gesetzgebungsverfahren im Bundestag (Art. 76 f. GG) keine Angaben vorliegen, kann von dessen ordnungsgemäßem Ablauf ausgegangen werden.

> **JURIQ-Klausurtipp**
>
> Prüfen Sie das „Schema" nicht stur durch. Gehen Sie auf den Sachverhalt ein.

b) Beteiligung des Bundesrates (Art. 77 Abs. 2, 3 GG)

aa) Hinsichtlich der Beteiligung des Bundesrates im Gesetzgebungsverfahren ist zwischen Einspruchs- und Zustimmungsgesetzen zu unterscheiden. Wann ein Gesetz ein Einspruchs- und wann ein Zustimmungsgesetz ist, bestimmt sich nach dem Grundgesetz. Grundsätzlich gilt: Ein Gesetz bedarf dann der Zustimmung des Bundesrates, wenn das Grundgesetz dies ausdrücklich fordert.

Im vorliegenden Fall könnte sich die Zustimmungsbedürftigkeit des Zuwanderungsgesetzes aus Art. 84 Abs. 1 S. 6 GG ergeben. Hierzu wäre zunächst erforderlich, dass die Länder das Zuwanderungsgesetz als eigene Angelegenheit ausführen. Gemäß Art. 83 GG führen die Länder die Bundesgesetze grundsätzlich als eigene Angelegenheit aus, soweit das Grundgesetz nichts anderes bestimmt oder zulässt.

> **JURIQ-Klausurtipp**
>
> Es handelt sich hier um ein typisches Regel-Ausnahme-Verhältnis. Ausgehend vom Grundfall des Art. 83 GG müssen Sie prüfen, ob das Grundgesetz für das zu prüfende Sachgebiet die Gesetzesausführung im Auftrag des Bundes (Art. 85 GG und Art. 87b Abs. 2 S. 1 GG) oder die

Gesetzesausführung in bundeseigener Verwaltung (Art. 86 GG und Art. 87b Abs. 1 S. 1 GG) anordnet.

Da das Zuwanderungsgesetz kein solcher Ausnahmetatbestand ist, liegt die Verwaltungszuständigkeit in Bezug auf das Gesetz grundsätzlich bei den Ländern, Art. 84 Abs. 1 S. 1 GG. Zustimmungspflichtig nach Art. 84 Abs. 1 S. 6 GG wäre das Zuwanderungsgesetz, wenn es – in Abweichung von Art. 84 Abs. 1 S. 1 GG – das Verwaltungsverfahren bundeseinheitlich regelt. Dies ist laut Sachverhalt der Fall.

Hinweis

Die Zustimmungsbedürftigkeit bezieht sich auf das Gesetz insgesamt. Eine Aufspaltung in zustimmungsbedürftige und nichtzustimmungsbedürftige Teile kommt nicht in Betracht. Zum Grundsatz der gesetzgeberischen Einheit vgl. Rn. 242.

bb) Im vorliegenden Fall kommt es insbesondere auf die Frage an, ob der Bundesrat seine Zustimmung zum Zuwanderungsgesetz wirksam erteilt hat. Dies wäre nur dann der Fall, wenn die Stimmabgabe Brandenburgs als Zustimmung zu werten ist. Anderenfalls hätte das Zuwanderungsgesetz die Mehrheit gem. Art. 52 Abs. 3 S. 1 GG verfehlt und wäre nicht verfassungsgemäß zustande kommen.

Gegen eine Wertung als Zustimmung könnte Art. 51 Abs. 3 S. 2 GG sprechen, wonach die Stimmen eines Landes nur einheitlich abgegeben werden dürfen. Im vorliegenden Fall hat Minister Ziel mit „Ja" und Minister Schönbohm mit „Nein" gestimmt. Die uneinheitliche Abstimmung auf Seiten Brandenburgs könnte somit zur Ungültigkeit der Stimmen mit der Folge einer Mehrheit gegen das Zuwanderungsgesetz führen.

(1) Diese könnte allerdings durch den Ministerpräsidenten korrigiert und in ein einheitlich zustimmendes Votum umgewandelt worden sein. Voraussetzung dafür wäre, dass die an ihn gerichtete Nachfrage durch den Bundesratspräsidenten rechtmäßig war.

Nach Auffassung des BVerfG ist eine solche Nachfrage jedoch nicht ohne Weiteres zulässig, sondern bedarf einer besonderen Rechtfertigung. Danach obliegt es dem Bundesratspräsidenten als unparteiischem Sitzungsleiter, den Willen des Bundesrats im Gesetzgebungsverfahren klar festzustellen. Nur bei Unklarheiten im Abstimmungsverlauf soll der leitende Bundesratspräsident grundsätzlich berechtigt sein, mit geeigneten Maßnahmen eine Klärung herbeizuführen und auf eine wirksame Abstimmung des Landes hinzuwirken. Wenn aber – wie vorliegend – ein einheitlicher Landeswille erkennbar nicht besteht bzw. sein Zustandekommen während der Abstimmung nicht wahrscheinlich ist, ist die Nachfrage nicht zulässig.

(2) Denkbar wäre die Zulässigkeit einer Nachfrage allerdings, wenn man annimmt, dass die uneinheitlich abgegebenen Stimmen „im Rechtssinne" als nicht abgegeben gelten. Gestützt wird dies insbesondere auf den Wortlaut des Art. 51 Abs. 3 S. 2 GG: Danach „können" die Stimmen eines Landes nur einheitlich und nur durch anwesende Mitglieder oder deren Vertreter abgegeben werden. Nach Auffassung des BVerfG verwischt diese Auffassung allerdings die Grenze zwischen Tatbestand und Rechtsfolge. Danach ist mit der Antwort auf die Abstimmungsfrage des Sitzungsleiters der Tatbestand der Stimmabgabe erfüllt. Die Einheitlichkeit der Stimmabgabe ist somit allein entscheidend für die Rechtsfolge, nicht für die Frage, ob eine Stimmabgabe „im Rechtssinne" überhaupt erfolgt ist.

(3) Die gezielte Rückfrage des Bundesratspräsidenten an den Ministerpräsidenten Brandenburgs wäre auch dann zu rechtfertigen, wenn sich der Ministerpräsident über die Stimmenabgabe durch seine Minister hätte hinwegsetzen dürfen. Dies wäre beispielsweise der Fall, wenn er ihnen gegenüber im Bundesrat ein Weisungsrecht beanspruchen könnte. Nach Ansicht des BVerfG spielen Rangverhältnisse des Landesverfassungsrechts auf der Bundesebene jedoch keine Rolle: Der Ministerpräsident hat durch die landesrechtliche Richtlinienkompetenz aus der brandenburgischen Landesverfassung keine bundesverfassungsrechtlich heraus-

gehobene Stellung, die es ihm erlaubte, einen Abstimmungsdissens zweier anderer anwesender Mitglieder allein durch seine Willensbekundung zu überwinden. Die landesrechtliche Weisung an Bundesratsmitglieder ist eine Weisung der Landesregierung, nicht des Inhabers der Richtlinienkompetenz.

(4) Anders könnte man nur entscheiden, wenn man dem Land ein Korrekturrecht in Bezug auf die eigene Stimmabgabe zugestehen wollte. Aber selbst wenn man dem Bundesratspräsidenten ein solches Recht zugestehen wollte, hätte er die Nachfrage als neutraler Sitzungspräsident an alle anwesenden stimmberechtigten Vertreter des Landes Brandenburg richten müssen. Der Ministerpräsident ist gerade nicht der „Stimmführer" des Landes. Dies ergibt sich auch aus § 29 Abs. 1 S. 2 GOBR, wonach durch „Aufruf der Länder", nicht durch Aufruf von Personen abgestimmt wird.

Im Ergebnis ist somit selbst aufgrund der (verfassungswidrigen) Nachfrage des Bundesratspräsidenten keine Korrektur des Ergebnisses durch eine einheitliche Abstimmung festzustellen. Nach dem Zwischenruf von Minister Schönbohm („Sie kennen meine Auffassung, Herr Präsident!") besteht zumindest die Vermutung, dass dieser an seinem abweichendem Abstimmungsverhalten festhalten wollte. Dies führt dazu, dass die Stimmen des Landes Brandenburg ungültig sind und somit nicht gezählt werden. Damit verfehlt das Zuwanderungsgesetz die Mehrheit im Bundesrat.

II. Zwischenergebnis

Der Bundesrat hat dem Zuwanderungsgesetz nicht ordnungsgemäß zugestimmt. Somit ist das Gesetz nicht mit der Mehrheit des Bundesrats zustande gekommen und formell verfassungswidrig.

C. Ergebnis

Der Antrag auf Einleitung eines abstrakten Normenkontrollverfahrens ist zulässig und begründet und hat mithin Aussicht auf Erfolg.

C. Der Bundespräsident

I. Rechtliche Stellung und politische Bedeutung

Der Bundespräsident ist das **Staatsoberhaupt** und damit der ranghöchste Vertreter der BR Deutschland. Die politische Bedeutung des Bundespräsidenten ist im Vergleich zu einigen anderen ausländischen Staatsoberhäuptern wie dem französischen oder dem US-amerikanischen Präsidenten geringer ausgestaltet. Dies war als eine der „Lehren von Weimar" auch ausdrücklich so gewollt, da in der Weimarer Reichsverfassung ein durch Volkswahl unmittelbar demokratischer Reichspräsident aus Sicht des Parlamentarischen Rates zu viele Machtbefugnisse in einer Hand vereinigt hatte („Ersatzkaiser"). 163

Hinweis

Im Gegensatz zum Reichspräsidenten in der Weimarer Republik ist der Bundespräsident vom Grundgesetz deshalb bewusst nur mit beschränkten Kompetenzen ausgestattet worden. Trotzdem wäre es nicht sachgerecht, von einem „schwachen Bundespräsidenten" zu sprechen. Dies verbietet sich schon vor dem Hintergrund seiner Stellung als Staatsoberhaupt und Repräsentant von Staat und Volk. Gerade in staatspolitischen Krisensituationen trifft er zudem geradezu existentielle Entscheidungen wie die Auflösung des Bundestages bei einer gescheiterten Vertrauensfrage des Bundeskanzlers (Art. 68 Abs. 1 S. 2 GG) oder bei einem Scheitern des Bundeskanzlerwahl nach Art. 63 Abs. 4 S. 3 GG, vgl. Rn. 169.

» Wiederholen Sie bitte die Lehren von Weimar im Gesamtzusammenhang, Rn. 8. «

Die Funktionen des Bundespräsidenten liegen in erster Linie in der **Repräsentation** und der **Integration**. Er repräsentiert Staat und Volk der BR Deutschland nach innen und außen und soll die Einheit des Staates verkörpern. Er ist daher keiner der drei Gewalten zuzuordnen. Wie der Bundespräsident seine Repräsentations- und Integrationsaufgaben mit Leben erfüllt, entscheidet der Amtsinhaber grundsätzlich selbst. Aufgrund des Rechtsstaatsprinzips unterliegt aber auch sein Handeln der Bindung an die Verfassung und Gesetze.[90] 164

Die **Integrationsfunktion** kommt durch die Überparteilichkeit der Amtsführung zum Ausdruck: Der Bundespräsident muss auch einen politischen Gegner zum Bundeskanzler ernennen, wenn dieser gewählt wird und darf nicht die Ausfertigung von Gesetzen verweigern, weil er sie für politisch schädlich hält. Ein Bundespräsident, der Mitglied einer Partei ist, lässt seine Parteimitgliedschaft während seiner Amtszeit traditionellerweise ruhen.

Der Bundespräsident agiert in der breiten Öffentlichkeit vor allem durch Reden zu wichtigen Anlässen und sonstigen öffentlichen Diskussionsbeiträgen. Autorität und Würde seines Amtes kommen gerade auch darin zum Ausdruck, dass es auf vor allem geistig-moralische Wirkung angelegt ist.

Darüber hinaus erfüllt der Bundespräsident die Aufgabe des **„Staatsnotars"**. Er fertigt die in einem ordnungsgemäßen Verfahren zustande gekommenen Gesetze aus und verkündet sie im Bundesgesetzblatt, Art. 82 GG.

In politischen Krisenzeiten kommt dem Bundespräsidenten auch eine besonders bedeutsame Position zu. So kann er die **Einberufung des Bundestages** gem. Art. 39 Abs. 3 GG ver-

90 *BVerfGE* 136, 277.

langen und den **Bundestag** in bestimmten Fällen **auflösen**. Er kann weiterhin für einen Gesetzesvorschlag der Bundesregierung den **Gesetzgebungsnotstand** mit Zustimmung des Bundesrates erklären und den Gesetzesvorschlag dadurch gegen den Willen des Bundestages in Kraft setzen, Art. 81 Abs. 1 S. 1 GG.

II. Die Wahl des Bundespräsidenten

165 Wählbar für das Amt des Bundespräsidenten ist jeder Deutsche, der die Wählbarkeit zum Bundestag besitzt und das vierzigste Lebensjahr vollendet hat, Art. 54 Abs. 1 S. 2 GG. Die Wahl erfolgt durch die Bundesversammlung (Art. 54 Abs. 1 S. 1 GG), die ausschließlich zu diesem Zweck einberufen wird. Mitglieder der Bundesversammlung sind die Abgeordneten des Bundestages und eine gleiche Anzahl von Vertretern, die durch die Landesparlamente im Wege der Verhältniswahl bestimmt wurden, Art. 54 Abs. 3 GG. Diese müssen aber nicht Abgeordnete der Landesparlamente sein.

Die **Bundesversammlung** wird vom Präsidenten des Bundestages einberufen, Art. 54 Abs. 4 S. 2 GG. Die Amtsperiode beträgt fünf Jahre. Wiederwahl ist nur einmal zulässig, Art. 54 Abs. 2 GG. Bestimmungen über den Zeitpunkt des Zusammentritts der Bundesversammlung enthält Art. 54 Abs. 4 S. 1, Abs. 3 GG. Zur Wahl des Bundespräsidenten ist die absolute Mehrheit der Stimmen der Bundesversammlung erforderlich. Kommt diese auch im zweiten Wahlgang nicht zustande, so reicht im dritten Wahlgang die einfache Stimmenmehrheit, Art. 54 Abs. 6 GG.

Hinsichtlich des Wahlverfahrens finden sich nur wenige Regelungen im Grundgesetz: Insbesondere besteht ein Ausspracheverbot nach Art. 54 Abs. 1 S. 1, welches die Würde des Wahlaktes schützt, der dem parteipolitischen Streit enthoben sein soll.[91] Die Einzelheiten des Wahlverfahrens regelt das nach Art. 54 Abs. 7 GG erlassene Gesetz über die Wahl des Bundespräsidenten.[92]

Das den Mitgliedern der Bundesversammlung durch Art. 54 Abs. 1 S. 1 GG zuerkannte Recht, den Bundespräsidenten zu wählen, umfasst die Befugnis, durch Stimmabgabe am Wahlakt teilzunehmen und den Anspruch darauf, dass ihre Stimme gemäß Art. 54 Abs. 6 GG und den Grundsätzen freier und gleicher Wahl gewertet werden. Darüberhinausgehende Rechte, etwa auf Rede in der Bundesversammlung, auf eine Kandidatenvorstellung oder auf die Teilnahme von Wahlbeobachtern widersprechen dem Grundgesetz (vgl. das Ausspracheverbot des Art. 54 Abs. 1 S. 1 GG) bzw. sind verfassungsrechtlich nicht vorgesehen.[93]

Ein **Rücktritt des Bundespräsidenten** ist im Grundgesetz nicht vorgesehen, aber – wie im Falle von *Horst Köhler* oder *Christian Wulff* – gleichwohl aufgrund des Allgemeinen Persönlichkeitsrechts des Amtsinhabers (Art. 2 Abs. 1 i.V.m. Art. 1 Abs. 1 GG) zulässig. Ein Verfahren zur Abwahl eines Bundespräsidenten kennt das Grundgesetz nicht. Lediglich im Falle gravierender Verfassungs- oder Gesetzesverstöße können Bundestag oder Bundesrat vor dem BVerfG das Verfahren der **Präsidentenanklage** mit dem Ziel einleiten, ihn seines Amtes für verlustig erklären zu lassen, Art. 61 GG i.V.m. §§ 13 Nr. 4, 49 ff. BVerfGG.

91 *BVerfGE* 136, 277.
92 Vgl. hiezu *Engelbrecht* KommPWahlen 2016, 82 ff.
93 *BVerfGE* 136, 277.

III. Aufgaben und Befugnisse des Bundespräsidenten

Der Bundespräsident ist zwar der ranghöchste Vertreter der BR Deutschland, jedoch **kein regierendes Staatsoberhaupt** und nicht für die Politik verantwortlich. Als Ausfluss dieser Stellung regelt Art. 58 S. 1 GG, dass alle Anordnungen und Verfügungen des Bundespräsidenten zu ihrer Gültigkeit der **Gegenzeichnung durch den Bundeskanzler** oder den zuständigen Bundesminister bedürfen. Unter „Anordnungen und Verfügungen" versteht man dabei sämtliche **rechtserheblichen Akte** des Bundespräsidenten. 166

Beispiel Ausfertigung von Gesetzen, Ernennung von Amtsträgern, Gnadenentscheidungen. ■

Durch die Gegenzeichnung werden die Akte des Bundespräsidenten, der selbst parlamentarisch nicht verantwortlich ist, in die **parlamentarische Verantwortlichkeit der Bundesregierung** mit einbezogen.

1. Die völkerrechtliche Vertretung des Bundes

Nach Art. 59 Abs. 1 S. 1 GG obliegt dem Bundespräsidenten die **völkerrechtliche Vertretung** des Bundes nach außen. Nach der Völkerrechtsordnung kommt dem Bundespräsidenten als Staatsoberhaupt damit eine **umfassende Vertretungsmacht** zu, die über das Unterzeichnen völkerrechtlicher Verträge (vgl. Art. 59 Abs. 1 S. 2 GG) und die Beglaubigung der Gesandten (vgl. Art. 59 Abs. 1 S. 3 GG) hinausgeht. Innerstaatlich ist der Bundespräsident bei der Ausübung seiner Vertretungsmacht jedoch an die Kompetenzordnung des Grundgesetzes gebunden. Dem gemäß bezieht sich die Kompetenz des Art. 59 Abs. 1 S. 2 GG nicht auf die materielle Gestaltung der Außenpolitik, wie z.B. die Ausgestaltung völkerrechtlicher Verträge, sondern ausschließlich auf die **Ratifikation der Verträge**. Der Bundespräsident hat also keine Befugnis zu selbstständiger außenpolitischer Gestaltung, sondern ist darauf beschränkt, den von den hierfür zuständigen Staatsorganen gebildeten **Staatswillen kundzutun**. 167

Hinweis

Die Außenpolitik gehört zur Richtlinienkompetenz des Bundeskanzlers.

2. Die Ernennung und Entlassung von Amtsträgern des Bundes

Der Bundespräsident ernennt und entlässt den Bundeskanzler und die Bundesminister. Darüber hinaus ernennt er grundsätzlich alle Bundesbeamten, Bundesrichter, Offiziere und Unteroffiziere der Bundeswehr (Art. 60 Abs. 1 GG), soweit der diese Befugnis nicht auf andere Behörden übertragen hat (vgl. Art. 60 Abs. 3 GG). 168

Ein eigenes Auswahlrecht kommt dem Bundespräsidenten dabei nicht zu. Allenfalls könnte er die **formellen Ernennungsvoraussetzungen**, wie z.B. die deutsche Staatsangehörigkeit, nachprüfen.

Hinweis

Ein eigenes Auswahlrecht hat der Bundespräsident lediglich bei den Beamten des Bundespräsidialamtes selbst, insoweit steht ihm die Organisationsgewalt zu.

Auch bei der **Ernennung der Bundesminister** kommt dem Bundespräsidenten kein Ermessensspielraum zu. Zwar spricht Art. 64 Abs. 1 GG lediglich von einem *„Vorschlag"* des Bundeskanzlers. Die Einrichtung der Bundesministerien und die Auswahl der Bundesminister ist aber Ausdruck der Organisations- und Personalgewalt des Bundeskanzlers. Sie kann nicht vom Bundespräsidenten dadurch umgangen werden, dass er die „Vorschläge" des Bundeskanzlers ablehnt. Auch insofern ist der Bundespräsident auf eine **formelle Prüfung beschränkt** und darf die Ernennung nur dann ablehnen, wenn ihr rechtliche Gründe entgegenstehen.

3. Die Auflösung des Bundestages

169 Die Befugnis zur Auflösung des Bundestages steht dem Bundespräsidenten in zwei Fällen zu: Nach einer **gescheiterten Kanzlerwahl gem. Art. 63 Abs. 4 S. 3 GG** dann, wenn in einem dritten Wahlgang zwar ein Bundeskanzler gewählt wurde, aber nicht mit der absoluten Mehrheit der Stimmen. Hier liegt es im Ermessen des Bundespräsidenten, den Bundeskanzler zu ernennen oder aber den Bundestag zur Herbeiführung von Neuwahlen gem. Art. 39 Abs. 1 S. 4 GG aufzulösen. Weiterhin kann der Bundespräsident über die Auflösung des Bundestages nach einer **gescheiterten Vertrauensabstimmung nach Art. 68 Abs. 1 S. 1 GG** entscheiden. Hier ist die Entscheidungsmacht des Bundespräsidenten von vornherein dadurch begrenzt, dass eine Auflösungsentscheidung von einem dahingehenden **Vorschlag des Bundeskanzlers** abhängt.

4. Das Prüfungsrecht des Bundespräsidenten bei der Ausfertigung von Gesetzen

170 Nach Art. 82 Abs. 1 S. 1 GG werden nur *„nach den Vorschriften dieses Grundgesetzes zustande gekommene"* Gesetze ausgefertigt und verkündet. Ausfertigung meint dabei zum einen die **Beurkundung**, dass der Gesetzestext mit dem vom Bundestag beschlossenen Gesetzesinhalt übereinstimmt (**„Authentizität"**) und zum anderen, dass das Gesetz nach den Vorschriften des Grundgesetzes zustande gekommen ist (**„Legalität"**). Die Beurkundung erfolgt durch die Unterschrift des Bundespräsidenten und die Beifügung seines Siegels.

Verkündung ist die **förmliche Veröffentlichung des Gesetzestexts** im Bundesgesetzblatt: Das Gesetz gilt in dem Augenblick als verkündet, in dem die erste Ausgabe des Gesetzblatts, in dem das Gesetz abgedruckt ist, in die Verfügungsmacht der Öffentlichkeit gelangt.

Hinweis

Der Bundespräsident fertigt lediglich Parlamentsgesetze aus. Für die Ausfertigung und Verkündung von Rechtsverordnungen gilt Art. 82 Abs. 1 S. 2 GG.

JURIQ-Klausurtipp

Die Frage, ob dem Bundespräsidenten ein formelles und materielles Prüfungsrecht bei der Ausfertigung von Gesetzen zusteht, ist eines der zu beherrschenden Standardprobleme in staatsrechtlichen Klausuren. Sie verknüpft die beiden wichtigen staatsrechtlichen Themengebiete der Stellung des Bundespräsidenten und des Gesetzgebungsverfahrens miteinander. Hier sollten Sie die wesentlichen Argumente und Gegenargumente kennen und fallbezogen anwenden können.

Aus Art. 82 Abs. 1 S. 1 GG folgt zunächst ein **formelles Prüfungsrecht** des Bundespräsidenten. Er darf die **formelle Verfassungsmäßigkeit** eines Gesetzes überprüfen und, falls er diese für nicht gegeben erachtet, die Ausfertigung verweigern. Das formelle Prüfungsrecht ergibt sich bereits aus dem Wortlaut des Art. 82 Abs. 1 S. 1 GG, da ein formell verfassungswidriges Gesetz nicht *„nach den Vorschriften des Grundgesetzes zustande"* kommt.

Nicht unumstritten ist hingegen das **materielle Prüfungsrecht** des Bundespräsidenten, nach dem er die Ausfertigung des Gesetzes auch verweigern dürfte, wenn ein Gesetz materiell nicht mit der Verfassung in Einklang steht. Die **h.M.**[94] gesteht dem Bundespräsidenten ein solches Prüfungsrecht zu. Denn der Bundespräsident soll nicht gezwungen werden, sehenden Auges ein verfassungswidriges Gesetz zu unterschreiben. Dieses sprachlich eingängige Argument ist verfassungsrechtlich näher zu untermauern: Nach Art. 20 Abs. 3 GG sind alle Staatsorgane an die verfassungsmäßige Ordnung gebunden. Daher darf auch der Bundespräsident nur solche Handlungen vornehmen, die mit dem Grundgesetz vereinbar sind. Wenn Art. 82 Abs. 1 S. 1 GG ihn verpflichten würde, selbst verfassungswidrige Gesetze auszufertigen, könnte er sich aus dieser Zwangslage nur durch einen Rücktritt befreien. Deshalb muss die Norm dahingehend ausgelegt werden, dass er nur Gesetze auszufertigen hat, die auch materiell verfassungskonform sind. Sofern gegen diese Auslegung vorgebracht wird, dass die exekutive Gewalt wegen des Gewaltenteilungsgrundsatzes und zur Rechtssicherheit auch rechtswidrige Gesetze ausführen muss, so hinkt dieser Vergleich: Zum einen kann der Bundespräsident generell nicht der exekutiven Gewalt zugordnet werden, da er die Einheit des Staates verkörpert; zum anderen geht es bei Gesetzesausfertigung nicht um die Durchführung von Gesetzen, sondern um den Abschluss des Gesetzgebungsverfahrens. Wenn der Bundespräsident die Ausfertigung verweigert, sind deshalb keine Rechtsunsicherheiten zu befürchten, weil das Gesetz erst gar nicht in Kraft tritt.

Umstrittener ist die Frage, ob seine Befugnis, die Ausfertigung zu verweigern, sich auf Fälle **evidenter Verfassungswidrigkeit** beschränkt. Große Teile der Literatur[95] beschränken das materielle Prüfungsrecht auf „offentlichtliche und schwerwiegende" Verfassungsverstöße. Hiergegen wird eingewandt, dass diese Kriterien viel zu vage seien und der Bundespräsident auch bei nicht evidenten, aber trotzdem bestehenden Verfassungsverstößen ebensowenig verpflichtet werden könne, das Gesetz auszufertigen.[96] Immerhin ermöglicht diese Beschränkung in der Staatspraxis[97] dem Bundespräsidenten trotz etwaiger Bedenken das Gesetz zu unterzeichnen, da jedenfalls kein „zweifelsfreier und offenkundiger" Verfassungsverstoß festgestellt werden konnte (vgl. zu den einzelnen Argumenten Übungsfall 7 Rn. 173).

Ein **politisches Prüfungsrecht** steht dem Bundespräsidenten unumstritten jedenfalls nicht zu.

Das **Letztentscheidungsrecht** verbleibt in jedem Fall beim **BVerfG**, denn die Weigerung des Bundespräsidenten, ein Gesetz auszufertigen, kann im Wege des **Organstreits** (Art. 93 Abs. 1 Nr. 1 GG i.V.m. §§ 13 Nr. 5, 63 ff. BVerfGG) angegriffen und überprüft werden.

---

94 *Degenhart*, Staatsrecht I, Rn. 786 und *Hauk* JA 2017, 93, 94 m.w.N.

95 *Degenhart*, Staatsrecht I, Rn. 788; *Pieroth* in Jarass/Pieroth, GG, Art. 82 Rn. 3 m.w.N.

96 *Hauk* JA 2017, 93, 94; *Butzer* in Maunz/Dürig, GG, Art. 82 Rn. 201; *Lewinski* in BK-GG, Art. 82 Rn. 128.

97 So die Bundespräsidenten Carstens, v. Weizäcker, Herzog und Rau; Nachweise bei *Butzer* in Maunz/Dürig, GG, Art. 82 Rn. 204.

5. Das Begnadigungsrecht

171 Der Bundespräsident übt gem. Art. 60 Abs. 2 GG das Begnadigungsrecht aus. Begnadigt werden in erster Linie Straftäter, das Begnadigungsrecht kann jedoch auch in Disziplinar- und Bußgeldsachen ausgeübt werden. Das Begnadigungsrecht betrifft nur **konkrete Einzelfälle**. Der Erlass von Strafen für ganze Täter- oder Deliktsgruppen kann nur durch Gesetz ausgesprochen werden.

Begnadigung bedeutet, dass dem Betroffenen seine Strafe oder sonstige Sanktion zumindest zum Teil erlassen wird. Das zugrunde liegende Urteil, insbesondere der Schuld- und Rechtsfolgenausspruch bleiben hiervon unberührt.

Hinweis

Unzulässig wäre es, wenn der Bundespräsident durch Ausübung seines Begnadigungsrechts ein in seinen Augen falsches Urteil „korrigieren" wollte.

Der Bundespräsident übt das Begnadigungsrecht in Bezug auf **bundesgerichtliche Entscheidungen** aus. Entscheidend ist somit, ob die zugrunde liegende Verurteilung in erster Instanz von einem Gericht des Landes oder des Bundes ausgesprochen wurde (vgl. § 452 StPO). In Strafsachen steht das Begnadigungsrecht dem Bundespräsidenten deshalb praktisch lediglich in Staatsschutzsachen zu, denn in diesen üben die erstinstanzlich zuständigen Oberlandesgerichte die Gerichtsbarkeit des Bundes aus, vgl. Art. 96 Abs. 5 GG, § 120 GVG.

Hinweis

Für Verurteilungen durch Landesgerichte steht das Begnadigungsrecht dem Ministerpräsidenten des jeweiligen Bundeslandes zu, auch dann, wenn das Urteil im Revisionsverfahren etwa durch den Bundesgerichtshof bestätigt wurde.

Online-Wissens-Check

Wie erfolgt die Wahl des Bundespräsidenten? Wer wählt? Wer kann gewählt werden?

Überprüfen Sie jetzt online Ihr Wissen zu den in diesem Abschnitt erarbeiteten Themen. Unter **www.juracademy.de/skripte/login** steht Ihnen ein Online-Wissens-Check speziell zu diesem Skript zur Verfügung, den Sie kostenlos nutzen können. Den Zugangscode hierzu finden Sie auf der Codeseite.

IV. Übungsfall Nr. 7[98]

„Der skeptische Bundespräsident" 172

Nach einer Reihe von bekannt gewordenen Lebensmittel-Skandalen beschließt der Bundestag ein Gesetz zur Neuregelung des Rechts der Verbraucherinformation – Verbraucherinformationsgesetz (VIG). Damit sollen Verbraucherinnen und Verbraucher Zugang zu den bei den Behörden vorhandenen Informationen über Lebensmittel und Verbraucherprodukte erhalten. Dazu gibt das Gesetz jedem Bürger einen voraussetzungslosen Anspruch auf Information über verbraucherrelevante Daten, die bei Behörden der Gemeinden und Gemeindeverbände vorhanden sind. In § 1 Abs. 1 S. 1 VIG heißt es:

„Jeder hat nach Maßgabe dieses Gesetzes Anspruch auf freien Zugang zu allen Daten (...), die bei einer Behörde des Bundes, eines Landes, einer Gemeinde oder eines Gemeindeverbands, einer sonstigen juristischen Person des öffentlichen Rechts, soweit sie öffentlich-rechtliche Aufgaben oder Tätigkeiten wahrnimmt, die der Erfüllung der in § 1 des Lebensmittel- und Futtermittelgesetzbuches genannten Zwecke dienen, oder einer natürlichen oder juristischen Person des Privatrechts, die solche Aufgaben oder Tätigkeiten wahrnimmt und die der Aufsicht einer Behörde unterstellt ist, (Stelle) unabhängig von der Art ihrer Speicherung vorhanden sind."

§ 1 Abs. 3 VIG stellt dazu klar:

„Informationspflichtig ist die Stelle, bei der die Information vorhanden ist. Sie ist nicht dazu verpflichtet, Informationen, die bei ihr nicht vorhanden sind oder auf Grund von Rechtsvorschriften nicht verfügbar gehalten werden müssen, zu beschaffen."

Dieses Gesetz durchläuft das weitere Gesetzgebungsverfahren und wird dem Bundespräsidenten anschließend zur Ausfertigung vorgelegt. Der Bundespräsident äußert nach eingehender Prüfung Bedenken hinsichtlich der Verfassungsmäßigkeit des Verbraucherinformationsgesetzes. Es verstoße gegen das Verbot des Artikels 84 Abs. 1 S. 7 GG, durch Bundesgesetz den Gemeinden und Gemeindeverbänden Aufgaben zu übertragen. Die grundgesetzliche Vorschrift stelle klar, dass Gemeinden und Gemeindeverbände als Teil der Länder allein durch landesgesetzliche Zuweisung mit dem Vollzug von Bundesgesetzen betraut werden können. Angesichts des eindeutigen Wortlauts von § 1 Abs. 1 S. 1 und Abs. 3 des Verbraucherinformationsgesetzes könne nicht darauf abgestellt werden, dass kommunale Behörden nur dann informationspflichtig sind, wenn sie sachlich für das Lebensmittel- und Futtermittel recht zuständig sind. Er verweigert daher die Ausfertigung des Gesetzes.

Der Bundestag hingegen teilt die Bedenken des Bundespräsidenten nicht und hält sie daher nicht für ausreichend, um eine Verweigerung der Gesetzesausfertigung zu begründen. Das Gesetz sei verfassungsgemäß und im Übrigen habe der Bundespräsident überhaupt kein Recht, die Ausfertigung eines Gesetzes zu verweigern.

Daraufhin stellt der Bundestag form- und fristgerecht beim BVerfG den Antrag festzustellen, dass das Verhalten des Bundespräsidenten das Gesetzgebungsrecht des Bundestages verletze.

Hat der Antrag Aussicht auf Erfolg?

98 Vgl. Bundestags-Drucksache 16/3866 vom 8.12.2006.

173 **Lösung**

Der Antrag des Bundestages gegen den Bundespräsidenten hat Aussicht auf Erfolg, wenn er zulässig und begründet ist.

A. Zulässigkeit

I. Abstrakte Normenkontrolle

Eine abstrakte Normenkontrolle nach Art. 93 Abs. 1 Nr. 2 GG, §§ 13 Nr. 6, 76 ff. BVerfGG scheitert bereits daran, dass das Gesetz selbst noch nicht verkündet ist. Außerdem richtet sich das Verfahren nicht gegen das Gesetz als solches, sondern gegen die Nichtunterzeichnung.

II. Präsidentenanklage

In Betracht kommt die Präsidentenanklage nach Art. 61, 93 Abs. 1 Nr. 5 GG, §§ 13 Nr. 4, 49 ff. BVerfGG. Die Zulässigkeit der Präsidentenanklage ist gegeben, wenn alle Sachentscheidungsvoraussetzungen der Art. 61, 93 Abs. 1 Nr. 5 GG i.V.m. §§ 13 Nr. 4, 49 ff. BVerfGG erfüllt sind.

1. Zuständigkeit

Das BVerfG ist nach Art. 61, 93 Abs. 1 Nr. 5 GG, § 13 Nr. 4 BVerfGG für das Verfahren der Präsidentenanklage zuständig.

2. Anklageberechtigung

Ferner müsste die Anklageberechtigung gegeben sein. Nach Art. 61 Abs. 1 S. 1 GG liegt die Anklageberechtigung beim Bundestag oder Bundesrat.

3. Anklagegegner

Daneben müsste der Bundespräsident richtiger Anklagegegner sein. Dies ist gem. Art. 61 Abs. 1 S. 1 GG, § 49 Abs. 1 BVerfGG der Fall.

4. Antragsgrund

Fraglich ist, ob auch ein Antragsgrund gegeben ist. Nach Art. 61 Abs. 1 S. 1 GG, § 49 Abs. 1 BVerfGG ist dies immer dann der Fall, wenn eine vorsätzliche Verletzung des GG oder eines anderen Bundesgesetzes durch den Bundespräsidenten geschieht bzw. geschehen ist. Im vorliegenden Fall aber hält der Bundespräsident ein ihm zustehendes Prüfungsrecht für gegeben. Er geht also von einer Prüfungspflicht und von einem Prüfungsrecht aus. Daher ist eine vorsätzliche Verletzung des Grundgesetzes bzw. eines anderen Bundesgesetzes ausgeschlossen.

5. Zwischenergebnis

Die Präsidentenanklage ist unzulässig.

III. Organstreitverfahren

In Betracht kommt das Organstreitverfahren nach Art. 93 Abs. 1 Nr. 1 GG, §§ 13 Nr. 5, 63 ff. BVerfGG. Die Zulässigkeit des Organstreitverfahrens ist gegeben, wenn alle Sachentscheidungsvoraussetzungen des Art. 93 Abs. 1 Nr. 1 GG i.V.m. §§ 13 Nr. 5, 63 ff. BVerfGG erfüllt sind.

1. Zuständigkeit

Das BVerfG ist nach Art. 93 Abs. 1 Nr. 1 GG, § 13 Nr. 5 BVerfGG grundsätzlich zuständig.

2. Parteifähigkeit der Beteiligten

Ferner müssten die Beteiligten überhaupt parteifähig sein. Gem. Art. 93 Abs. 1 Nr. 1 GG sind dies ein oberstes Bundesorgan und andere Beteiligte, die durch das GG oder in der Geschäftsordnung eines obersten Bundesorgans mit eigenen Rechten ausgestattet sind. Dies wird durch § 63 BVerfGG näher konkretisiert: Bundespräsident, Bundestag, Bundesrat, Bundesregierung und die im GG oder in den GO des Bundestages und des Bundesrates mit eigenen Rechten ausgestatteten Teile dieser Organe. Sowohl Antragssteller als auch Antragsgegner sind somit parteifähig.

3. Antragsgegenstand

Der Antragsgegenstand ergibt sich aus Art. 93 Abs. 1 Nr. 1 GG, § 64 Abs. 1 BVerfGG. Es muss sich also um eine Maßnahme oder ein Unterlassen des Antragsgegners handeln, durch die der Antragsteller in seinen ihm durch das Grundgesetz übertragenen Rechten und Pflichten verletzt oder unmittelbar gefährdet ist.

Im vorliegenden Fall stellt die Nichtausfertigung des Gesetzes ein derartiges Unterlassen des Antragsgegners dar.

Übungsfall Nr. 7

4. Antragsbefugnis

Schließlich muss die Antragsbefugnis gem. Art. 93 Abs. 1 Nr. 1 GG, § 64 Abs. 1 BVerfGG gegeben sein. Der Antragsteller muss geltend machen, dass durch die beanstandete Maßnahme oder durch ein Unterlassen eine Verletzung oder unmittelbare Gefährdung seiner Rechte oder Pflichten zumindest möglich, d.h. nicht von vornherein ausgeschlossen ist.

Fraglich ist hier also, ob der Antragssteller in verfassungsrechtlichen Rechten verletzt oder unmittelbar gefährdet ist. Das Recht des Bundestags auf Ausfertigung und Verkündung eines ordnungsgemäß beschlossenen Gesetzes ergibt sich aus dem Gesetzgebungsrecht als durch das Grundgesetz übertragenes Recht, Art. 77 Abs. 1 S. 1, 78 i.V.m. 82 GG. Eine Verletzung dieses Rechts durch die Weigerung des Bundespräsidenten ist möglich und die Antragsbefugnis somit gegeben.

5. Form

Die Form, welche von §§ 23 Abs. 1, 64 Abs. 2 BVerfGG vorgeschrieben wird, muss bei der Antragstellung beachtet werden.

6. Frist

Die Frist für das Organstreitverfahren ergibt sich aus § 64 Abs. 3 BVerfGG; der Antrag muss also binnen 6 Monaten eingereicht werden.

7. Zwischenergebnis

Ein Organstreit wäre zulässig.

B. Begründetheit

Der Antrag des Bundestages im Rahmen des Organstreitverfahrens ist begründet, wenn die Weigerung des Bundespräsidenten gegen Art. 82 Abs. 1 GG verstößt und dadurch das Gesetzgebungsrecht des Bundestages verletzt wird.

Zunächst ist zu prüfen, ob der Bundespräsident ein Recht hatte, die Ausfertigung des Gesetzes zu verweigern. Dies wäre der Fall, wenn ihm ein Prüfungsrecht zustünde und sich die Ausübung dieses Prüfungsrechts als rechtmäßig erweist.

I. Prüfungsrecht des Bundespräsidenten

Fraglich ist, ob dem Bundespräsidenten ein Prüfungsrecht zusteht.

1. Formelles Prüfungsrecht

Unstreitig steht dem Bundespräsidenten ein **formelles Prüfungsrecht** zu. Dafür spricht zum einen der Wortlaut des Art. 82 Abs. 1 GG: *„Die nach den Vorschriften dieses Grundgesetzes zustande gekommenen Gesetze".* Wann ein Gesetz nach dem Grundgesetz zustande gekommen ist, regelt Art. 78 GG in seinen formellen Anforderungen. Art. 78 GG erfasst zwar nur den Teil des Gesetzgebungsverfahrens nach Art. 77 f. GG, es ist jedoch anerkannt, dass auch das Einleitungsverfahren nach Art. 76 GG und die Beachtung der einzelnen Gesetzgebungskompetenzen der Art. 70 ff. GG vom formellen Prüfungsrecht erfasst sind.

Auch die Stellung des Bundespräsidenten, der angesichts der Beteiligung mehrerer anderer Verfassungsorgane am Zustandekommen eines Gesetzes als einziges Verfassungsorgan in der Lage ist, am Ende des Verfahrens die Einhaltung aller Förmlichkeiten zu prüfen, spricht für ein formelles Prüfungsrecht.

> **Hinweis**
>
> Laut Sachverhalt hat der Bundespräsident das Gesetzgebungsverfahren nicht beanstandet, weshalb dies auch nicht weiter geprüft werden musste. Die Gesetzgebungskompetenz des Bundes ergibt sich in Bezug auf die Informationszugangsrechte und die Information der Öffentlichkeit aus Art. 74 Abs. 1 Nr. 20 GG i.V.m. Art. 72 Abs. 2 GG. Die Erforderlichkeit einer bundeseinheitlichen Regelung besteht aufgrund der Notwendigkeit, die Hersteller von Lebensmitteln und Verbraucherprodukten im deutschen Wirtschaftsgebiet gleich zu behandeln. Von Bundesland zu Bundesland unterschiedliche Verbraucherinformation würde zu Verzerrungen bei den Vermarktungschancen der Anbieter führen.

2. Materielles Prüfungsrecht

Entscheidend für die Frage, ob der Bundespräsident die Ausfertigung des Verbraucherinformationsgesetzes verweigern durfte, ist folglich das Bestehen eines **materiellen Prüfungsrechts**.

> **Hinweis**
>
> Das hier in Frage stehende materielle Prüfungsrecht bezieht sich auf die materielle Verfassungsmäßigkeit eines Gesetzes. Ein politisches Prüfungsrecht besteht unstreitig nicht. So könnte der Bundespräsident das Gesetz nicht deshalb ablehnen, weil er etwa die Ausweitung der Verbraucherrechte für wirtschaftsfeindlich hielte. Dagegen spricht neben dem Wortlaut des Art. 82 Abs. 1 S. 1 GG die Stellung des Bundespräsidenten als Staatsoberhaupt ohne politische Entscheidungsbefugnisse.

a) Der **Wortlaut des Art. 82 Abs. 1 GG** *(„Vorschriften dieses Grundgesetzes")* ist insofern nicht eindeutig.

b) Aus systematischer Sicht könnte sich ein materielles Prüfungsrecht aus Art. 56 GG ergeben. Nach dem **Amtseid des Art. 56 GG** hat der Bundespräsident das Grundgesetz zu wahren und zu verteidigen. Diese Verpflichtung des Bundespräsidenten gilt nur im Rahmen und nach Maßgabe der ihm grundgesetzlich zugewiesenen Kompetenzen, sagt jedoch noch nichts über den Umfang seiner ihm nach dem Grundgesetz obliegenden Pflichten. Sie schafft daher keine neuen Kompetenzen oder Befugnisse.

c) Auch bei **Art. 20 Abs. 3 GG** ist zu beachten, dass die umfassende Gesetzesbindung ebenso gut gegen ein materielles Prüfungsrecht angeführt werden kann. Die Bindung besteht nur innerhalb seiner Kompetenzen. Aber immerhin lässt sich aus Art. 20 Abs. 3 GG ein Verbot herleiten, dass Staatsorgane an verfassungswidrigen Akten teilnehmen.

d) Gegen ein materielles Prüfungsrecht könnte der Gewaltenteilungsgrundsatz des **Art. 20 Abs. 2 GG** sprechen, denn verantwortlich für den Inhalt ist primär der demokratisch legitimierte Gesetzgeber. Insofern könnte man der Ansicht sein, dass es sich somit hier um eine Frage der Kompetenz handelt und aufgrund des Gewaltenteilungsgrundsatzes grundsätzlich die Sichtweise des Bundestages maßgeblich ist. Dem ist jedoch entgegenzuhalten, dass es sich hier nicht um eine Kompetenz handelt, die im Widerspruch zum parlamentarischen Regierungssystem steht, sondern um eine zusätzliche „Sicherung der Beachtung von Verfassungsrecht" bzw. „rechtswahrende Kontrollfunktion". Dem Bundespräsidenten kann es auch nicht zugemutet werden, aus seiner Sicht verfassungswidrige Gesetze auszufertigen.

e) Ein materielles Prüfungsrecht ergibt sich auch nicht aus der historischen Auslegung: Der dem Art. 82 Abs. 1 S. 1 GG ähnliche **Art. 70 WRV**, der die Formulierung „verfassungsmäßig zu Stande gekommenen Gesetze" enthielt, wurde zwar überwiegend so verstanden, dass die Gesetze sowohl formell als auch materiell verfassungsgemäß sein mussten. Jedoch hat das GG dem Bundespräsidenten im Gegensatz zum Reichspräsidenten nach der Weimarer Reichsverfassung bewusst eine deutlich schwächere Stellung gerade im Hinblick auf die Erfahrungen aus der Weimarer Republik eingeräumt, sodass aus der mit seinen Vorläufern vergleichbaren Formulierung keine Rückschlüsse auf ein materielles Prüfungsrecht gezogen werden können. Im Umkehrschluss kann aus der schwächeren Stellung des Bundespräsidenten im Vergleich zum Reichspräsidenten aber auch nicht der Schluss gezogen werden, dass der Bundespräsident gerade kein materielles Prüfungsrecht innehabe: Die Kompetenzen des Bundespräsidenten sind allein aus dem GG zu bestimmen und nicht aus der WRV.[99]

f) Gleiches gilt für eine Herleitung eines umfassenden Prüfungsrechts aus **Art. 61 GG**. In dieser Vorschrift wird lediglich auf jene Bindung des Bundespräsidenten abgehoben, die sich aus den einzelnen, ihn betreffenden Regelungen des Grundgesetzes ergibt, ohne etwas zum Inhalt und zur Reichweite der sich aus Art. 82 Abs. 1 GG ergebenden Befugnis und Verpflichtung auszusagen.

99 *Degenhart* Staatsrecht I Rn. 774.

g) Gegen ein materielles Prüfungsrecht könnte die durch das GG vorgesehene Möglichkeit einer **Normenkontrolle durch das BVerfG** sprechen. Die Prüfung der Vereinbarkeit von Bundes- oder Landesrecht mit dem GG ist dem BVerfG gem. Art. 93 Abs. 1 Nr. 2 und Nr. 4, Art. 100 Abs. 1 GG i.V.m. §§ 13 Nr. 6, 8a, 11, 76 ff., 80 ff., 90 ff. BVerfGG zugewiesen. Dieses als Verwerfungsmonopol des BVerfG bezeichnete Recht steht diesem jedoch nur im Verhältnis zu den anderen Gerichten zu (Art. 100 Abs. 1 GG). Überdies wird das Verwerfungsmonopol durch eine umfassende Prüfung des auszufertigenden Gesetzes durch den Bundespräsidenten nicht angetastet, weil der Bundespräsident nicht ein in Kraft getretenes Gesetz verwirft, sondern dessen Inkrafttreten verhindert.

h) Entscheidend ist daher eine **teleologische Auslegung des Art. 82 GG**. Der Bundestag hat durch den Beschluss des Gesetzes, das nach Art. 82 GG ausgefertigt werden soll, ausgedrückt, dass er das Gesetz für verfassungsmäßig halte. Der Bundespräsident muss die Entscheidung dieses unmittelbar legitimierten Organs grundsätzlich respektieren. Auf der anderen Seite kann ihm als Verfassungsorgan nicht zugemutet werden, ein Gesetz das offensichtlich verfassungswidrig ist, auszufertigen. Daher ist es gerechtfertigt dem Bundespräsidenten ein materielles Prüfungsrecht zuzubilligen, das sich auf offensichtliche bzw. evidente Verfassungsverstöße beschränkt.

3. Zwischenergebnis

Der Bundespräsident ist somit grundsätzlich berechtigt, die Ausfertigung eines Gesetzes wegen offensichtlicher materieller Verfassungswidrigkeit zu verweigern. Er verstößt mit seiner Weigerung also erst dann gegen das GG, wenn das Verbraucherinformationsgesetz keinen offenkundigen Verstoß gegen Bestimmungen des GG darstellt.

II. Offensichtliche materielle Verfassungswidrigkeit des Verbraucherinformationsgesetzes

Das Verbraucherinformationsgesetz könnte evident gegen Art. 84 Abs. 1 S. 7 GG verstoßen. Danach dürfen Gemeinden und Gemeindeverbände keine Aufgaben durch Bundesgesetz übertragen werden.

Fraglich ist, ob durch den in § 1 Abs. 1 S. 1, Abs. 3 VIG geregelten voraussetzungslosen Anspruch Aufgaben auf Gemeinden und Gemeindeverbände übertragen werden. Nach der Vorschrift hat jeder Bürger einen Anspruch auf Information über verbraucherrelevante Daten, die bei Behörden der Gemeinden und Gemeindeverbände vorhanden sind. Die kommunalen Behörden werden somit verpflichtet, an Verbraucher vorhandene Informationen über ein bestimmtes Produkt oder einen Hersteller herauszugeben.

Fraglich ist, ob es sich dabei um eine neue Aufgabe handelt, die durch das Verbraucherinformationsgesetz übertragen wird. Dies wäre möglicherweise zu verneinen, wenn sich das Verbraucherinformationsgesetz nur an ohnehin schon im Sinne des Lebensmittel- bzw. Futtermittelgesetzbuches zuständige Behörden wendete. Allerdings wird nach dem Wortlaut von § 1 Abs. 1 S. 1 und Abs. 3 VIG ein Informationsanspruch nicht davon abhängig gemacht, ob die informationspflichtige Stelle sachlich zuständig ist, sondern allein davon, ob bei der Stelle entsprechende Informationen vorhanden sind. In der Verpflichtung der kommunalen Behörden, Anträge nach dem Verbraucherinformationsgesetz auf Herausgabe von Informationen zu prüfen und zu bescheiden, liegt somit eine unzulässige Aufgabenübertragung im Sinne des Art. 84 Abs. 1 S. 7 GG.

III. Zwischenergebnis

Der Bundespräsident hatte somit das Recht, die Ausfertigung des Gesetzes wegen seiner offensichtlichen materiellen Verfassungswidrigkeit zu verweigern.

C. Ergebnis

Der Antrag des Bundestags ist zulässig, aber unbegründet und hat daher keine Aussicht auf Erfolg.

D. Die Bundesregierung

174 Die Bundesregierung nimmt gemeinsam mit dem Bundestag die wesentliches Aufgaben der politischen Staatsleitung wahr und bildet zugleich die Spitze der Bundesverwaltung. Sie besteht nach Art. 62 GG aus dem Bundeskanzler und aus den Bundesministern. Die Prinzipien für die Arbeit innerhalb der Bundesregierung sind im Grundgesetz festgelegt: Art. 65 S. 1 GG: **Richtlinienkompetenz** des Bundeskanzlers, Art. 65 S. 2 GG: **Ressortkompetenz des jeweiligen Bundesministers**, Art. 65 S. 3 GG: **Kabinettsprinzip**. Der Geschäftsgang innerhalb der Bundesregierung ist in der auf Grundlage des Art. 65 S. 4 GG erlassenen Geschäftsordnung der Bundesregierung (GOBReg) sowie in der Gemeinsamen Geschäftsordnung der Bundesministerien (GGO) geregelt.

I. Der Bundeskanzler

175 Innerhalb der Bundesregierung kommt dem Bundeskanzler eine herausgehobene Bedeutung zu. Der Bundeskanzler

- bestimmt die Richtlinien der Politik und trägt dafür die Verantwortung (Art. 65 S. 1 GG),
- schlägt die Bundesminister dem Bundespräsidenten zur Ernennung und Entlassung vor (Art. 64 Abs. 1 GG),
- kann dem Bundestag eine Vertrauensfrage stellen und im Falle fehlender Zustimmung dem Bundespräsidenten die Auflösung des Bundestags vorschlagen (Art. 68 GG),
- und die Bundesminister sind in ihrer Amtszeit insoweit verbunden, als alle Bundesminister ihr Amt verlieren, wenn der Bundeskanzler aus seinem Amt ausscheidet (Art. 69 Abs. 2 GG).

Der Bundeskanzler wird anders als die Bundesminister unmittelbar vom Bundestag gewählt (Art. 63 GG) und kann von diesem im Wege des konstruktiven Misstrauensvotums abgewählt (Art. 67 GG) werden. Aufgrund dieser verfassungsrechtlichen Abhängigkeit des Kanzlers vom Vertrauen des Bundestages handelt es sich ein parlamentarisches Regierungssystem. Der Kanzler darf deshalb – wie die Bundesminister – selbst Abgeordneter des Bundestages sein, ohne dass dies zu einer Verletzung des Gewaltenteilungsprinzipes führt.

» Wiederholen Sie bitte nochmals das Gewaltenteilungsprinzip und seine legitimen Durchbrechungen, Rn. 46. «

Der Bundeskanzler ist kein Beamter, wohl aber öffentlicher Amtsträger. Die Rechtsstellung des Bundeskanzlers (und der Bundesminister) ist näher geregelt im Bundesministergesetz (BMinG).

1. Die Wahl und Amtsdauer des Bundeskanzlers

176 Gem. Art. 63 Abs. 1 GG wird der Bundeskanzler auf Vorschlag des Bundespräsidenten vom **Bundestag** gewählt. Da zur Wahl des Bundeskanzlers die Mehrheit der Mitglieder des Bundestages erforderlich ist (sog. **Kanzlermehrheit**, Art. 63 Abs. 2 GG), schlägt der Bundespräsident in der Regel den Kandidaten der Mehrheitsfraktionen vor.

Beispiel Der 19. Bundestag setzt sich zu Beginn seiner Wahlperiode aus 709 Abgeordneten zusammen: Neben den in § 1 Abs. 1 BWahlG vorgesehenen 598 Abgeordneten haben sich bei der Bundestagswahl 2017 nach § 6 Abs. 4–6 BWahlG noch 46 Überhang- und 65 Ausgleichsmandate ergeben. Als Kanzler gewählt ist nach Art. 63 Abs. 2 S. 1 GG, wer die Stimmen der Mehrheit der Mitglieder des Bundestages auf sich vereinigt. Mehrheit der Mitglieder des Bundestages ist nach Art. 121 GG die Mehrheit ihrer gesetzlichen Mitgliederzahl. Da sich die gesetzliche Mitgliederzahl aus §§ 1, 6 BWahlG ergibt, beträgt die erforderliche Kanzlermehrheit bei 709 Abgeordneten 355 Stimmen. ■

Billigt der Bundestag den Vorschlag des Bundespräsidenten nicht, so kann er binnen 14 Tagen einen Bundeskanzler mit mehr als der Hälfte seiner Mitglieder wählen, Art. 63 Abs. 3 GG. Kommt diese Wahl nicht zustande, so findet unverzüglich eine Wahl statt, bei welcher die einfache (relative) Mehrheit der abgegebenen Stimmen entscheidet. Erhält der Gewählte dabei weniger als die Stimmen der Mehrheit der Mitglieder des Bundestages (absolute Mehrheit), so braucht der Bundespräsident den Gewählten nicht zu ernennen. Er kann stattdessen den Bundestag auflösen, Art. 63 Abs. 4 GG. In diesem Fall kommt es zu einer Neuwahl des Bundestages innerhalb von sechzig Tagen (Art. 39 Abs. 1 S. 4 GG).

Das Amt des Bundeskanzlers kann auf verschiedene Arten **enden**: 177

- im Regelfall mit dem **Zusammentritt eines neuen Bundestages** (Art. 69 Abs. 2 Hs. 1 GG) nach Ende der Wahlperiode des alten Bundestages (Art. 39 Abs. 1 S. 2 GG); auf Ersuchen des Bundespräsidenten führt der Bundeskanzler aber die Geschäfte bis zur Ernennung seines Nachfolgers weiter (Art. 69 Abs. 3 GG);
- eine vorzeitige Beendigung ist nach einer gescheiterten Vertrauensfrage des Bundeskanzlers und der nachfolgenden Auflösung des Bundestages durch den Bundespräsidenten nach Art. 68 GG möglich. In diesem Fall findet nach Art. 39 Abs. 1 S. 4 GG eine Neuwahl statt und der neue Bundestag tritt nach Art. 39 Abs. 2 GG zusammen mit der Folge, dass dann das Amt des Bundeskanzlers endet (s. Rn. 178);
- ein weiterer Fall der vorzeitigen Beendigung ist die Wahl eines Nachfolgers durch den Bundestage im Wege des konstruktiven Misstrauensvotums nach Art. 67 GG. Für diesen Fall muss der Bundespräsident den Bundeskanzler entlassen und den Gewählten ernennen (s. Rn. 179).
- Das Amt endet ferner mit Tod oder dem **Rücktritt** des Bundeskanzlers. Der Rücktritt ist im Grundgesetz zwar nicht vorgesehen, gleichwohl ist er aber als Ausprägung des Allgemeinen Persönlichkeitsrechts des Amtsinhabers (Art. 2 Abs. 1 i.V.m. Art. 1 Abs. 1 GG) zulässig.

Beispiel Bundeskanzler Brandt trat 1974 wegen der sog. Guillaume-Affäre zurück. ■

Hinweis

In allen Fallgruppen der Beendigung des Amtes des Bundeskanzlers endet kraft Art. 69 Abs. 2 GG zeitgleich auch das Amt der Bundesminister.

2. Die Vertrauensfrage

Gem. Art. 68 Abs. 1 GG hat der Bundeskanzler das Recht, beim Bundestag zu beantragen, ihm 178
das Vertrauen auszusprechen (s. auch § 98 Abs. 1 GOBT). Diese sog. Vertrauensfrage kommt insbesondere in Betracht, wenn der Bundeskanzler in der Sache nicht mehr das erforderliche Vertrauen des Parlaments genießt,[100] also sich die Mehrheitsverhältnisse im Bundestag – etwa durch den Bruch der Koalition – geändert haben. Zulässig ist auch die **Verbindung eines Sachantrages mit der Vertrauensfrage**.

Beispiel Der Bundeskanzler will den Einsatz der Bundeswehr in Afghanistan in seiner Fraktion durchsetzen, nachdem einige Fraktionsmitglieder sich vehement dagegen ausgesprochen haben. ■

100 *BVerfGE* 62, 1, 42 ff.

Erforderlich für eine positive Entscheidung über die Vertrauensfrage ist die **Mehrheit der Mitglieder des Bundestages (absolute Mehrheit)**. Wird die Vertrauensfrage mit einem Sachantrag verbunden, so handelt es sich technisch gesehen um **einen Antrag**, so dass auch der Sachantrag mit absoluter Mehrheit angenommen werden muss, selbst wenn für ihn an sich eine einfache Mehrheit ausgereicht hätte. Kommt die absolute Mehrheit **nicht zustande**, so hat der Bundespräsident zwei Möglichkeiten: Er kann den Bundestag auf Vorschlag des Bundeskanzlers innerhalb von 21 Tagen auflösen (Art. 68 Abs. 1 S. 1 GG) oder die bisherige Regierung (ggf. als Minderheitsregierung) weiter amtieren lassen. In diesem Fall kann der Bundespräsident auf Vorschlag der Bundesregierung den Gesetzgebungsnotstand nach Art. 81 GG erklären, in dem die Regierung für die Dauer von sechs Monaten Gesetze auch gegen den Willen des Bundestages, aber nur mit Zustimmung des Bundesrates, verabschieden kann. Das **Auflösungsrecht des Bundespräsidenten** erlischt, wenn der Bundestag mit absoluter Mehrheit einen neuen Bundeskanzler wählt, Art. 68 Abs. 1 S. 2 GG.

Vertrauensfrage als Vehikel zu Neuwahlen: Fraglich ist, ob die von vornherein geplante Ablehnung der Vertrauensfrage zur Auflösung des Bundestages führen kann. Dies ist der Fall, wenn der Bundeskanzler zwar noch die Mehrheit hinter sich hat, die Regierungskoalition aber den Vertrauensantrag ablehnt, um Neuwahlen herbei zu führen. Nach Auffassung des BVerfG[101] darf der Bundeskanzler die Vertrauensfrage nur stellen, wenn die politischen Kräfteverhältnisse im Bundestag seine Handlungsfähigkeit so beeinträchtigen, dass er nicht mehr sinnvoll regieren kann.

Hinweis

Für den nur geschäftsführenden Bundeskanzler i.S.d. Art. 69 Abs. 3 GG ist die Stellung der Vertrauensfrage gemäß Art. 68 GG ausgeschlossen. Dies liegt daran, dass der geschäftsführende Bundeskanzler seine Legitimation nicht aus der Vertrauensbekundung des Bundestages schöpft, sondern allein aus der Beauftragung durch den Bundespräsidenten.

3. Das konstruktive Misstrauensvotum

179 Gem. Art. 67 Abs. 1 GG kann der Bundestag dem Bundeskanzler aus eigener Initiative das Misstrauen dadurch aussprechen, dass er mit absoluter Mehrheit einen neuen Bundeskanzler wählt. Misstrauenserklärung und Neuwahl des Bundeskanzlers fallen in einem Akt zusammen. Dadurch soll verhindert werden, dass sich lediglich eine Mehrheit für die Abwahl des Bundeskanzlers – und mit ihm der Bundesregierung (Art. 69 Abs. 2 Hs. 2 GG) – findet, nicht aber für eine neue Regierung.

4. Die Organisations- und Personalgewalt des Bundeskanzlers

180 Aufgrund seiner Organisationsgewalt bestimmt der Bundeskanzler über Anzahl und fachlichen Zuschnitt der Ministerien. Er kann neue Ministerien errichten, bestehenden Ministerien neue Aufgaben zuweisen, Ministerien zusammenlegen oder bisherige Ministerien auflösen.

101 *BVerfGE* 62, 1, 42 ff.

Beispiel Auflösung des ehemaligen Bundesministeriums für Post und Telekommunikation, Umorganisation des Ministeriums für Wirtschaft und Arbeit in das Ministerium für Wirtschaft und Energie ■

Rechtlich gebunden ist er dabei nur insoweit, als das Grundgesetz die Einrichtung bestimmter Ministerien **zwingend** vorsieht: das Bundesministerium der **Verteidigung** (Art. 65a GG), das Bundesministerium der **Justiz** (Art. 96 Abs. 2 S. 4 GG) und das Bundesministerium der **Finanzen** (Art. 112 S. 1 GG). Allerdings können auch die Zuständigkeitsbereiche dieser Ministerien geändert werden, sofern die grundgesetzliche Aufgabenzuweisung (durch die genannten Artikel) nicht berührt wird.

Der Bundeskanzler verfügt ferner über die **Personalgewalt**, da er die Bundesminister bestimmt, Art. 64 Abs. 1 GG.

5. Die Richtlinienkompetenz des Bundeskanzlers

Gem. Art. 65 S. 1 GG bestimmt der Bundeskanzler die Richtlinien der Politik und trägt dafür **181**
die Verantwortung. Dies darf aber nicht dahin missverstanden werden, als das dadurch die Rechte der anderen Bundesorgane, insbesondere des Bundestages, oder die der Bundesländer ausgehöhlt werden dürfte. Bereits aus Gründen der horizontalen und vertikalen Gewaltenteilung darf der Bundeskanzler deshalb nur die Richtlinien der Politik **innerhalb der Zuständigkeit der Bundesregierung** bestimmen. Der Bundeskanzler ist damit zuständig für die Formulierung der Grundlinien der Politik der Bundesregierung, für die damit verbundenen politischen Leitentscheidungen und Entscheidungen von Einzelfragen mit erheblicher politischer Tragweite.

Der Bundeskanzler hat das Recht und die Pflicht, auf die Durchführung der Richtlinien zu achten (§ 1 Abs. 2 GOBReg). Bei Zweifeln über den Inhalt der Richtlinienentscheidung haben die Bundesministerien eine Entscheidung des Bundeskanzlers herbeizuführen (§ 1 Abs. 1 S. 3 GOBReg).

Hinweis

Im Rahmen der Richtlinien des Bundeskanzlers führen die Bundesminister ihr Ressort nach Art. 65 S. 2 GG eigenständig (Ressortkompetenz). Hier sind mögliche Konflikte nicht ausgeschlossen. Grundsätzlich legt bereits der Begriff „Richtlinie" nahe, dass der Bundeskanzler Rahmenvorgaben **in allgemeiner Form** (z.B. wirtschaftsfreundliche Bundesregierung, Entbürokratisierung etc.) treffen kann, die in der Zuständigkeit der Bundesregierung liegen (z.B. Gesetzesinitiativen, Erlass von Rechtsverordnungen, Erlasse, Weisungen, Aufsichtsmaßnahmen an nachgeordnete Behörden). Da der Bundeskanzler nach außen die Verantwortung für die Regierungspolitik trägt, wird trotz der Ressortkompetenz zumindest in **wesentlichen** inhaltlichen Fragen aber **auch ein Einzelweisungsrecht** gegenüber einem Minister angenommen. Dies darf jedoch nicht so weit führen, dass die Ressorkompetenz des Ministers ausgehöhlt würde. Dies wäre z.B. bei einen Schlusszeichnungsvorbehalt des Bundeskanzlers bei allen Verfügungen des Bundesministers der Fall.

II. Die Bundesminister

182 Wie der Bundeskanzler stehen auch die Bundesminister in einem öffentlich-rechtlichen Amtsträgerverhältnis, welches durch die Bestimmungen des Bundesministergesetzes (BMinG) näher ausgestaltet wird.

1. Ernennung und Entlassung

183 Die Bundesminister werden auf Vorschlag des Bundeskanzlers vom Bundespräsidenten ernannt und entlassen (Art. 64 Abs. 1 GG). Der Bundespräsident kann den Vorschlag des Bundeskanzlers nur aus **rechtlichen Gründen** ablehnen, vgl. zum Prüfungsrecht des Bundespräsidenten Rn. 170.

Mit dem Ende des Amtes des Bundeskanzlers endet auch das der Bundesminister, Art. 69 Abs. 2 GG. Darüber hinaus kann die Amtszeit eines Ministers dadurch ihr Ende finden, dass der Bundespräsident ihn auf Vorschlag des Bundeskanzlers entlässt, Art. 64 Abs. 1 GG.

Hinweis

Der Bundestag kann nicht aus eigenem Recht einen einzelnen Bundesminister – etwa durch ein Misstrauensvotum – aus dem Amt bringen. Eine Aufforderung des Bundestages an den Bundeskanzler, einen bestimmten Bundesminister zu entlassen hätte – allenfalls – die Qualität eines „schlichten Parlamentsbeschlusses" ohne rechtliche Bindungswirkung für den Bundeskanzler.

Auf Ersuchen des Bundespräsidenten oder des Bundeskanzlers ist ein Bundesminister verpflichtet, die Geschäfte bis zur Ernennung eines Nachfolgers des Bundeskanzlers weiterzuführen (Art. 69 Abs. 3 GG).

2. Das Ressortprinzip

184 Gem. Art. 65 S. 2 GG leiten die Bundesminister ihren Geschäftsbereich selbstständig und in eigener Verantwortung. Innerhalb ihres Ressorts, einschließlich der nachgeordneten Behörden (z.B. Umweltbundesamt, Bundeszentrale für gesundheitliche Aufklärung etc.) können sie sowohl die **politischen Leitlinien** bestimmen als auch in eigener Verantwortung **organisatorische und personelle Entscheidungen** treffen. Dabei dürfen sie sich allerdings nicht in Widerspruch zu den Richtlinienentscheidungen des Bundeskanzlers setzen (s. Rn. 181). Im Zweifel ist eine Entscheidung des Bundeskanzlers herbeizuführen (§ 1 Abs. 1 S. 3 GOBReg). Die Kehrseite des Ressortprinzips ist, dass die Minister dem Parlament und dem Bundeskanzler gegenüber für alle Vorgänge, die in seinen Verantwortungsbereich fallen, **rechenschaftspflichtig** sind.

III. Exkurs: Die Staatssekretäre

185 Keine Mitglieder der Bundesregierung sind die beamteten und parlamentarischen Staatssekretäre, vgl. Art. 62 GG.

Beamtete Staatssekretäre sind die obersten Beamten der Ministerien. Ihnen obliegt – nach dem Minister – die personelle und organisatorische Leitung der verschiedenen Fachabteilungen des Ministeriums sowie der nachgeordneten Behörden. Gleichwohl haben sie – wie jeder Ministerialbeamte – lediglich eine „dienende" Funktion und sind verpflichtet, die Politik des jeweiligen Ministers bzw. der jeweiligen Regierung mitzutragen. Aufgrund des erforderlichen politischen Vertrauensverhältnisses zum Minister zählt der beamtete Staatssekretär zu den „politischen Beamten".

Der **parlamentarische Staatssekretär** ist Mitglied des Bundestages, § 1 Abs. 1 Hs. 2 ParlStG. Er wird auf Verlangen des Bundeskanzlers im Einvernehmen des Ministers diesem beigeordnet und unterstützt den Minister bei dessen Aufgabenerfüllung, § 1 Abs. 2 ParlStG. Seine wesentliche Aufgabe ist es, **Kontakt- und Vermittlungsstelle** zwischen den **Ministerien** und den die Regierung tragenden **Fraktionen** zu sein. Dabei unterliegt er den **Weisungen des Ministers**. Seine Amtszeit endet gem. § 4 ParlStG mit Entlassung, mit Ablauf der Amtszeit seines Ministers oder mit Ausscheiden aus dem Bundestag.

IV. Die Bundesregierung als Kollegialorgan: Das Kabinettsprinzip

Bundeskanzler und Bundesminister bilden das sog. **Bundeskabinett**, also die Bundesregie- **186**
rung. Das Bundeskabinett wird vom Bundeskanzler geleitet, der die Sitzungen einberuft und leitet sowie die Tagesordnung aufstellt.

Gem. Art. 65 S. 3 GG entscheidet bei Meinungsverschiedenheiten zwischen den Bundesministern die Bundesregierung als Kollegialorgan, also das Bundeskabinett. Dieses sog. **Kabinettsprinzip** steht im Rang hinter der Richtlinienkompetenz des Bundeskanzlers. Dessen Richtlinienentscheidungen können durch das Bundeskabinett nicht „überstimmt" werden. Wohl aber können Vorhaben einzelner Bundesminister vom Bundeskabinett verhindert oder modifiziert werden. Insofern hat das Kabinettsprinzip **Vorrang vor dem Ressortprinzip**. Dies gilt allerdings wiederum nicht, wenn es sich um eine der grundgesetzlich vorgesehenen Fachministerentscheidungen handelt.

Die Entscheidungen der Bundesregierung als Kollegialorgan werden regelmäßig auf den Sit- **187**
zungen des Bundeskabinetts durch die anwesenden Kabinettsmitglieder getroffen (§ 20 Abs. 1 GOBReg). Diese Sitzungen sind nicht öffentlich. Nach außen tritt die Bundesregierung als Einheit auf. Auch der etwa in einer Abstimmung unterlegene Bundesminister muss die Kabinettsentscheidung nach außen mittragen und vertreten. Gegen die Auffassung der Bundesregierung zu wirken, ist ihm nicht gestattet (§ 28 Abs. 2 GOBReg, sog. **„Kabinettsdisziplin"**).

Weniger wichtige Fragen können auch im sog. **Umlaufverfahren** entschieden werden, d.h. für einen Vorgang wird die schriftliche Zustimmung der einzelnen Bundesminister eingeholt (§ 20 Abs. 2 GOBReg). Das Umlaufverfahren ist allerdings dann verfassungswidrig, wenn die Zustimmung des Ministers als erteilt gilt, falls er nicht innerhalb einer bestimmten Frist widerspricht.[102]

Neben der in Art. 65 S. 3 GG genannten Aufgabe weist das Grundgesetz dem Bundeskabinett eine Fülle weiterer Zuständigkeiten zu. Wann immer im Grundgesetz von der „Bundesregierung" die Rede ist, wird das Bundeskabinett tätig.

102 *BVerfGE* 91, 148, 171 ff.

Beispiel Die Unterrichtung des Bundesrates und des Bundestages in Angelegenheiten der Europäischen Union, Art. 23 Abs. 2 GG; der Erlass allgemeiner Verwaltungsvorschriften für die bundeseigene Verwaltung oder bundesunmittelbare Körperschaften oder Anstalten des öffentlichen Rechtes, Art. 86 GG; das Initiativrecht bei der Gesetzgebung, Art. 76 Abs. 1 GG; der Erlass von Rechtsverordnungen, die Befugnis kann aber auch einem einzelnen Bundesminister übertragen werden (Art. 80 Abs. 1 GG); Direktions- und Aufsichtsbefugnisse, wenn die Länder Bundesgesetze ausführen (vgl. Art. 84 Abs. 2, Abs. 5 und Art. 85 Abs. 2 und Abs. 3 GG). ■

Zuständigkeitsverteilung innerhalb der Bundesregierung

Richtlinienkompetenz des Bundeskanzlers = Kanzlerprinzip, Art. 65 S. 1 GG:
- Allgemeine Vorgaben und generelle Anweisungen
- Weisungen im Einzelfall (h. M.)

Kollegialprinzip (Art. 65 S. 3 GG): Bei Meinungsverschiedenheiten zwischen Ministerien

Ressortprinzip (Art. 65 S. 2 GG): Innerhalb der Richtlinien eigenverantwortliche Leitung des Geschäftsbereichs

Hinweis

Die Bundesregierung ist parteifähig:
- im Organstreitverfahren, Art. 93 Abs. 1 Nr. 1 GG i.V.m. §§ 13 Nr. 5, 63 BVerfGG
- im Verfahren der abstrakten Normenkontrolle, Art. 93 Abs. 1 Nr. 2 GG i.V.m. §§ 13 Nr. 6, 76 Abs. 1, 77 BVerfGG
- im Bund-Länder-Streit, Art. 93 Abs. 1 Nr. 3 GG i.V.m. §§ 13 Nr. 7, 68 BVerfGG
- in anderen öffentlich-rechtlichen Streitigkeiten zwischen Bund und Ländern gem. Art. 93 Abs. 1 Nr. 4 GG i.V.m. §§ 13 Nr. 8, 71 Nr. 1 BVerfGG
- im Verfahren über die Verwirkung von Grundrechten, Art. 18 GG i.V.m. §§ 13 Nr. 1, 36 BVerfGG
- im Parteiverbotsverfahren, Art. 21 Abs. 2 GG i.V.m. §§ 13 Nr. 2, 43 BVerfGG

V. Übungsfall Nr. 8

„Der amtsmüde Minister“ 188

Völlig überraschend nimmt der einflussreiche aber amtsmüde Politiker S seinen Abschied aus der Politik. Dem Bundeskanzler geht folgendes Schreiben zu:

„Hiermit trete ich von meinem Amt als Bundesminister der Finanzen zurück. S.“

In einem entsprechenden Schreiben an den Bundestagspräsidenten verzichtet er auch auf seine Ämter als Abgeordneter und zieht sich in sein Privathaus zurück. Eine Begründung gibt S zunächst nicht; nach einigen Tagen des Schweigens äußert er in einem Interview lediglich seine Enttäuschung über „schlechtes Mannschaftsspiel“ innerhalb der großen Koalition.

Nach den Äußerungen im Interview wollen nun Abgeordnete aller Fraktionen endlich Klarheit darüber, warum S zurückgetreten ist und in welchem Zustand sich die Regierung befindet. Unter Wahrung aller Form- und Verfahrensvorschriften beschließt der Bundestag, gleich für den nächsten Tag eine Sondersitzung anzuberaumen und den Bundesminister der Finanzen S zu dieser Sitzung herbei zu zitieren.

S findet, als Privatmann sei es ihm nicht zuzumuten vor dem Bundestag zu erscheinen, und bleibt zu Hause.

Der Bundestag beantragt daraufhin eine rechtliche Klärung vor dem BVerfG. Hat der Antrag Aussicht auf Erfolg?

Anmerkung:

§ 9 Abs. 2 S. 2 des Gesetzes über die Rechtsverhältnisse der Mitglieder der Bundesregierung (BMinG) lautet: „Die Bundesminister können jederzeit entlassen werden und ihre Entlassung jederzeit verlangen“.

Lösung 189

Zur verfassungsgerichtlichen Klärung kommt ein Organstreitverfahren gem. Art. 93 Abs. 1 Nr. 1 GG, §§ 13 Nr. 5, 63 ff. BVerfGG in Betracht. Das Organstreitverfahren hat Erfolg, falls der Antrag des Bundestages zulässig und begründet ist.

A. Zulässigkeit

I. Zuständigkeit des Bundesverfassungsgerichts

Die Zuständigkeit des BVerfG für das Organstreitverfahren ergibt sich aus Art. 93 Abs. 1 Nr. 1 GG, § 13 Nr. 5 BVerfGG.

II. Antragsberechtigung und Antragsgegner

Der Bundestag müsste antragsberechtigt sein. Wer antragsberechtigt ist, regelt Art. 93 Abs. 1 Nr. 1 GG i.V.m. § 63 BVerfGG. § 63 BVerfGG definiert den Begriff des *„obersten Bundesorgans“* gem. Art. 93 Abs. 1 Nr. 1 GG. In § 63 BVerfGG ist der Bundestag unmittelbar genannt. Dieser ist daher antragsberechtigt.

Der Bundesminister ist Teil der Bundesregierung, Art. 62 GG. Er ist z.B. in Art. 65 S. 2 GG mit eigenen Rechten ausgestattet. Die Tatsache, dass S möglicherweise zurückgetreten ist, kann dem nicht entgegenstehen. Nach dem

Rechtsgedanken des Art. 69 Abs. 3 Alt. 2 GG, der einen Minister verpflichtet, auf entsprechendes Ersuchen hin die Rechtsgeschäfte bis zu einer Nachfolgeregelung weiter zu führen, muss S in dem Verfahren weiterhin als Minister gelten und ist gem. Art. 93 Abs. 1 Nr. 1 GG, § 63 BVerfGG zulässiger Antragsgegner.

III. Streitgegenstand

Es müsste ein tauglicher Streitgegenstand vorliegen. Gegenstand eines Organstreitverfahrens kann jede rechtserhebliche Maßnahme oder Unterlassung des Antragsgegners gem. § 64 Abs. 1 BVerfGG sein. Das Nichterscheinen des S stellt ein solches Unterlassen dar. Sie ist auch rechtserheblich, weil das Zitierrecht gem. Art. 43 Abs. 1 GG des Bundestages zur Ausübung seiner Kontrollfunktion gehört. Ein tauglicher Streitgegenstand ist daher zu bejahen.

IV. Antragsbefugnis

Der Bundestag müsste antragsbefugt sein. Dies erfordert, dass der Bundestag geltend macht, durch die angegriffene Unterlassung in seinen verfassungsrechtlich gewährleisteten Rechten verletzt oder unmittelbar gefährdet zu sein, § 64 Abs. 1 BVerfGG. Aus dem Sachvortrag des Antragstellers muss sich also zumindest die Möglichkeit einer solchen Rechtsverletzung schlüssig ergeben. Der Bundestag ist möglicherweise in seinem Zitierrecht gem. Art. 43 Abs. 1 GG verletzt. Er ist daher antragsbefugt.

V. Form und Frist

Es ist davon auszugehen, dass der Antrag des Bundestages schriftlich eingereicht (§ 23 Abs. 1 S. 1 BVerfGG) und – unter Bezeichnung der betroffenen Bestimmung des Grundgesetzes (§ 64 Abs. 2 BVerfGG) – begründet (§ 23 Abs. 1 S. 2 BVerfGG) wurde. Die Einhaltung der sechsmonatigen Frist des § 64 Abs. 3 BVerfGG wäre zu beachten.

VI. Zwischenergebnis

Der Antrag ist zulässig.

B. Begründetheit

Der Antrag des Bundestages ist begründet, wenn der Bundestag durch das Nichterscheinen des S in seinen ihm durch das Grundgesetz verliehenen Rechten verletzt wird.

Eine Pflicht des S, vor dem Bundestag zu erscheinen, kommt nur dann in Betracht, wenn dem Bundestag das Recht zusteht, S zu der Sondersitzung nach Art. 43 Abs. 1 GG herbei zu zitieren.

Voraussetzung hierfür wäre, dass S Mitglied der Bundesregierung ist (I), der Bundestag nach seiner Anwesenheit verlangt hat (II) und dem Zitierrecht keine verfassungsmäßigen Schranken entgegen stehen (III).

I. Mitglied der Bundesregierung

Zunächst müsste S Mitglied der Bundesregierung sein.

Ursprünglich war S Mitglied der Bundesregierung. Die Bundesregierung besteht gem. Art. 62 GG aus dem Bundeskanzler und den Bundesministern. Fraglich ist, ob S durch sein „Rücktrittsschreiben" aus der Bundesregierung ausgeschieden ist. Gem. Art. 64 Abs. 1 Alt. 2 GG ist die Entlassung der Bundesminister nur durch den Bundespräsidenten auf Vorschlag des Bundeskanzlers vorgesehen. Auch § 9 Abs. 2 S. 2 BMinG sieht lediglich vor, dass Bundesminister jederzeit ihre Entlassung verlangen können. Daher kann das „Rücktrittsschreiben" selbst nur ein Gesuch an den Bundeskanzler darstellen, dem Präsidenten die Entlassung vorzuschlagen. Eine solche Entlassung durch den Bundespräsidenten ist jedoch bislang nicht erfolgt. Somit ist S weiterhin Bundesminister und daher auch Mitglied der Bundesregierung.

II. Anwesenheitsverlangen des Bundestags

Laut Sachverhalt hat der Bundestag die Anwesenheit des S gem. Art. 43 Abs. 1 GG ordnungsgemäß beschlossen.

III. Zitierrecht des Bundestags

Somit liegen die Voraussetzungen des Art. 43 Abs. 1 GG vor. Fraglich ist allerdings, ob S das persönliche Erscheinen zugemutet werden kann. Insoweit ist zu beachten, dass das Zitierrecht des Bundestages nicht schrankenlos gewährt ist. Als Grenze der persönlichen Anwesenheitspflicht wird jedenfalls die persönliche Unzumutbarkeit des Erscheinens angenommen (z.B. bei Erkrankung). Darüber hinaus findet eine Abwägung zwischen Dringlichkeit und Hindernis statt.

Vorliegend ist S lediglich amtsmüde. Dieser Umstand macht sein Erscheinen nicht unzumutbar. Dafür spricht auch der Rechtsgedanken des Art. 69 Abs. 3 Alt. 2 GG.

Hinweis

Im Falle der Verhinderung bestünde die Möglichkeit der Vertretung, wenn der Bundestag diese als ausreichend erachtet.

IV. Zwischenergebnis

S ist bis zu seiner förmlichen Entlassung durch den Präsidenten Minister. Eine persönliche Unzumutbarkeit des Erscheinens liegt nicht vor. Daher ist der Bundestag berechtigt, den S herbeizuzitieren.

C. Ergebnis

Das BVerfG wird in seiner Entscheidung feststellen, dass die beanstandete Weigerung des S gegen Art. 43 Abs. 1 GG verstößt, § 67 S. 1 BVerfGG.

Hinweis

Die Verpflichtung zur Teilnahme an der formell rechtmäßig anberaumten Sitzung als Abgeordneter gem. § 13 Abs. 2 S. 1 GOBT führt nicht zu einer durchsetzbaren Anwesenheitspflicht. Zwar ist S auch trotz des Schreibens an den Bundestagspräsidenten noch Abgeordneter. Denn zur Wirksamkeit des Verzichts bedarf es grundsätzlich der Erklärung zur Niederschrift des Präsidenten des Bundestages (§ 46 Abs. 3 BWahlG); der Verlust der Mitgliedschaft wird vom Bundestagspräsidenten gem. § 47 Abs. 1 Nr. 4 BWahlG festgestellt. Die Folge der Abwesenheit von Plenarsitzungen ist aber (nur) eine Kürzung der Kostenpauschale gem. § 14 Abs. 1 AbgG.

E. Das Bundesverfassungsgericht

190 Gem. § 1 Abs. 1 BVerfGG ist das Bundesverfassungsgericht ein allen übrigen Verfassungsorganen gegenüber selbstständiger und unabhängiger Gerichtshof des Bundes. Das Bundesverfassungsgericht hat damit eine Doppelstellung: Es ist einerseits ein Gerichtshof des Bundes und damit Bestandteil der rechtsprechenden Gewalt (Art. 92 GG). Es ist andererseits **ein oberstes Verfassungsorgan des Bundes**.

Das Bundesverfassungsgericht ist **„Hüter der Verfassung"**. Es wird nur auf Antrag tätig (§ 23 Abs. 1 S. 1 BVerfGG) und hat die Aufgabe, die Normen des Grundgesetzes verbindlich auszulegen und anzuwenden. Dadurch sorgt es dafür, dass die Staatsgewalt die ihr durch die Verfassung gezogenen Grenzen nicht überschreitet. Dies schließt die Befugnis ein, verfassungswidrige Gesetze für nichtig zu erklären.

Die Entscheidungen des BVerfG sind **allgemeinverbindlich**. Sie binden die Verfassungsorgane des Bundes und der Länder sowie alle Behörden und Gerichte, § 31 Abs. 1 BVerfGG. In den in § 31 Abs. 2 S. 1 BVerfGG genannten Fällen haben die Entscheidungen des BVerfG **Gesetzeskraft**.

> **Hinweis**
>
> Die Entscheidungen anderer Gerichte, auch anderer oberster Bundesgerichte entfalten die unmittelbare Bindungswirkung nur zwischen den am Streit beteiligten Parteien.

Das BVerfG besteht aus **zwei Senaten** mit jeweils **acht Richtern**, die auf **zwölf Jahre** vom Bundestag und Bundesrat je zur Hälfte mit einer Zweidrittelmehrheit gewählt werden. Die Mitglieder des BVerfG dürfen weder Organen der Legislative noch der Exekutive des Bundes oder der Länder angehören, Art. 94 Abs. 1 S. 2, 3 GG. Der Präsident ist Vorsitzender des Ersten Senats, der Vizepräsident Vorsitzender des Zweiten Senats. Das BVerfG wird nur auf Antrag tätig. Ob das BVerfG einen Antrag annimmt oder nicht, entscheidet es selbst.

> **Hinweis**
>
> Das BVerfG kann gem. Art. 93 Abs. 1 Nr. 5, Art. 99 GG, § 13 Nr. 10 BVerfGG auch als Landesverfassungsgericht tätig werden. Prüfungsmaßstab ist dann die Landesverfassung.

I. Die Zuständigkeit des Bundesverfassungsgerichts

191 Die Zuständigkeiten des BVerfG sind nach einem sog. **Enumerativsystem** geregelt (Enumeration = Aufzählung). Die Zuständigkeit des BVerfG ist also nicht schon dann gegeben, sobald eine Streitigkeit Verfassungsrecht betrifft. Das BVerfG ist vielmehr nur zuständig, wenn die Streitigkeit sich einer der in Art. 93 Abs. 1 GG oder sonst im Grundgesetz **genannten Verfahrensarten** zuordnen lässt.

> **Hinweis**
>
> Das Gegensystem zum Enumerativsystem wäre eine **Generalklausel**. Ein Beispiel hierfür ist die Zuständigkeit der Verwaltungsgerichte nach § 40 Abs. 1 S. 1 VwGO: Der Verwaltungsrechtsweg ist in allen öffentlich-rechtlichen Streitigkeiten nichtverfassungsrechtlicher Art eröffnet.

Demgemäß besteht die Zulässigkeitsprüfung bei Rechtsmitteln zum BVerfG aus zwei Schritten: Erstens müssen Sie klären, welches die einschlägige Verfahrensart ist. Die Aufzählung finden Sie in Art. 93 GG und in § 13 BVerfGG. Zweitens müssen Sie prüfen, ob die Zulässigkeitsvoraussetzungen für die jeweilige Verfahrensart vorliegen. Die je nach Verfahrensart unterschiedlichen Zulässigkeitsvoraussetzungen finden Sie, nach Verfahrensart gegliedert, im 3. Teil des BVerfGG.

Die fünf wichtigsten Verfahrensarten sind 192

- das **Organstreitverfahren** (Art. 93 Abs. 1 Nr. 1 GG, § 13 Nr. 5 BVerfGG),
- die **abstrakte Normenkontrolle** (Art. 93 Abs. 1 Nr. 2 und 2a GG, § 13 Nr. 6 BVerfGG),
- der **Bund-Länder-Streit** (Art. 93 Abs. 1 Nr. 3 und 4 GG, § 13 Nr. 7 und 8 BVerfGG),
- die **Verfassungsbeschwerde** (Art. 93 Abs. 1 Nr. 4a GG, § 13 Nr. 8a BVerfGG),
- die **konkrete Normenkontrolle** (Art. 100 Abs. 1 GG, § 13 Nr. 11 BVerfGG).

Diese Verfahrensarten lassen sich in zwei Gruppen einteilen. Organstreit, Bund-Länder-Streit und Verfassungsbeschwerde sind Verfahren, in denen es um die **Verletzung subjektiver Rechte** durch den Antragsgegner geht. Es handelt sich um sog. **kontradiktorische Verfahren**. Die abstrakte und die konkrete Normenkontrolle hingegen sind **objektive Beanstandungsverfahren**. Sie dienen nicht der Verteidigung subjektiver Rechte gegenüber dem Antragsgegner, sondern allein einer **objektiven Kontrolle der Verfassungsmäßigkeit** des einfachen Rechts.

JURIQ-Klausurtipp

Dieser Unterschied hat Auswirkungen auf die Zulässigkeitsprüfung. Bei allen kontradiktorischen Verfahrensarten müssen Sie prüfen, ob der Antragsteller die Möglichkeit geltend macht, durch eine Maßnahme oder Unterlassung des Antragsgegners **in eigenen verfassungsrechtlichen Rechten verletzt** zu sein. Anders die objektiv-rechtlichen Verfahrensarten: Bei ihnen gibt es keinen Antragsgegner, keine Antragsbefugnis und keine Antragsfristen. In ihren Zulässigkeitsvoraussetzungen sind diese Verfahrensarten darum einfacher.

II. Überblick über die Verfahrensarten des Verfassungsprozessrechts

1. Die Normenkontrolle

Normenkontrolle ist die gerichtliche Prüfung der Vereinbarkeit eines Rechtssatzes mit dem Grundgesetz. Nur das BVerfG darf feststellen, dass ein Gesetz mit dem Grundgesetz nicht vereinbar ist. Wenn ein anderes Gericht ein Gesetz für verfassungswidrig hält und es deshalb nicht anwenden will, muss es zuvor die Entscheidung des BVerfG einholen **(konkrete Normenkontrolle)**. Darüber hinaus können die Bundesregierung, eine Landesregierung oder ein Viertel der Mitglieder des Bundestages die Verfassungsmäßigkeit einer Rechtsnorm überprüfen lassen **(abstrakte Normenkontrolle)**. 193

a) Die abstrakte Normenkontrolle

Im Gegensatz zur konkreten Normenkontrolle nach Art. 100 Abs. 1 GG, die aus Anlass eines bestimmten Rechtsstreits erfolgt, ist die abstrakte Normenkontrolle i.S.d. Art. 93 Abs. 1 Nr. 2 GG **fallunabhängig**. Sie dient einzig und allein dem Ziel, die **Gültigkeit** oder **Ungültigkeit** 194 einer Norm zu klären. Man spricht daher von einem **objektiven Verfahren zum Schutz der Rechtsordnung.**[103] Die Prüfungsvoraussetzungen der abstrakten Normenkontrolle sind in Art. 93 Abs. 1 Nr. 2 GG, §§ 13 Nr. 6, 76 ff. BVerfGG geregelt.

PRÜFUNGSSCHEMA

„Die abstrakte Normenkontrolle ist erfolgreich, wenn sie zulässig und begründet ist."

A. Zulässigkeit

I. Zuständigkeit des Bundesverfassungsgerichts, Art. 93 Abs. 1 Nr. 2 GG, § 13 Nr. 6 BVerfGG

II. Antragsberechtigung, Art. 93 Abs. 1 Nr. 2 GG, § 76 Abs. 1 BVerfGG
Antrag der Bundesregierung, einer Landesregierung oder eines Viertels der Mitglieder des Bundestages

III. Antragsgegenstand, Art. 93 Abs. 1 Nr. 2 GG, § 76 Abs. 1 BVerfGG
Bundes- oder Landesrecht
Zu prüfendes Gesetz ist noch nicht in Kraft getreten Rn. 197

IV. Antragsgrund, Art. 93 Abs. 1 Nr. 2 GG
„Meinungsverschiedenheiten oder Zweifel" bzw. § 76 Abs. 1 Nr. 1 BVerfGG: „für nichtig halten" Rn. 198

V. Besonderes Klarstellungsinteresse

VI. Form, § 23 Abs. 1 BVerfGG
Schriftliche Begründung

B. Begründetheit
„Der Antrag ist begründet, wenn das X-Gesetz mit Normen des Grundgesetzes nicht vereinbar ist." (Prüfungsgegenstand ist ein formelles Bundesgesetz)
Oder:
„Der Antrag ist begründet, wenn das Y-Gesetz mit dem Grundgesetz oder sonstigem Bundesrecht nicht vereinbar ist." (Prüfungsgegenstand ist ein Landesgesetz)

I. Formelle Rechtmäßigkeit
1. Zuständigkeit
2. Verfahren
3. Form

II. Materielle Rechtmäßigkeit

C. Entscheidung des Bundesverfassungsgerichts, § 78 BVerfGG
„Gemäß § 78 S. 1 BVerfGG wird das BVerfG das X-Gesetz für nichtig erklären."

aa) Die Zulässigkeitsvoraussetzungen der abstrakten Normenkontrolle

195 Aus der objektiven Natur der abstrakten Normenkontrolle folgt, dass es in diesem Verfahren **keinen Antragsgegner, keine Antragsbefugnis und keine Antragsfristen** gibt. Die Urheber der Norm, deren Unvereinbarkeit mit höherrangigem Recht gerügt wird, sind nicht Antragsgegner. Sie werden gem. § 77 BVerfGG um eine Stellungnahme gebeten und insoweit an dem Verfahren beteiligt.

103 *BVerfGE* 1, 396, 407.

(1) Antragsberechtigung

Wer zur Einleitung eines abstrakten Normkontrollverfahrens berechtigt ist, wird in § 76 196
BVerfGG abschließend festgelegt: die Bundesregierung, jede Landesregierung und ein Viertel der Mitglieder des Bundestages. Der Bundesrat ist nicht antragsberechtigt. Dies ist auch nicht erforderlich, weil die Landesregierungen ein Antragsrecht haben. So können sie z.B. Bundesgesetze überprüfen lassen, die möglicherweise in die Zuständigkeit der Länder eingreifen.

Das niedrige Quorum im Bundestag ermöglicht es in der Regel der **parlamentarischen Opposition**, eine abstrakte Normenkontrolle einzuleiten. Dieses Quorum dient, ebenso wie die Antragsberechtigung der Landesregierungen, dem **Minderheitenschutz**.

Hinweis

Als objektives Beanstandungsverfahren kennt die abstrakte Normenkontrolle keinen Antragsgegner.

(2) Antragsgegenstand

Antragsgegenstand kann jede Rechtsnorm des Bundes oder eines Landes jeglicher Rangstufe 197
(formelles Gesetz, Rechtsverordnung, Satzung) sein.

» Machen Sie sich hier den wesentlichen Unterschied zur konkreten Normenkontrolle klar, bei der ein förmliches, nachkonstitutionelles Gesetz notwendig ist. «

Beispiel Im Rahmen einer abstrakten Normenkontrolle könnte die Vereinbarkeit der Rechtsverordnung eines Landes mit einer Bundesrechtsverordnung geklärt werden. ■

Das zu prüfende Gesetz ist noch nicht in Kraft getreten. Grundsätzlich muss es sich bei der zu prüfenden Norm um **bestehendes, geltendes Recht** handeln. Von diesem Grundsatz wird aber eine **Ausnahme** gemacht, wenn ein Gesetz zwar noch nicht in Kraft getreten, wohl aber nach Art. 82 Abs. 1 S. 1 GG **verkündet** ist. Begründen lässt sich diese Ausnahme damit, dass die Tätigkeit aller am Rechtsetzungsverfahren beteiligten Organe abgeschlossen und die Geltung lediglich noch eine Frage des Zeitablaufs ist.[104] Nach dem Außerkrafttreten einer Norm kann ein Normenkontrollverfahren solange eingeleitet werden, wie die Norm **Rechtswirkungen** hat.

Hinweis

Kein zulässiger Antragsgegenstand eines abstrakten Normenkontrollverfahrens sind Verordnungen und Richtlinien der Europäischen Union. Sie liegen außerhalb der Kontrollkompetenz des BVerfG. Zuständig sind der EuGH und das Europäische Gericht Erster Instanz.

(3) Antragsgrund

Zulässiger Antragsgrund sind Meinungsverschiedenheiten oder Zweifel über die Vereinbar- 198
keit des Prüfungsgegenstandes mit höherrangigem Recht (Art. 93 Abs. 1 Nr. 2 GG) bzw. die Überzeugung von der Nichtigkeit der Norm (§ 76 BVerfGG).

104 *BVerfGE* 1, 396, 400.

Gem. Art. 93 Abs. 1 Nr. 2 GG reichen **„Meinungsverschiedenheiten oder Zweifel“** über die Rechtmäßigkeit des Gesetzes aus, während § 76 Abs. 1 Nr. 1 BVerfGG darüber hinausgehend verlangt, dass der Antragsteller die Norm für nichtig hält. Einfaches Gesetzesrecht kann jedoch ein nach der Verfassung bestehendes Antragsrecht nicht einschränken, so dass wegen des Geltungsvorrangs des Art. 93 Abs. 1 Nr. 2 GG Meinungsverschiedenheiten oder Zweifel als Antragsgrund ausreichen. § 76 BVerfGG muss hier verfassungskonform im Sinne von Art. 93 Abs. 1 Nr. 2 GG interpretiert werden.[105]

Gem. § 76 Abs. 1 Nr. 2 BVerfGG kann ein Normenkontrollverfahren auch das Ziel haben, die Vereinbarkeit von Bundes- oder Landesrecht mit höherrangigem Recht positiv festzustellen – ein sog. **Normbestätigungsverfahren**.

» Zur konkurrierenden Gesetzgebung s. Rn. 229 ff. «

Ein Sonderfall ergibt sich aus Art. 93 Abs. 1 Nr. 2a GG, § 76 Abs. 2 BVerfGG. Bundesgesetze, die im Rahmen der konkurrierenden Gesetzgebung erlassen worden sind, können darauf geprüft werden, ob sie mit der **Erforderlichkeitsklausel des Art. 72 Abs. 2 GG** vereinbar sind. Art. 93 Abs. 1 Nr. 2a GG erweitert für diesen Sonderfall den Kreis der Antragsberechtigten: Zusätzlich zu den Landesregierungen sind die Landtage und der Bundesrat antragsberechtigt.

(4) Besonderes Klarstellungsinteresse

199 Das BVerfG verlangt als **ungeschriebene** Zulässigkeitsvoraussetzung ein *„besonderes objektives Interesse an der Klarstellung der Geltung“* der zur Prüfung gestellten Norm. Ein solches Interesse wird bei einem Antrag auf Normverwerfung (§ 76 Abs. 1 Nr. 1 BVerfGG) als gegeben angesehen, wenn der Antragsteller von der Nichtigkeit „überzeugt“ ist. Im Falle eines Antrags auf Normbestätigung (§ 76 Abs. 1 Nr. 2 BVerfGG) wird verlangt, dass eine zuständige Stelle die fragliche Norm tatsächlich nicht angewendet hat.[106]

> **Hinweis**
>
> Das Klarstellungsinteresse wird durch die **Möglichkeit anderer Rechtsschutzformen** nicht berührt. Selbst wenn daher der Antragsteller sein Begehren im Wege eines Organstreits oder einer Bund-Länder-Streitigkeit geltend machen könnte, wird dadurch die Zulässigkeit der abstrakten Normenkontrolle nicht eingeschränkt.

Es ist nicht notwendig, dass der Antragsteller von der zu überprüfenden Norm betroffen ist. Auf ein Rechtsschutzbedürfnis des Antragstellers kommt es nicht an.

> **Hinweis**
>
> Der Antrag der abstrakten Normenkontrolle ist unbefristet zulässig.

bb) Die Prüfung der Begründetheit der abstrakten Normenkontrolle

200 Die abstrakte Normenkontrolle ist begründet, wenn der Prüfungsgegenstand, insbesondere das Bundesgesetz, mit höherrangigem Recht, insbesondere mit dem Grundgesetz, unvereinbar ist, Art. 93 Abs. 1 Nr. 2 GG i.V.m. § 78 S. 1 BVerfGG.

---

105 *BVerfGE* 96, 133, 137.
106 *BVerfGE* 106, 244, 250.

JURIQ-Klausurtipp

Beachten Sie bei der Begründetheit, dass der Prüfungsmaßstab sich aus § 78 S. 1 BVerfGG ergibt: Bundesrecht kann nur auf seine Vereinbarkeit mit dem Grundgesetz, Landesrecht wegen Art. 31 GG auch auf seine Vereinbarkeit mit sonstigem Bundesrecht überprüft werden.

cc) Die Normenkontrollentscheidung des Bundesverfassungsgerichts

Gelangt das BVerfG zu der Überzeugung, dass eine ihm zur Prüfung vorgelegte Norm mit höherrangigem Recht unvereinbar ist, so erklärt es diese Norm gem. § 78 S. 1 BVerfGG grundsätzlich für **nichtig**. Gem. § 31 Abs. 2 BVerfGG hat die Entscheidung des BVerfG **Gesetzeskraft**. Sie wird – wie jedes Gesetz auch – im Bundesgesetzblatt veröffentlicht. 201

Ist ein Gesetz teilweise verfassungswidrig, so wird es vom BVerfG insgesamt für nichtig erklärt, wenn der verbleibende, nicht verfassungswidrige Rest, isoliert betrachtet, keinen Sinn mehr macht und vom Gesetzgeber nicht isoliert erlassen worden wäre. In den Fällen der Teilnichtigkeit kommt es also darauf an, ob das Gesetz teilbar ist oder ob es eine Sinneinheit darstellt.[107]

b) Die konkrete Normenkontrolle (Richtervorlage)

Wenn ein Gericht bei einem konkreten, aktuell verhandelten Fall, der Meinung ist, dass das dabei anzuwendende Recht nicht mit dem Grundgesetz vereinbar ist, dann muss dieses Gericht das **laufende Verfahren unterbrechen** und eine **Entscheidung des BVerfG abwarten**. Dieses Verfahren wird konkrete Normenkontrolle oder Richtervorlage genannt. Schließt das BVerfG sich der Auffassung des vorlegenden Gerichtes an, so wird die Norm vom BVerfG für **nichtig** erklärt. Dies hat für das vorlegende Gericht die Folge, dass es diese Norm nicht anzuwenden braucht. Schließt das BVerfG sich dagegen der Auffassung des vorlegenden Gerichtes nicht an, so ist dies für das vorlegende Gericht verbindlich. Es muss die Norm anwenden, auch wenn es sie für verfassungswidrig hält. 202

Hinweis

Gäbe man jedem Gericht selbst die Kompetenz, eine Norm wegen Verfassungswidrigkeit nicht anzuwenden, führte das zu erheblicher Rechtsunsicherheit: Manche Gerichte würden dann eine Norm vielleicht anwenden, weil sie diese Norm für verfassungsgemäß halten. Andere Gerichte, die der gegenteiligen Ansicht sind, würden dieselbe Norm nicht anwenden. Um hier für eine einheitliche Linie zu sorgen, wird die Befugnis, eine Norm für verfassungswidrig zu erklären und nicht anzuwenden, beim BVerfG zentral angesiedelt. Man spricht vom **Verwerfungsmonopol des BVerfG**.

Sie müssen in den Fällen der konkreten Normenkontrolle also stets zwischen dem **Ausgangsverfahren** und dem **Verfahren vor dem BVerfG** unterscheiden. Das Ausgangsverfahren ist das Verfahren, das vor dem vorlegenden Gericht anhängig ist. Dieses Verfahren wird ausgesetzt, wenn das Gericht dem BVerfG nach Art. 100 Abs. 1 GG eine Norm zur Prüfung

107 Vertiefend zur abstrakten Normenkontrolle *Hillgruber/Goos* Verfassungsrecht Rn. 491 ff.

vorlegt. Sobald das BVerfG entscheiden hat, wird das Ausgangsverfahren auf der Grundlage der Entscheidung des BVerfG fortgesetzt und zum Abschluss, d.h. zu einer Entscheidung gebracht. Das Normenkontrollverfahren ist insoweit ein **Zwischenverfahren**.

Die konkrete Normenkontrolle ist in Art. 100 Abs. 1 GG und in den §§ 13 Nr. 11 und 80 ff. BVerfGG geregelt.

PRÜFUNGSSCHEMA

„Die konkrete Normenkontrolle ist erfolgreich, wenn sie zulässig und begründet ist."

A. Zulässigkeit

I. Zuständigkeit des Bundesverfassungsgerichts, Art. 100 Abs. 1 GG, **§ 13 Nr. 11 BVerfGG**

II. Antragsberechtigung, Art. 100 Abs. 1 S. 1, Abs. 2 GG
Gericht

III. Antragsgegenstand, Art. 100 Abs. 1 S. 1 GG
Gesetz

IV. Richterliche Überzeugung von der Verfassungswidrigkeit des Gesetzes, Art. 100 Abs. 1 S. 1 GG
„Hält ... für verfassungswidrig"
- Mehrheit des Gerichts hat lediglich Zweifel Rn. 206
- Möglichkeit verfassungskonformer Auslegung Rn. 206

V. Entscheidungserheblichkeit, Art. 100 Abs. 1 S. 1 GG
„auf dessen Gültigkeit es bei der Entscheidung ankommt"
- Kein anderes Ergebnis bei Verfassungsmäßigkeit Rn. 207
- Vorlagepflicht bei Mehrfachvorlagen Rn. 207

VI. Form, §§ 23 Abs. 1, 80 Abs. 2 BVerfGG
Schriftliche Begründung

B. Begründetheit

„Der Antrag ist begründet, wenn die vorgelegte Norm gegen grundgesetzliche Bestimmungen verstößt." (Art. 100 Abs. 1 S. 1 Alt. 2 GG)
Oder:
„Der Antrag ist begründet, wenn die vorgelegte Norm gegen grundgesetzliche Bestimmungen oder sonstiges Bundesrecht verstößt." (Art. 100 Abs. 1 S. 2 GG)

I. Formelle Verfassungsmäßigkeit
1. Zuständigkeit
2. Verfahren
3. Form

II. Materielle Verfassungsmäßigkeit

C. Entscheidung des Bundesverfassungsgerichts, §§ 81, 82 Abs. 1 i.V.m. § 78 BVerfGG

„Das BVerfG wird das X-Gesetz gem. §§ 82 Abs. 1, 78 S. 1 BVerfGG für nichtig erklären."

aa) Die Zulässigkeitsvoraussetzungen der konkreten Normenkontrolle

Die Zulässigkeitsvoraussetzungen entnehmen Sie abschließend dem Art. 100 Abs. 1 GG. § 80 Abs. 1 BVerfGG verweist auf diese Norm. Daraus ergeben sich insbesondere folgende Prüfungspunkte: 203

» Machen Sie sich den Unterschied klar: Die abstrakte Normenkontrolle heißt abstrakt, weil sie unabhängig von einem konkreten Rechtsstreit ist. Bei der konkreten Normenkontrolle hingegen geht es um eine Rechtsform, die ein Gericht in einem Rechtsstreit anzuwenden hat. «

(1) Antragsberechtigung

Antragsberechtigt sind nur Gerichte. Das sind alle Stellen, die sachlich unabhängig sind, in einem formell gültigen Gesetz mit den Aufgaben eines Gerichtes betraut und als Gerichte bezeichnet werden.[108] 204

Beispiel Kein Gericht im Sinne von Art. 100 Abs. 1 GG ist ein einzelner Rechtspfleger. ■

(2) Antragsgegenstand

Zulässiger Antragsgegenstand nach Art. 100 Abs. 1 GG ist jedes Landes- oder Bundesgesetz. Gemeint ist hier nur das **förmliche nachkonstitutionelle Gesetz**. Förmliche Gesetze sind **Gesetze eines Legislativorgans**, hierzu gehören auch das Grundgesetz und die Landesverfassungen. 205

Beispiel Die Straßenverkehrsordnung ist als Bundesrechtsverordnung (vgl. Art. 80 GG, § 6 Abs. 1 StVG) zwar Gesetz im materiellen, nicht aber im formellen Sinne. Sie ist daher kein tauglicher Prüfungsgegenstand. ■

Nachkonstitutionell sind Gesetze, die **später als das Grundgesetz**, also nach dem 23. Mai 1949 erlassen worden sind. Allerdings kann vorkonstitutionelles Recht dann zulässiger Antragsgegenstand sein, wenn der nachkonstitutionelle Gesetzgeber es in seinen Willen aufgenommen, es also geändert oder neu bekannt gemacht hat.[109]

Beispiel Deshalb sind das BGB, das StGB oder die ZPO nachkonstitutionelles Recht, obwohl diese Gesetze ursprünglich weit vor 1949 erlassen worden sind. ■

Satzungen, Verwaltungsvorschriften und Rechtsverordnungen kann jedes Gericht **selbst verwerfen**, braucht sie also nicht dem BVerfG zur Prüfung vorzulegen. Das Verfahren der konkreten Normenkontrolle ist dann überflüssig.

Beispiel Zur Umsetzung einer Rechtschreibreform müssen sowohl die Bundes- als auch die Landesverwaltung entsprechende Verwaltungsvorschriften erlassen. Im Zuge der letzten Rechtschreibreform kam es in der Folge zu divergierenden Entscheidungen der Verwaltungsgerichte, die zu einer uneinheitlichen Verbindlichkeit der Rechtschreibregeln führte. ■

> **Hinweis**
>
> Die Normverwerfungskompetenz des BVerfG betrifft nur förmliche nachkonstitutionelle Gesetze.

(3) Überzeugung von der Verfassungswidrigkeit der Norm

Das Vorlagegericht muss gem. Art. 100 Abs. 1 S. 1 GG die fragliche Norm für verfassungswidrig halten. Dies erfordert die Überzeugung von der Verfassungswidrigkeit. Zweifel reichen insofern nicht aus. Das BVerfG stellt hier strenge Anforderungen, um zu verhindern, dass es 206

108 *BVerfGE* 6, 55, 63.
109 *BVerfGE* 132, 372, 386; *Gersdorf/Heilmann/Bizuga* AL 2017, 89, 94.

von den Fachgerichten als Instanz zur Klärung schwieriger Rechtsfragen in Anspruch genommen wird. Eine Vorlage aus Neugier oder eine Vorlage aus Unsicherheit wären unzulässig.

Nur einer der Beisitzer ist von der Verfassungswidrigkeit überzeugt, während die Mehrheit des Gerichts lediglich Zweifel hat. Das Gericht hat folglich **keinen** ausreichenden Grund zur Vorlage.

Das Gericht ist von der Verfassungswidrigkeit der Norm überzeugt. Gleichzeitig ist es der Auffassung, dass es sie durch eine **verfassungskonforme Auslegung** beheben kann. Diese Möglichkeit schließt die Überzeugung von der Verfassungswidrigkeit aus, so dass die Vorlage **unzulässig** ist.

(4) Entscheidungserheblichkeit

207 Ein Gericht kann nicht jedes förmliche nachkonstitutionelle Gesetz dem BVerfG vorlegen. Es muss **auf die Gültigkeit** der vorgelegten Norm im Ausgangsverfahren **ankommen**. Auf diese Weise wird eine überflüssige Inanspruchnahme des BVerfG vermieden. Kommt es für die Entscheidung des vorlegenden Gerichts auf die Verfassungsmäßigkeit einer Norm gar nicht an, so ist eine Befassung des BVerfG **unzulässig**.

Entscheidungserheblich in diesem Sinne ist eine Vorschrift, wenn der Ausgangsrechtsstreit bei ihrer Ungültigkeit anders zu entscheiden wäre, als bei ihrer Gültigkeit.

Das Gericht ist von der Verfassungswidrigkeit des anzuwendenden Strafgesetzes überzeugt. Es möchte den Angeklagten aber auch aus anderen Gründen freisprechen. Da die Verfassungswidrigkeit des Gesetzes zwar zum Freispruch führte, kein anderes Ergebnis aber bei seiner Verfassungsmäßigkeit einträte, ist die Vorlagefrage **nicht entscheidungserheblich**.

Gem. § 80 Abs. 2 BVerfGG muss das vorlegende Gericht in dem Vorlagebeschluss angeben, inwiefern von der Gültigkeit der Rechtsvorschrift seine Entscheidung abhängig ist und mit welcher übergeordneten Rechtsnorm sie unvereinbar ist.

Hinweis

Beachten Sie, dass der Antrag nicht an eine Frist gebunden ist.

Vorlagepflicht bei Mehrfachvorlagen: Fraglich ist, ob für ein Gericht eine Vorlagepflicht besteht, wenn das BVerfG mit der konkreten Frage bereits aufgrund einer anderen Richtervorlage beschäftigt ist. Alternativ wäre eine **Aussetzung des Verfahrens** bis zur Entscheidung des BVerfG denkbar. **Gegen** Mehrfachvorlagen spricht der Prüfungsgegenstand, der in beiden Fällen derselbe ist. Eine einzelne Entscheidung hätte wegen § 31 Abs. 2 BVerfGG („Gesetzeskraft") ohnehin Allgemeinverbindlichkeit. **Für** Mehrfachvorlagen spricht, dass sich die Erstvorlage u.U. erledigen könnte, ohne dass über die Verfassungswidrigkeit der Normen entschieden wurde (z.B. bei Unzulässigkeit der ersten Vorlage). Vor allem aber ist dem Wortlaut des Art. 100 Abs. 1 S. 1 GG (*„ist ... einzuholen"*) keine Einschränkung zu entnehmen. Schließlich bieten Mehrfachvorlagen dem BVerfG auch eine breitere Entscheidungsgrundlage. Somit besteht die Vorlagepflicht.

bb) Die Prüfung der Begründetheit der konkreten Normenkontrolle

Für die Sachentscheidung des BVerfG gelten dieselben Regeln wie bei der abstrakten Normenkontrolle. § 82 Abs. 1 BVerfGG verweist auf diese Regeln.[110] **208**

> **JURIQ-Klausurtipp**
>
> Beachten Sie bitte, dass sich bei der Prüfung der Begründetheit der **Prüfungsmaßstab unmittelbar aus den Obersätzen** ergibt. Sie brauchen ihn deshalb nicht separat zu erläutern. Falls Sie ihn dennoch knapp darstellen wollen, könnten Sie wie folgt formulieren:
>
> - „Als formelles Bundesgesetz wird das X-Gesetz am gesamten Grundgesetz in sachlicher und förmlicher Hinsicht gemessen."
> - „Das Landesgesetz Y wird sowohl am Grundgesetz als auch an sonstigem Bundesrecht gemessen."

cc) Exkurs: Das Vorabentscheidungsverfahren nach Art. 267 AEUV

Ein ähnliches Vorlageverfahren gibt es auf europäischer Ebene: das Vorabentscheidungsverfahren vor dem Europäischen Gerichtshof (EuGH) gem. Art. 267 AEUV. Danach entscheidet der EuGH im Wege der Vorabentscheidung **209**

- über die Auslegung der Verträge,
- über die Gültigkeit und die Auslegung der Handlungen der Organe Einrichtungen oder sonstigen Stellen der Union.

Wird eine derartige Frage einem nationalen Gericht gestellt und hält dieses Gericht eine Entscheidung darüber zum Erlass seines Urteils für erforderlich, so ist die Vorlage vor dem EuGH zulässig. Dabei ist zwischen Instanzgerichten und letztinstanzlichen Gerichten zu unterscheiden: Instanzgerichte können Auslegungsfragen dem EuGH vorlegen; letztinstanzliche Gerichte müssen dies tun. Auf diese Weise wird eine einheitliche Auslegung und Anwendung des Gemeinschaftsrechts durch die nationalen Gerichte gewährt.

2. Die Verfassungsbeschwerde

Verfassungsbeschwerden können nach Art. 93 Abs. 1 Nr. 4a GG **von jedem** mit der Behauptung erhoben werden, durch die öffentliche Gewalt in einem Grundrecht verletzt worden zu sein. Diese Verletzung kann zum Beispiel durch einen **Verwaltungsakt** oder ein **Gerichtsurteil** erfolgen. Verfassungsbeschwerden können ferner nach Art. 93 Abs. 1 Nr. 4b GG von **Gemeinden** (Kommunen) und **Gemeindeverbänden** wegen Verletzung des Selbstverwaltungsrechts der Gemeinden aus Art. 28 Abs. 2 GG erhoben werden. **210**

Das BVerfG prüft nur die **Einhaltung der Grundrechte und der in Art. 93 Abs. 1 Nr. 4a GG aufgeführten grundrechtsgleichen Rechte**. Die Beurteilung sonstiger Rechtsfragen und die Feststellung von Tatsachen obliegen allein den übrigen Gerichten.

» Die Verfassungsbeschwerde und der Grundrechtsschutz finden Sie ausführlich im Skript „Grundrechte" dargestellt. «

Beispiel Das BVerfG kann auf eine Verfassungsbeschwerde hin weder Schadensersatz zuerkennen noch Maßnahmen der Strafverfolgung einleiten. ■

110 Vertiefend *Hillgruber/Goos* Verfassungsprozessrecht Rn. 566 ff.

PRÜFUNGSSCHEMA

„Die Verfassungsbeschwerde ist erfolgreich, wenn sie zulässig und begründet ist."

A. Zulässigkeit

I. Zuständigkeit des BVerfG, Art. 93 Abs. 1 Nr. 4a GG i.V.m. § 13 Nr. 8a BVerfGG

II. Beschwerdefähigkeit

Jedermann (Art. 93 Abs. 1 Nr. 4a GG); gem. Art. 19 Abs. 3 GG auch juristische Personen des Privatrechts

III. Prozessfähigkeit

IV. Beschwerdegegenstand

Jeder Akt der öffentlichen Gewalt (vgl. Art. 93 Abs. 1 Nr. 4a GG)

Unterlassen als Maßnahme der öffentlichen Gewalt Rn. 212

V. Beschwerdebefugnis

Verfassungsbeschwerde gegen Normen Rn. 213
Verfassungsbeschwerde gegen Gerichtsurteile Rn. 213

1. Möglichkeit der Grundrechtsverletzung
2. Betroffenheit
   a) Selbst, d.h. Adressaten des öffentlichen Aktes
   b) Gegenwärtig, d.h. der öffentliche Akt muss sich zum Zeitpunkt der Beschwerde auf Rechte des Beschwerdeführers auswirken.
   c) Unmittelbar, d.h. der öffentliche Akt muss grundsätzlich direkt wirken; Bejahung aber auch, wenn öffentlicher Akt (Gesetz) vorab zu Dispositionen führt, die später nicht oder nur sehr schwer zu korrigieren sind.

VI. Rechtswegerschöpfung

Grundsatz der allgemeinen Subsidiarität der Verfassungsbeschwerde

VII. Form

1. Schriftliche Begründung (§§ 23 Abs. 1 S. 1 und 2, 92 BVerfGG)
2. Nennung der Grundrechtsverletzung (§ 92 BVerfGG)

VIII. Frist

Monatsfrist (§ 93 Abs. 1 BVerfGG); bei Gesetzen Jahresfrist (§ 93 Abs. 3 BVerfGG)

B. Begründetheit

„Die Verfassungsbeschwerde ist begründet, wenn die angegriffene Maßnahme den Beschwerdeführer **tatsächlich in seinen Grundrechten verletzt. Dies ist der Fall,** wenn die hoheitliche Maßnahme in den Schutzbereich (I) dieses Grundrechts eingreift (II.) und der Eingriff verfassungsrechtlich nicht gedeckt (III.) ist."

Verfassungsverstoß wegen gesetzgeberischen Unterlassens Rn. 215

C. Entscheidung des Gerichts, § 95 BVerfGG

Das BVerfG kann die Verfassungswidrigkeit eines Aktes der öffentlichen Gewalt feststellen, ein Gesetz für nichtig erklären oder eine verfassungswidrige Entscheidung aufheben und die Sache an ein zuständiges Gericht zurückverweisen.

a) Die Zulässigkeitsvoraussetzungen der Verfassungsbeschwerde

Hinweis 211

Die Verfassungsbeschwerde bedarf der Annahme zur Entscheidung, § 93a Abs. 1 BVerfGG. Sie ist zur Entscheidung anzunehmen:

- soweit ihr **grundsätzliche verfassungsrechtliche Bedeutung** zukommt. Dies ist nicht der Fall, wenn die von ihr aufgeworfenen verfassungsrechtlichen Fragen in der Rechtsprechung des BVerfG bereits geklärt sind.
- wenn es **zur Durchsetzung der in § 90 Abs. 1 BVerfGG genannten Rechte angezeigt** ist. Dies kann auch der Fall sein, wenn dem Beschwerdeführer durch die Versagung der Entscheidung zur Sache ein besonders schwerer Nachteil entsteht (§ 93a Abs. 2 BVerfGG).

Diese Prüfung ist bei den meisten Sachverhalten jedoch meist erfolgt, so dass Sie direkt in die Prüfung der Zulässigkeit einsteigen können.

aa) Der Beschwerdegegenstand

Beschwerdegegenstand ist gem. § 90 Abs. 1 BVerfGG **jeder Akt der öffentlichen Gewalt**, d.h. Maßnahmen der Legislative, Exekutive oder Judikative. 212

Der Beschwerdeführer wendet sich mit seiner Verfassungsbeschwerde gegen ein Unterlassen des Gesetzgebers: Ein Unterlassen kann Maßnahme der öffentlichen Gewalt im Sinne des Art. 93 Abs. 1 Nr. 4a GG, § 90 Abs. 1 BVerfGG sein. Es kann zur Verletzung eines Grundrechts führen, wenn aus dem Grundrecht ein Anspruch auf Tätigwerden des Gesetzgebers besteht.

bb) Die Beschwerdebefugnis

Der Beschwerdeführer muss geltend machen können, in einem seiner Grundrechte (oder grundrechtsgleichen Rechte) verletzt zu sein, § 90 Abs. 1 BVerfGG. Dies erfordert zumindest die **Möglichkeit einer Verletzung** in eigenen Grundrechten sowie eine **eigene, gegenwärtige und unmittelbare Beschwer**. 213

» Merken Sie sich: Der Vollzug ist unzumutbar bei Gefahr eines „Strafmakels". «

Verfassungsbeschwerden gegen Normen: Gesetze, Rechtsverordnungen oder Satzungen können mit der Verfassungsbeschwerde nur ausnahmsweise unmittelbar angegriffen werden, und zwar dann, wenn sie den Beschwerdeführer **selbst, gegenwärtig** und **unmittelbar** beschweren. In der Regel bedürfen Rechtsvorschriften jedoch des **Vollzuges**, d.h. der Anwendung im einzelnen Fall durch eine behördliche oder gerichtliche Entscheidung, gegen die der Betroffene den Rechtsweg vor den zuständigen Gerichten erschöpfen muss. In aller Regel ist die Verfassungsbeschwerde daher in solchen Fällen erst nach der Entscheidung des letztinstanzlichen Gerichts zulässig (§ 90 Abs. 2 BVerfGG). Wenn aber ein Verstoß gegen die angegriffene Norm zu einer **Sanktion des Straf- oder Ordnungswidrigkeitenrechts** führt, so ist dem Beschwerdeführer ein Abwarten der Strafe nicht zuzumuten.

» Beachten Sie: Das BVerfG ist keine „Superrevisionsinstanz". «

Verfassungsbeschwerden gegen Gerichtsurteile: Die Möglichkeit einer Grundrechtsverletzung ist immer dann problematisch, wenn der Beschwerdeführer Gerichtsentscheidungen angreift. Die Verfassungsbeschwerde ist ein außerordentlicher Rechtsbehelf. Die Überprüfung des einfachen Rechts obliegt grundsätzlich den dafür zuständigen Fachgerichten. Das BVerfG prüft nicht, ob die angefochtene Entscheidung nach Maßgabe des einfachen

Rechts rechtens ist, sondern nur, ob eine **spezifische Verletzung von Grundrechten** vorliegt. Eine solche ist gegeben bei:

- Anwendung einer verfassungswidrigen Rechtsgrundlage,
- Nichtanwendung eines Grundrechts,
- fehlerhafter Anwendung eines Grundrechts,
- Verkennung der Bedeutung und Tragweite eines Grundrechts.

cc) Rechtswegerschöpfung/Subsidiaritätsgrundsatz

214 Die Anrufung des BVerfG ist grundsätzlich nur und erst dann zulässig, wenn der Beschwerdeführer zuvor den Rechtsweg erschöpft und darüber hinaus die ihm zur Verfügung stehenden weiteren Möglichkeiten ergriffen hat, um eine Korrektur der geltend gemachten Verfassungsverletzung zu erreichen oder diese zu verhindern. Die Verfassungsbeschwerde ist unzulässig, wenn und soweit eine anderweitige Möglichkeit besteht oder bestand, die Grundrechtsverletzung zu beseitigen oder ohne Inanspruchnahme des BVerfG im praktischen Ergebnis dasselbe zu erreichen. Vor Erhebung der Verfassungsbeschwerde müssen daher **alle verfügbaren Rechtsbehelfe** (z.B. Berufung, Revision, Beschwerde, Nichtzulassungsbeschwerde) genutzt worden sein.

> **Hinweis**
>
> Die Erhebung einer Verfassungsbeschwerde zum Landesverfassungsgericht wird dagegen für eine zulässige Verfassungsbeschwerde zum BVerfG nicht vorausgesetzt.

b) Die Prüfung der Begründetheit der Verfassungsbeschwerde

215 Die Verfassungsbeschwerde ist begründet, wenn der Beschwerdeführer durch den Akt der öffentlichen Gewalt in einem seiner Grundrechte oder grundrechtsgleichen Rechte verletzt ist. Dies ist der Fall, wenn ein **Eingriff in den Schutzbereich** eines solchen Rechts vorliegt und dieser **verfassungsrechtlich nicht gerechtfertigt** werden kann.

> **JURIQ-Klausurtipp**
>
> Kommen mehrere Grundrechte in Betracht, beginnen Sie mit dem spezielleren bzw. weisen Sie auf Konkurrenz oder Subsidiarität hin.

Verfassungsverstoß wegen gesetzgeberischen Unterlassens: Die Verfassungsbeschwerde könnte hier ungeeignet sein, die rechtliche Stellung des Beschwerdeführers zu verbessern, da das BVerfG aus Gründen der Gewaltenteilung grundsätzlich gehindert ist, einen Verfassungsverstoß festzustellen. Das BVerfG hält sich jedoch in mehreren Fällen für befugt, über Verfassungsbeschwerden gegen legislatives Unterlassen zu entscheiden:

- Eine Entscheidung des BVerfG ist zunächst dann möglich, wenn ein ausdrücklicher Auftrag des Grundgesetzes besteht, eine bestimmte gesetzliche Regelung zu erlassen. Ein solcher **verfassungsrechtlicher Gesetzgebungsauftrag** besteht z.B. in Art. 6 Abs. 5 GG.
- Ein gesetzgeberisches Unterlassen ist auch dann verfassungsrechtlich justiziabel, wenn der Gesetzgeber es trotz bestehender **grundrechtlicher Handlungs- und Schutzpflichten** gänzlich unterlassen hat, gesetzliche Vorschriften zu erlassen.

- Ein gesetzgeberisches Unterlassen ist schließlich auch dann justiziabel, wenn der Gesetzgeber durch seine Untätigkeit eine **verfassungsrechtliche Pflicht zur Nachbesserung** einer ursprünglich als verfassungskonform angesehenen Regelung verletzt hat.[111]

3. Das Organstreitverfahren

Beim Organstreit gem. Art. 93 Abs. 1 Nr. 1 GG, §§ 13 Nr. 5, 63 ff. BVerfGG handelt sich um ein **kontradiktorisches Streitverfahren**, bei dem das BVerfG den Streit zwischen zwei Verfassungsorganen um ihre Rechte und Pflichten aus der Verfassung entscheidet. Dabei sind insbesondere Zuständigkeiten und Kompetenzen gegeneinander abzugrenzen. Das Gericht trifft hierbei nach § 67 BVerfGG eine feststellende Entscheidung. 216

„Das Organstreitverfahren hat Erfolg, falls der Antrag zulässig und begründet ist."

A. Zulässigkeit

I. Zuständigkeit des Bundesverfassungsgerichts
„Die Zuständigkeit des BVerfG für das Organstreitverfahren ergibt sich aus Art. 93 I Nr. 1 GG, § 13 Nr. 5 BVerfGG."

II. Parteifähigkeit von Antragsteller und Antragsgegner, Art. 93 Abs. 1 Nr. 1 GG, § 63 BVerfGG

III. Streitgegenstand, § 64 Abs. 1 BVerfGG
Maßnahme oder Unterlassung

IV. Antragsbefugnis, § 64 Abs. 1 BVerfGG
Geltendmachung der Verletzung von Rechten und Pflichten, die durch das Grundgesetz übertragen sind
Prozessstandschaft im Organstreit Rn. 219

V. Rechtsschutzbedürfnis

VI. Antragsform, §§ 23 Abs. 1, 64 Abs. 2 BVerfGG
1. Schriftliche Begründung
2. Bezeichnung der Bestimmung des Grundgesetzes

VII. Frist, § 64 Abs. 3 BVerfGG
6 Monate ab Bekanntwerden der Maßnahme oder Unterlassung

B. Begründetheit
„Das Organstreitverfahren ist begründet, wenn die beanstandete Maßnahme des Antragsgegners gegen Normen der Verfassung verstößt, auf die der Antragsteller sich berufen kann."

C. Entscheidung des Bundesverfassungsgerichts, § 67 BVerfGG
Feststellungsurteil

PRÜFUNGSSCHEMA

111 *BVerfGE* 88, 203, 310; vertiefend zum Rechtsbehelf der Verfassungsbeschwerde *Hillgruber/Goos* Verfassungsprozessrecht Rn. 72 ff.

a) Die Zulässigkeitsvoraussetzungen des Organstreits

aa) Parteifähigkeit

217 Parteifähig sind zunächst alle **obersten Bundesorgane**. Dies sind jene Organe, die im organisch hierarchischen Sinn keinem anderen Organ untergeordnet sind und denen vom Grundgesetz die Wahrnehmung eigenständiger Aufgaben im Bereich der politischen Staatsleitung zugewiesen ist. Hierzu zählen: der Bundespräsident, der Bundestag, der Bundesrat, die Bundesregierung sowie die Bundesversammlung[112] und der Gemeinsame Ausschuss.

Zudem sind **„andere Beteiligte"** parteifähig, sofern sie durch das Grundgesetz oder die Geschäftsordnung eines obersten Bundesorgans mit eigenen Rechten ausgestattet sind. Als andere Beteiligte kommen nur solche Inhaber von Staatsgewalt in Betracht, die nach Rang und Funktion den obersten Bundesorganen gleich stehen.

Beispiel Fraktionen des Bundestages, da diese durch die GOBT mit eigenen Rechten ausgestattet sind; die Gruppe im Bundestag, da ihr durch § 10 Abs. 4 GOBT eigene Rechte verliehen werden; Ausschüsse des Bundestags und des Bundesrats, auch der Vermittlungsausschuss; der Bundestagspräsident, dem § 7 GOBT Rechte verleiht, sowie der Bundesratspräsident; der Bundeskanzler sowie einzelne Bundesminister, da diese als Teil des Organs Bundesregierung durch Art. 65 GG mit eigenen Rechten ausgestattet sind. ■

„Andere Beteiligte" außerhalb des Kreises der Organteile sind, wenn und soweit sie um Rechte kämpfen, die sich aus ihrem besonderen verfassungsrechtlichen Status ergeben und diese Rechte gegenüber einem anderen Verfassungsorgan geltend gemacht werden:

- **der einzelne Abgeordnete**. Dieser ist gem. Art. 38 Abs. 1 S. 2 GG mit eigenen Rechten ausgestattet. Er kann jedoch keine Grundrechtsverletzung geltend machen.
- **Politische Parteien**, wenn es um ihre verfassungsrechtliche Funktion gem. Art. 21 GG geht, nicht jedoch, wenn sie eine Grundrechtsverletzung gelten machen.

Beispiel[113] Nicht parteifähig ist die sogenannte „G 10-Kommission", die der Bundestag als Kontrollorgan eigener Art auf der Grundlage des Art. 10 Abs. 2 S. 2 GG errichtet hat. Im Wege des Organstreitverfahrens begehrte sie die Herausgabe von Listen des National Security Agency (NSA), die sich bei der Bundesregierung befanden, um eventuelle Verstöße gegen Art. 10 GG („Fernmeldegeheimnis") festzustellen. Die G-10-Kommission ist aber kein oberstes Bundesorgan und wird nicht von der Verfassung in Existenz, Status und wesentlichen Kompetenzen konstituiert. Auch ist sie kein duch das Grundgesetz oder durch die GOBT mit eigenen Rechten ausgestatteter Teil des Bundestages. Sie wird vielmehr lediglich im Funktionsbereich der Exekutive tätig, in dem sie über die Zulässigkeit und Notwendigkeit von konkreten Beschränkungsmaßnahmen entscheidet. ■

bb) Streitgegenstand

218 Streitgegenstand kann eine **Maßnahme** oder **Unterlassung** des Antragsgegners sein, die den Antragsteller in seinen Rechten und Pflichten aus dem Grundgesetz verletzt oder unmittelbar gefährdet. Die Maßnahme oder Unterlassung muss rechtserheblich sein.[114]

112 *BVerfGE* 136, 277.
113 *BVerfGE* 143, 1.
114 *BVerfGE* 60, 374, 381.

Beispiel Erlass und Unterlassen eines Gesetzes,[115] Erlass oder Anwendung der Geschäftsordnungen,[116] Besetzung der Ausschüsse durch den Bundestag, die Nichtzuerkennung des Fraktionsstatus;
Nicht jedoch eine parlamentarische Rüge des Bundestagspräsidenten gegenüber einem Abgeordneten und Handlungen, die einen vorbereitenden Charakter haben: bloße Gesetzentwürfe oder die Beantwortung einer mündlichen Anfrage im Bundestag. ■

Da das Bundesverfassungsgericht gemäß § 67 BVerfGG nur die Feststellung treffen kann, ob die beanstandete Maßnahme oder Unterlassung gegen das Grundgesetz verstößt, darf der Streitgegenstand nicht rechtsgestaltender Art sein.

Beispiel Aus diesem Grund wurde vom BVerfG der Antrag eines Mitglieds der Bundesversammlung, die Wahl des Bundespräsidenten für ungültig zu erklären und eine Wiederholungswahl anzuordnen, für unzulässig erachtet.[117] ■

JURIQ-Klausurtipp

Unterscheiden Sie: Vorschriften der Geschäftsordnungen können rechtserhebliche Maßnahmen sein. Die jeweilige Vorschrift muss aber Rechte und Pflichten **aus dem Grundgesetz** verletzen. Eine Verletzung von Rechten aus der Geschäftsordnung, die sich nicht auf das Grundgesetz zurückführen lassen, reicht nicht aus.

cc) Antragsbefugnis

Der Antragsteller muss geltend machen, durch die angegriffene Maßnahme in seinen **verfassungsrechtlichen** Rechten und Pflichten oder in denjenigen des Organs, dem er angehört, verletzt oder unmittelbar gefährdet zu sein. **219**

Hinweis

Dabei kann es immer nur um **organschaftliche Rechte** gehen, nicht aber um subjektivrechtliche Positionen wie z.B. Grundrechte.

Der Sachvortrag muss die Verletzung oder Gefährdung der durch das Grundgesetz übertragenen organschaftlichen Rechte und Pflichten als **möglich** erscheinen lassen (Möglichkeitsformel). Wie schon beim Streitgegenstand muss auch hier ein Bezug zum Grundgesetz bestehen. Rechte nur aus der Geschäftsordnung oder aus einfachen Gesetzen sind für die Antragsbefugnis nicht ausreichend. Die gegenseitigen Rechte und Pflichten müssen sich aus einem *„verfassungsrechtlichen Rechtsverhältnis"* ergeben,[118] also aus einem vom Grundgesetz geordneten Rechtsverhältnis zwischen Antragsteller und Antragsgegner.

Beispiel Diese Möglichkeit ist dann ausgeschlossen, wenn der Antragsteller Rechte anführt, die offenkundig weder ihm noch dem Organ zustehen, dem er angehört. ■

115 *BVerfGE* 73, 40, 65.
116 *BVerfGE* 80, 188, 209.
117 *BVerfGE* 136, 277.
118 *BVerfGE* 73, 1, 30.

Prozessstandschaft im Organstreit: Grundsätzlich ist prozessführungsbefugt nur, wer eigene Rechte wahren will. Ausnahmsweise gestattet § 64 Abs. 1 BVerfGG (*„oder das Organ, dem er angehört"*) die Prozessstandschaft des Organteils für sein Organ. Dies bedeutet, dass der Antragsteller i.S.d. § 64 Abs. 1 BVerfGG verfassungsrechtliche Rechte des Organs, dem er angehört, in eigenem Namen geltend macht. Hier ist zunächst zu prüfen, ob **dem Organ** die behaupteten Rechte aus dem Grundgesetz zustehen. Darüber hinaus setzt eine solche Prozessstandschaft voraus, dass das betreffende Organ **selbst parteifähig** ist und dass der Organteil eine ständige, organisierte Gliederung des betreffenden Organs ist. So können etwa Fraktionen, **nicht aber einzelne Abgeordnete** Rechte des Gesamtorgans Bundestag geltend machen. Dass z.B. die Mehrheit des betreffenden Organs seine Rechte nicht verletzt sieht, steht der Antragsbefugnis aus Gründen des Minderheitenschutzes nicht entgegen.

dd) Rechtsschutzbedürfnis

220 Das erforderliche Rechtsschutzbedürfnis besteht nur dann, wenn der Antragsteller die dargelegte Rechtsverletzung nicht durch eigenes Handeln wirkungsgleich vermeiden kann. Ein gesondertes Rechtsschutzinteresse ist lediglich dann zu prüfen, wenn sich für sein Fehlen konkrete Anhaltspunkte ergeben.

Beispiel Die X-Fraktion sieht in einem gegen die Bundesregierung gerichteten Organstreitverfahren die Rechte des Bundestages verletzt. Nach Auffassung der X-Fraktion hätte der Bundestag dem durch die Bundesregierung angeordneten Auslandseinsatz einer bewaffneten Spezialeinheit der Bundeswehr vorher zustimmen müssen. Es werden Zweifel am Rechtssschutzbedürfnis geäußert, da die X-Fraktion mit zwei anderen Fraktionen die Regierungskoalition stellt und ihr damit möglicherweise andere (politische) Wege zur Verfügung stehen, ihre Auffassung durchzusetzen. Das BVerfG[119] bejahte trotzdem das Rechtsschutzbedürfnis, da die geltend gemachten Rechte des Bundestages auf Beteiligung nicht durch regierungsinterne politische Einflussnahme aufgewogen werden können. ■

ee) Form und Frist

221 Der Antrag ist unter Bezeichnung der verletzten Normen des Grundgesetzes schriftlich zu begründen, §§ 23, 64 Abs. 2 BVerfGG. Es gilt eine **Frist von 6 Monaten**. Sie beginnt, sobald die Maßnahme oder Unterlassung dem Antragsteller bekannt wurde, § 64 Abs. 3 BVerfGG. Bei einem Unterlassen beginnt die Frist spätestens dann, wenn der Antragsgegner sich **erkennbar eindeutig weigert**, in der Weise tätig zu werden, die der Antragsteller zur Wahrung seiner Rechte aus dem Grundgesetz für erforderlich hält.

b) Die Prüfung Begründetheit des Organstreits

222 Das Gericht prüft, ob die Maßnahme oder Unterlassung gegen die im Grundgesetz begründeten Rechte und Pflichten verstößt. Ist der Antrag begründet, spricht es durch das Urteil die **Feststellung** aus, dass eine **Rechtsverletzung** vorliegt. Dieses Urteil hat gem. § 31 Abs. 1 BVerfGG **Bindungswirkung** für alle Verfassungsorgane des Bundes und der Länder sowie alle Gerichte und Behörden.[120]

119 *BVerfGE* 90. 286, 339.
120 Vgl. zum Organstreit *Hillgruber/Goos* Verfassungsprozessrecht Rn. 303 ff.

Hinweis

Beachten Sie, dass durch das BVerfG **keine Verurteilung** des Antragsgegners zu einer bestimmten **Handlung** erfolgt.

4. Das Bund-Länder-Streitverfahren

Beim Bund-Länder-Streit geht es um gegenseitige Rechte und Pflichten **aus der Verfassung**, insbesondere bei der Ausführung von Bundesrecht durch die Länder (Art. 83 ff. GG) und bei der Ausübung der Bundesaufsicht. 223

„Ein Bund-Länder-Streit beim BVerfG hat Aussicht auf Erfolg, wenn er zulässig und begründet ist"

A. Zulässigkeit

- **I. Zuständigkeit des Bundesverfassungsgerichts,** Art. 93 Abs. 1 Nr. 3 GG, § 13 Nr. 7, §§ 68 ff. BVerfGG
- **II. Parteifähigkeit,** § 68 BVerfGG
  1. Für den Bund: Bundesregierung
  2. Für das Land: Landesregierung
- **III. Streitgegenstand,** Art. 93 Abs. 1 Nr. 3 GG
  Streitigkeiten über die Ausführung von Bundesrecht oder Ausübung der Bundesaufsicht
- **IV. Antragsbefugnis,** Art. 93 Abs. 1 Nr. 2 GG, §§ 69, 64 BVerfGG
- **V. Form,** §§ 23 Abs. 1, 69, 64 Abs. 1 BVerfGG
  Schriftlich begründeter Antrag
- **VI. Frist,** §§ 69, 64 Abs. 3 BVerfGG
  6 Monate

B. Begründetheit

„Der Antrag ist begründet, wenn die gerügte Maßnahme oder Unterlassung gegen eine Bestimmung des GG verstößt und den Antragsteller tatsächlich in seinen Rechten verletzt."

C. Entscheidung des Bundesverfassungsgerichts, § 67 BVerfGG
Feststellungsurteil

PRÜFUNGSSCHEMA

JURIQ-Klausurtipp

Es handelt sich um ein kontradiktorisches Verfahren. Sie müssen also die konkrete Rechtsverletzung prüfen.

Parteifähig sind gem. § 68 BVerfGG Bundes- und Landesregierungen. Es dürfen nicht auf beiden Seiten Länder am Prozess beteiligt sein. Bei den weiteren Zulässigkeitsvoraussetzungen gilt das zum Organstreit Ausgeführte entsprechend (s. dazu Rn. 216 ff.), denn § 69 BVerfGG verweist insofern auf §§ 64 bis 67 BVerfGG. Beachten Sie, dass in den Fällen der Bundesauf- 224 sicht bei Ausführung von Bundesgesetzen durch die Länder als eigene Angelegenheit ein erfolgloses Vorverfahren Zulässigkeitsvoraussetzung ist, Art. 84 Abs. 4 GG i.V.m. § 70 BVerfGG.

Prüfungsmaßstab im Bund-Länder-Streit sind insbesondere die Kompetenzvorschriften des GG, aber auch der Grundsatz der Bundestreue, s. Rn. 73. Die Prüfung der Begründetheit entspricht der Prüfung im Organstreitverfahren.[121]

JURIQ-Klausurtipp

Die Reihenfolge der Prüfungspunkte im Schema ist nicht zwingend. Soweit die Prüfungspunkte unproblematisch sind, sollten sie möglichst kurz geprüft werden. Dabei können Sie auch mal vom Gutachtenstil abweichen.

121 Vgl. zum Bund-Länder-Streit *Hillgruber/Goos* Verfassungsprozessrecht Rn. 400 ff.

4. Teil
Die Staatsfunktionen

A. Gesetzgebung

Die wichtigen Entscheidungen in einem Gemeinwesen müssen aufgrund der Wesentlichkeitstheorie des Demokratieprinzips und des Gesetzesvorbehaltes des Rechtsstaatsprinzip **vom Parlament in Form eines Gesetzes** getroffen werden. 225

JURIQ-Klausurtipp

Es ist eine der häufigsten Aufgabenstellungen in staatsrechtlichen Klausuren, dass die Verfassungsmäßigkeit eines vom Bundestag beschlossenen Gesetzes bzw. die Rechtmäßigkeit einer Bundesrechtsverordnung zu prüfen ist.

I. Prüfung der Verfassungsmäßigkeit eines Gesetzes

Soll das Gesetz Rechtssicherheit für die Bürger und demokratische Legitimation für das staatliche Handeln gewähren, muss eindeutig und verlässlich geregelt sein, wer das Gesetz erlassen darf (Gesetzgebungskompetenz) und welches Verfahren hierbei einzuhalten ist (Gesetzgebungsverfahren). Nur wenn das Gesetz wirksam zustande gekommen ist, ist es **formell verfassungsmäßig**. Bei Bundesgesetzen sind die Regeln des Zustandekommens im Grundgesetz enthalten, während in Landesgesetzen hierfür die jeweilige Landesverfassung gilt. Darüber hinaus darf das Gesetz auch inhaltlich – also materiell – nicht gegen höherrangiges Recht verstoßen. Diese Prüfung erfolgt im Rahmen der **materiellen Verfassungsmäßigkeit**. 226

Daraus ergibt sich der Aufbau für die Prüfung der Verfassungsmäßigkeit von Bundesgesetzen:

Verfassungsmäßigkeit eines Bundesgesetzes

PRÜFUNGSSCHEMA

I. Formelle Verfassungsmäßigkeit
- **1. Zuständigkeit** = Gesetzgebungskompetenzen gem. Art. 70 ff. GG
- **2. Verfahren** = Gesetzgebungsverfahren gem. Art. 76–82 GG
- **3. Form,** Art. 82 GG

II. Materielle Verfassungsmäßigkeit
= kein Verstoß gegen höherrangiges Recht
- **1. Spezielle Regelungen des GG zu berücksichtigen?** (z.B. Art. 80 GG)
- **2. Staatsprinzipen des Art. 20 GG** , insbesondere „Rechtsstaatsprinzip"
  - a) Bestimmtheitsgebot
  - b) Verbot des Einzelfallgesetzes
  - c) Rückwirkung
- **3. Kein Verstoß gegen Grundrechte**

1. Formelle Verfassungsmäßigkeit von Gesetzen

a) Gesetzgebungskompetenzen

227 Die **Gesetzgebungskompetenz** bezeichnet das Recht, Gesetze erlassen zu dürfen.

JURIQ-Klausurtipp

Die Gesetzgebungskompetenz von Bund oder Land wird im Rahmen der Begründetheit als erster Punkt der formellen Verfassungsmäßigkeit (Zuständigkeit) geprüft, wann immer ein Gesetz Gegenstand eines Verfahrens vor dem BVerfG ist.

Ausgangspunkt für die Prüfung ist Art. 70 Abs. 1 GG, der den **Grundsatz** für die Kompetenzverteilung bei der Gesetzgebung zwischen Bund und Ländern regelt:

(1) Die Länder haben das Recht der Gesetzgebung, soweit dieses Grundgesetz nicht dem Bunde Gesetzgebungsbefugnisse verleiht.

(2) Die Abgrenzung der Zuständigkeit zwischen Bund und Ländern bemisst sich nach den Vorschriften dieses Grundgesetzes über die ausschließliche und die konkurrierende Gesetzgebung.

Diese Norm legt ein **Regel-Ausnahme-Verhältnis** fest: Im Regelfall sind die Länder zuständig, es sei denn das Grundgesetz weist dem Bund die Gesetzgebungskompetenz zu. Zuerst muss nach einem Kompetenztitel für den Bund gefragt werden. Der Bund ist grundsätzlich nur bei der sog. ausschließlichen und der konkurrierenden Gesetzgebung zuständig. **Ausschließliche Gesetzgebung** meint, dass der Bund das alleinige Recht hat, Gesetze zu erlassen. **Konkurrierende Gesetzgebung** bezeichnet die gesetzgeberischen Bereiche, in denen weder der Bund noch die Länder über die ausschließliche Zuständigkeit verfügen. Darüberhinaus gibt es in seltenen Ausnahmefällen die ungeschriebene Bundesgesetzgebungskompetenz kraft Sachzusammenhang, als Annex oder kraft Natur der Sache.

Gesetzgebungskompetenzen

I. Gesetzgebungskompetenzen des Bundes

1. Ausschließliche Gesetzgebungskompetenz des Bundes, Art. 71 GG
   a) Katalog Art. 73 Abs. 1 Nr. 1–14; Art. 105 Abs. 1 GG
   b) Sonderfälle: Art. 21 Abs. 5, 23 Abs. 3 S. 3, Abs. 7, 38 Abs. 3, 41 Abs. 3, 45c Abs. 2, 48 Abs. 3 S. 3, 54 Abs. 7 GG u.a.

2. Konkurrierende Gesetzgebungskompetenz des Bundes, Art. 72 GG
   a) Grundsatz des Art. 72 Abs. 1 GG
   b) Art. 72 Abs. 2 GG: Erforderlichkeit einer bundesgesetzlichen Regelung
   c) Abweichungskompetenz der Länder gem. Art. 72 Abs. 3 GG

3. Ungeschriebene Gesetzgebungskompetenz des Bundes
   a) Kompetenz kraft Sachzusammenhangs
   b) Annexkompetenz
   c) Kompetenz kraft Natur der Sache

II. Gesetzgebungskompetenzen der Länder

Eine Zuständigkeit der Länder darf hingegen erst und nur dann bejaht werden, wenn

1. die Punkte 1–3 nicht zu einer Kompetenz des Bundes geführt haben, oder
2. im Falle einer ausschließlichen Bundeskompetenz eine Ermächtigung zu Gunsten der Länder nach Art. 71 GG besteht, oder
3. der Bund gem. Art. 72 Abs. 1 GG von einer konkurrierenden Kompetenz noch keinen Gebrauch gemacht oder keine abschließende Regelung getroffen hat (extrem selten), oder
4. im Falle einer konkurrierenden Bundeskompetenz eine Abweichungsmöglichkeit nach Art. 72 Abs. 3, 84 Abs. 1 S. 2 GG bzw. eine Ersetzungsberechtigung nach Art. 72 Abs. 4 GG besteht.

PRÜFUNGSSCHEMA

JURIQ-Klausurtipp

Sobald Sie **eine** Kompetenz des Bundes bejahen, müssen Sie die Prüfung beenden. In diesem Falle steht die Zuständigkeit des Bundes zum Gesetzeserlass fest.

aa) Ausschließliche Gesetzgebungszuständigkeit des Bundes

Ausschließliche Gesetzgebungszuständigkeit meint, dass der Bund das **alleinige Recht** hat, Gesetze zu erlassen. Die Länder haben in diesem Fall die Befugnis zur Gesetzgebung nur, wenn sie hierzu durch ein Bundesgesetz ausdrücklich ermächtigt sind, Art. 71 GG. Das gilt auch dann, wenn der Bund gar keine Regelung auf dem betreffenden Gebiet erlassen hat. **228**

Die Bereiche der ausschließlichen Gesetzgebung sind vor allem im Art. 73 GG aufgeführt.

Beispiele Staatsangehörigkeitsrecht, Waffen- und Sprengstoffrecht oder Erzeugung und Nutzung der Kernenergie zu friedlichen Zwecken. ■

Weitere Gegenstände der ausschließlichen Gesetzgebungskompetenz des Bundes können sich aus speziellen Verfassungsbestimmungen ergeben, die nähere Regelungen durch ein *Bundes*gesetz vorschreiben.

Beispiele

- Gem. Art. 21 Abs. 5 GG liegt die ausschließliche Gesetzgebungskompetenz für nähere Regelungen zu den Parteien beim Bund.
- Nach Art. 38 Abs. 3 GG kann nur der Bund das Nähere zur Bundestagswahl bestimmen. ■

Hinweis

Der Bundestag kann im Fall der ausschließlichen Gesetzgebungskompetenz durch ein Gesetz die Gesetzgebungsbefugnis auf die Länder übertragen, Art. 71 GG.

bb) Konkurrierende Gesetzgebungszuständigkeit des Bundes

229 Der Katalog in Art. 74 GG zählt die Bereiche auf, die unter die konkurrierende Gesetzgebungszuständigkeit des Bundes fallen. Bei der konkurrierenden Gesetzgebung besteht nach dem Grundsatz des Art. 72 Abs. 1 GG eine vorrangige Gesetzgebungskompetenz des Bundes. Nur solange und soweit der Bund hiervon nicht Gebrauch gemacht hat, können die Länder zum Zuge kommen. Von diesem für den Bund günstigen Grundsatz des Art. 72 Abs. 1 GG gibt es zugunsten der Länder die beiden Ausnahmen des Art. 72 Abs. 2 („Erforderlichkeitsklausel") und Abs. 3 („Abweichungskompetenz"):

- Die **Erforderlichkeitsklausel** verlangt eine objektive Erforderlichkeit einer bundesgesetzlichen Regelung und setzt damit den Bund unter einen Rechtfertigungsdruck.
- Die **Abweichungskompetenz** ermöglicht den Ländern den Erlass abweichender Regelungen, auch wenn der Bund von seiner Gesetzgebungskompetenz Gebrauch gemacht hat.

In welchen Fällen der Grundsatz des Art. 72 Abs. 1 GG bzw. die Erforderlichkeitsklausel oder Abweichungskompetenz Anwendung finden, ist im Einzelnen in den verschiedenen Absätzen des Art. 72 GG beschrieben.

(1) Der Grundsatz des Art. 72 Abs. 1 GG

230 Die Länder haben gem. Art. 72 Abs. 1 GG nur dann die Gesetzgebung, wenn der Bundesgesetzgeber noch nicht tätig geworden ist:

„… solange und soweit der Bund von seiner Gesetzgebungszuständigkeit nicht durch Gesetz Gebrauch gemacht hat."

» Denken Sie an einen Wettbewerb: Bund und Länder konkurrieren um die Gesetzgebungsbefugnis. Beide dürfen theoretisch tätig werden, aber der Bund hat Vorrang. «

Das bedeutet im Einzelnen:

- **„solange"** bestimmt die zeitliche Komponente:
  Nach Art. 72 GG ist Landesrecht auflösend bedingt und tritt außer Kraft, sobald Bundesrecht auf demselben Gebiet erlassen wird, und zwar unabhängig davon, ob die Regelungen inhaltsgleich sind oder kollidieren.

Hinweis

Beachten Sie aber die Abweichungskompetenz der Länder nach Art. 72 Abs. 3 GG, s. Rn. 232.

Wenn das Bundesrecht aufgehoben wird, lebt Landesrecht nicht mehr auf, da es bereits außer Kraft ist und somit nicht mehr besteht.

- **„soweit"** bestimmt die sachliche Komponente:
  Der Bund kann auch nur Teile eines Gebietes regeln und den Rest der Gesetzgebung der Länder überlassen.
- **„durch Gesetz":**
  Nur ein Gesetz des Bundes nimmt den Ländern die Gesetzgebungskompetenz. Selbst ein nach Ansicht der Länder verfassungswidriges Bundesgesetz begründet die Sperrwirkung – bis das Gesetz durch das BVerfG für nichtig erklärt worden ist.
- **„Gebrauch gemacht":**
  Auch durch bewusstes Weglassen bestimmter Regeln kann der Bund von seiner Zuständigkeit Gebrauch machen. Dies ergibt sich meistens aus den Gesetzesbegründungen.
- **„hat":**
  Das Gesetz muss zumindest verkündet worden sein.

Beispiele Bürgerliches Recht, Vereinsrecht. ■

(2) Die Erforderlichkeitsklausel des Art. 72 Abs. 2 GG

Eine Abweichung hiervon gibt es auf den in Art. 74 Abs. 1 Nrn. 4, 7, 11, 13, 15, 19a, 20, 22, **231**
25, 26 GG genannten Gebieten.

Beispiele Aufenthaltsrecht von Ausländern, Fürsorgerecht, Lebensmittelrecht. ■

Hier kann der Bundesgesetzgeber seine Zuständigkeit nur unter einer **Bedingung** ausüben:

wenn und soweit

(1) die Herstellung gleichwertiger Lebensverhältnisse im Bundesgebiet oder

(2) die Wahrung der Rechts- oder Wirtschaftseinheit

(3) im gesamtstaatlichen Interesse eine bundesgesetzliche Regelung erforderlich macht.

Die Voraussetzungen des Art. 72 Abs. 2 GG, der sog. **Erforderlichkeitsklausel**, wurden vom BVerfG[1] wie folgt einschränkend ausgelegt:

- **„Gleichwertige Lebensverhältnisse":**
  Das Rechtsgut gleichwertiger Lebensverhältnisse ist erst dann bedroht und der Bund zum Eingreifen ermächtigt, wenn sich die Lebensverhältnisse in den Ländern der Bundesrepublik in erheblicher, das bundesstaatliche Sozialgefüge beeinträchtigender Weise auseinander entwickelt haben oder sich eine derartige Entwicklung konkret abzeichnet.
- **„Wahrung der Rechts- und Wirtschaftseinheit":**
  Eine Gesetzesvielfalt auf Länderebene erfüllt die Voraussetzungen des Art. 72 Abs. 2 GG erst dann, wenn sie eine Rechtszersplitterung mit problematischen Folgen darstellt, die im Interesse sowohl des Bundes als auch der Länder nicht hingenommen werden kann.
- **„Gesamtstaatliches Interesse":**
  Die Wahrung der Wirtschaftseinheit liegt im gesamtstaatlichen Interesse, wenn es um die Erhaltung der Funktionsfähigkeit des Wirtschaftsraums der Bundesrepublik durch bundeseinheitliche Rechtssetzung geht. Der Erlass von Bundesgesetzen steht dann im gesamtstaatlichen Interesse von Bund und Ländern, wenn Landesregelungen oder das Untätigbleiben der Länder erhebliche Nachteile für die Gesamtwirtschaft mit sich bringen.

1 *BVerfGE* 106, 62.

Gem. Art. 72 Abs. 4 GG kann durch Bundesgesetz bestimmt werden, dass eine bundesgesetzliche Regelung, für die eine Erforderlichkeit gem. Art. 72 Abs. 2 GG nicht mehr besteht, durch Landesrecht ersetzt werden kann. Der Bundesrat, eine Landesregierung oder ein Landesparlament kann eine Entscheidung hierüber beim BVerfG beantragen, Art. 93 Abs. 2 S. 1 Alt. 1 GG.

(3) Die Abweichungskompetenz der Länder gem. Art. 72 Abs. 3 GG

232 Auf bestimmten Gebieten der konkurrierenden Gesetzgebungskompetenz dürfen die Länder abweichende Gesetze erlassen, selbst wenn ein Bundesgesetz besteht. Zwar hat der Bund die Gesetzgebungskompetenz, doch haben die Länder eine Abweichungskompetenz, Art. 72 Abs. 3 GG. Betroffen sind das Jagdwesen (ohne das Recht der Jagdscheine), der Naturschutz und die Landschaftspflege (ohne die allgemeinen Grundsätze des Naturschutzes, das Recht des Artenschutzes oder des Meeresnaturschutzes), die Bodenverteilung, die Raumordnung, der Wasserhaushalt (ohne stoff- oder anlagenbezogene Regelungen) sowie die Hochschulzulassung und die Hochschulabschlüsse.

Machen Länder von ihrer Abweichungskompetenz Gebrauch, wird das Bundesgesetz in dem abweichenden Land nicht angewendet. Tritt das Landesgesetz außer Kraft, lebt das Bundesgesetz auch dort wieder auf.

JURIQ-Klausurtipp

Den Umstand, dass Art. 72 Abs. 3 S. 1 GG den Ländern für einige Bereiche die Möglichkeit abweichender Regelungen einräumt, müssen Sie bei der Prüfung der entsprechenden Bundeskompetenz nicht thematisieren. Dies wäre nur dann zu prüfen, wenn die Kompetenz eines Landes in Frage steht, nach Erlass eines Bundesgesetzes eine eigene Landesregelung zu verabschieden.

Beispiel Ein Bundesgesetz erkennt auch den Absolventen von Fachoberschulen eine uneingeschränkte Hochschulzugangsberechtigung zu (Hochschulzugangsgesetz).

Für die Bejahung der formellen Verfassungsmäßigkeit der Vorschrift müsste der Bund zum Erlass des Hochschulzugangsgesetzes zuständig gewesen sein. Die Zuständigkeit zur Gesetzgebung liegt nach Art. 70 Abs. 1 GG grundsätzlich bei den Ländern, soweit sie nicht durch das Grundgesetz ausdrücklich dem Bund zugewiesen ist.

a) Ausschließliche Bundeskompetenz, Art. 71, 73 GG

Eine Kompetenzzuweisung an den Bund für die Hochschulzugangsberechtigung könnte im Rahmen der ausschließlichen Gesetzgebungskompetenz gem. Art. 71, 73 GG erfolgt sein. Der Katalog des Art. 73 Abs. 1 GG enthält jedoch keinen entsprechenden Kompetenztitel. Eine ausschließliche Bundeskompetenz kommt daher nicht in Betracht.

b) Konkurrierende Bundeskompetenz, Art. 72, 74 GG

Möglicherweise ist eine konkurrierende Zuständigkeit gem. Art. 72, 74 GG einschlägig. Art. 74 Abs. 1 Nr. 33 GG erstreckt die konkurrierende Gesetzgebung des Bundes auf das Gebiet der *„Hochschulzulassung"*. Die vorliegend vom Bund normierte uneingeschränkte Hochschulzugangsberechtigung für Absolventen von Fachoberschulen lässt sich unter diese Regelungsmaterie subsumieren. Eine Erforderlichkeitsprüfung nach Art. 72 Abs. 2 GG ist im Falle des Art. 74 Abs. 1 Nr. 33 nicht durchzuführen. Daher folgt die Kompetenz des Bundes für den Erlass des vorliegenden Gesetzes aus Art. 72 Abs. 1 GG i.V.m. Art. 74 Abs. 1 Nr. 33 GG. ■

JURIQ-Klausurtipp

Bei eindeutigen Konstellationen können Sie unmittelbar auf die einschlägige Norm zugreifen. So brauchen Sie beim Parteiengesetz (Art. 21 Abs. 5 GG), bei Änderungen des Wahlgesetzes (Art. 38 Abs. 3 GG) oder bei Eingriffen in „typische" Landesgesetze (Polizei-, Kultur- und Kommunalrecht) nicht das komplette Schema durchzuprüfen.

Gesetzgebungskompetenzen

Grundregel, Art. 70 GG:
Soweit das GG nicht dem Bund die Befugnis verleiht, haben die Länder das Recht der Gesetzgebung.

Ausschließliche Gesetzgebung des Bundes, Art. 71, 73 GG:
Die Länder haben die Befugnis zur Gesetzgebung nur, wenn und soweit sie hierzu in einem Bundesgesetze ausdrücklich ermächtigt werden.

- Auswärtige Angelegenheiten
- Verteidigung, Zivilschutz
- Staatsangehörigkeit
- Freizügigkeit, Pass-, Melde- und Ausweiswesen
- Ein- und Auswanderung, Auslieferung
- Währungswesen, Außenhandel
- Zoll- und Grenzschutz
- Schutz deutschen Kulturgutes gegen Abwanderung ins Ausland
- Luftverkehr, Bundes-Eisenbahnen
- Post und Telekommunikation
- Bundes-Beamtenrecht
- Gewerblicher Rechtsschutz, Urheber- und Verlagsrecht
- Terrorismusbekämpfung durch das BKA
- Polizeiliche Zusammenarbeit von Bund und Ländern
- Waffen- und Sprengstoffrecht
- Nutzung der Kemenergie

u. a. m.

Konkurrierende Gesetzgebung, Art. 72, 74 GG:
Vorrangige Zuständigkeit des Bundes. Solange und soweit er davon nicht Gebrauch gemacht hat, haben die Länder die Befugnis zur Gesetzgebung.

Bürgerliches Recht, Strafrecht, Prozessrecht, Rechtsanwaltschaft, Notariat, Rechtsberatung, Personenstandswesen, Vereinsrecht, Angelegenheiten der Flüchtlinge und Vertriebenen, Kriegsfolgen, Wiedergutmachung, Arbeitsrecht, Sozialversicherung, Wettbewerbsrecht, Agrarförderung, Ernährung, Boden- und Wohngeldrecht, Gesundheitswesen, Schifffahrt, Schienenbahnen, die nicht Eisenbahnen des Bundes sind, Abfall-, Luft-, Lärmrecht, Statusrechte und -pflichten der Landesbeamten

Bund ist nur zuständig, wenn und soweit die Herstellung gleichwertiger Lebensverhältnisse im Bundesgebiet oder die Wahrung der Rechts- oder Wirtschaftseinheit im gesamtstaatlichen Interesse eine bundesgesetzliche Regelung erforderlich macht.
Aufenthalts- und Niederlassungsrecht der Ausländer, öffentliche Fürsorge, Recht der Wirtschaft, Ausbildungs- und Forschungsförderung, Überführung in Gemeineigentum, Krankenhauswirtschaft, Lebensmittelrecht, Tierschutz, Straßenverkehr, Kraftfahrwesen, Staatshaftung, Gentechnik

Die Länder können abweichende Regelungen treffen, auch wenn der Bund von seiner Gesetzgebungszuständigkeit Gebrauch gemacht hat:
Jagdwesen, Naturschutz, Landschaftspflege, Bodenverteilung, Raumordnung, Wasserhaushalt, Hochschulzulassung, -abschlüsse

cc) Ungeschriebene Gesetzgebungskompetenzen

Neben den geschriebenen Gesetzgebungskompetenzen sind in **drei Ausnahmefällen** auch 233
ungeschriebene Gesetzgebungskompetenzen des Bundes anerkannt:[2]

(1) Kompetenz des Bundes „kraft Natur der Sache"

> Der Bund ist für ein Rechtsgebiet **kraft Natur der Sache** zuständig, wenn dieses „begriffs- 234
> notwendig" nur durch Bundesgesetz geregelt werden kann.[3]

Beispiele Ein Gesetz, welches z.B. den Sitz der Bundesorgane oder nationale Symbole festlegt, kann nur vom Bund erlassen werden. ■

(2) Annexkompetenz und Kompetenz kraft Sachzusammenhanges

In manchen Situationen ist eine vernünftige und sinnvolle Regelung der in Art. 73 und 74 GG 235
genannten Gegenstände nur möglich, wenn der Bund auch Dinge mitregelt, die im Kompetenztitel nicht ausdrücklich genannt sind. Ohne eine erweiterte Auslegung der Kompetenztitel würde der Bund aber in die Gesetzgebungsbefugnis der Länder eingreifen.

» Idee: „Ergänzung des Gesetzes" «

> **Annexkompetenz**: Der Bund regelt neben der Sachregelung noch ergänzende Dinge mit, die für eine wirksame Durchführung der Regelung unerlässlich sind. Die Regelung ergeht als Annex zu seinem Zuständigkeitsbereich.

Beispiele

- Die Bundeskompetenz zur Regelung des Straßenverkehrs nach Art. 74 Abs. 1 Nr. 22 GG umfasst als Annex auch die Regelung über den Straßenverkehr behindernde Werbeanlagen.[4]
- Die ausschließliche Gesetzgebungskompetenz des Bundes für den Luftverkehr gemäß Art. 73 Abs. 1 Nr. 6 GG schließt als Annex die Befugnis ein, Regelungen zur Abwehr von Gefahren zu treffen, die sich aus dem Luftverkehr ergeben.[5] ■

» Idee: „Regelung eines Teilbereichs einer anderen Materie" «

> **Kompetenz kraft Sachzusammenhangs**: Der Bund greift zur Regelung einer Rechtsmaterie in eine andere sachlich zusammenhängende Materie über, für die er eigentlich ausdrücklich nicht zuständig ist und regelt diese mit.

Beispiele

- Für das Parteienrecht besteht eine ausschließliche Bundeskompetenz nach Art. 21 Abs. 5 GG. Kraft Sachzusammenhangs ist auch die Zuteilung von Rundfunk-Sendezeiten für die Parteien Bundessache, obwohl grds. die Länder die Rundfunkhoheit haben.[6]
- Die Gesetzgebungskompetenz des Bundes für das Handwerk gemäß Art. 74 Abs. 1 Nr. 11 GG berechtigt den Bund auch zur Regelung der Altersvorsorge der Bezirksschornsteinfeger.[7] ■

---

2 S. dazu *BVerfGE* 98, 265, 300 ff.
3 *BVerfGE* 11, 69 f.; 12, 205, 251 ff.
4 *BVerfGE* 40, 371, 380.
5 *BVerfGE* 132, 1, 6.
6 *BVerfGE* 12, 205, 237.
7 *BVerfGE* 1, 264, 272.

b) Gesetzgebungsverfahren

236 Das Gesetzgebungsverfahren regelt den Weg von der Gesetzesinitiative bis zur Verkündung des Gesetzes. Es besteht aus drei Abschnitten: dem **Einleitungsverfahren**, dem **Beschlussverfahren durch Bundestag und Bundesrat** und dem **Abschlussverfahren**. Die Ordnungsmäßigkeit des Gesetzgebungsverfahrens wird im Rahmen der **formellen Verfassungsmäßigkeit** als zweiter Punkt nach der Gesetzgebungskompetenz geprüft.

JURIQ-Klausurtipp

Das Gesetzgebungsverfahren wird nur dann untersucht, wenn der Sachverhalt Anhaltspunkte für Verfahrensmängel enthält. Wird ohne nähere Angaben nur mitgeteilt, dass ein Gesetz vom Bundestag beschlossen worden ist, dürfen Sie keinesfalls das ganze Schema durchprüfen. Das kostet Zeit und Punkte. In diesem Fall reicht der Satz: „Verfahrensmängel sind aus dem Sachverhalt nicht ersichtlich."

Verfahren der Bundesgesetzgebung

A. Einleitungsverfahren

I. Ordnungsgemäße Gesetzesinitiative, Art. 76 Abs. 1 GG, § 76 GOBT

→ Bei Missachtung: Nichtigkeit des Gesetzes, falls keiner der Berechtigten die Vorlage eingebracht hat.

Quorum gem. § 76 Abs. 1 GOBT: Nichteinhaltung des § 76 GOBT sanktionslos. Rn. 237

II. Zuleitung an Bundesrat bzw. Bundesregierung

1. Vorlagen der Bundesregierung: Zuleitung an Bundesrat, Art. 76 Abs. 2 GG

Umgehung durch Einbringen über Bundestagsfraktion Rn. 238

2. Vorlagen des Bundesrates: Zuleitung an Bundesregierung, Art. 76 Abs. 3 GG

B. Beschlussverfahren

I. Drei Lesungen und Beteiligung der Ausschüsse, §§ 78 ff., 54 ff. GOBT

→ Bei Missachtung: Gesetz grundsätzlich verfassungsgemäß; das GG fordert weder eine bestimmte Zahl an Lesungen noch die Existenz von Ausschüssen, sondern nur einen Beschluss, Art. 77 Abs. 1 S. 1 GG.

II. Ordnungsgemäßer Gesetzesbeschluss, Art. 77 Abs. 1 S. 1 GG

1. Beschlussfähigkeit

Die Voraussetzungen des § 45 Abs. 1 GOBT liegen nicht vor. Rn. 241

2. Mehrheit

a) Grundsatz: einfache Mehrheit für einfache Gesetze, Art. 42 Abs. 2 S. 1 GG

Rechtliche Würdigung der Stimmenthaltungen Rn. 241

b) Ausnahmen:

- **Absolute Mehrheit**, d.h. Mehrheit der gesetzlichen Mitgliederzahl, Art. 121 GG (Bsp: Art. 63 Abs. 2 S. 1, 67 Abs. 1 S. 1, 68 Abs. 1 S. 1, 77 Abs. 4 S. 1, 77 Abs. 4 S. 2 GG)
- **Anwesenheitsmehrheit** (Bsp. §§ 80 Abs. 2 S. 1, 81 Abs. 1 S. 1 GOBT)
- **Zwei Drittel der Mitglieder** (Grundgesetzänderung, Art. 79 Abs. 2 GG)

→ Bei Missachtung: Beschluss kommt nicht wirksam zustande.

III. Beteiligung des Bundesrates, Art. 77 Abs. 2–4 GG

1. Einspruchs- oder Zustimmungsgesetz?

Zustimmungsgesetze (Art. 77 Abs. 2a GG) liegen vor, wenn das GG ein Gesetz ausdrücklich für zustimmungspflichtig erklärt (Bsp.: Art. 23 Abs. 1 S. 2, 23 Abs. 7, 74 Abs. 2, 84 Abs. 1 S. 6 GG).

Andernfalls liegt ein Einspruchsgesetz (Art. 77 Abs. 3 GG) vor.

Zustimmungsbedürftigkeit von Änderungsgesetzen? Rn. 243

2. Prüfung des Zustandekommens

Fristversäumnis Rn. 243

Zustimmungsverweigerung bei Einspruchsgesetz Rn. 243

C. Abschlussverfahren

Ausfertigung durch den Bundespräsidenten, Art. 82 Abs. 1 GG, nach Gegenzeichnung durch die Bundesregierung, Art. 58 S. 1 GG

→ Bei Missachtung: Nicht-Ausfertigung und fehlende Gegenzeichnung schließen Inkrafttreten aus.

Veröffentlichung im Bundesgesetzblatt

PRÜFUNGSSCHEMA

JURIQ-Klausurtipp

Prüfen Sie die Punkte, die im Sachverhalt problematisiert sind, in der Reihenfolge des Schemas. Achten Sie auf fehlende Verfahrensschritte. Unproblematische Punkte sollten Sie nicht erwähnen.

aa) Das Einleitungsverfahren

237 Das Einleitungsverfahren ist in Art. 76 GG geregelt. Die Norm enthält Vorgaben,

- wer eine Gesetzesinitiative (Gesetzesentwurf) – das GG verwendet hierfür den Begriff *„Gesetzesvorlage"* – in den Bundestag einbringen darf (Initiativberechigung, geregelt in Abs. 1) und
- wem diese innerhalb welcher Frist zuzuleiten sind (Zuleitungsverfahren, geregelt in Abs. 2 und 3).

Gem. Art. 76 Abs. 1 GG kann nicht jeder eine solche Gesetzesinitiative einbringen. Gesetzesvorlagen dürfen vielmehr nur *„aus der Mitte des Bundestages"*, von der Bundesregierung oder vom Bundesrat eingebracht werden.

Hinweis

Bei Gesetzesvorlagen von der Bundesregierung (Art. 62 GG) und vom Bundesrat (Art. 52 Abs. 3 GG) bedarf es jewells eines wirksamen Beschlusses des Kollegialorgans. Es empfiehlt sich daher, insbesondere die Beschlussregeln des Bundesrates zu wiederholen (Rn. 160).

Gesetzentwürfe können von **Bundestagsabgeordneten** initiiert werden: Unter dem Begriff *„aus der Mitte des Bundestages"* ist gem. § 76 Abs. 1 GOBT die Initiative einer **Fraktion** oder von **5 Prozent der Mitglieder** des Bundestages zu verstehen. Solche Entwürfe müssen nicht erst dem Bundesrat vorgelegt werden

Eine ordnungsgemäße Initiative wird von weniger als fünf Prozent der Abgeordneten unterzeichnet: § 76 Abs. 1 GOBT verlangt für Gesetzesvorlagen aus dem Bundestag die Unterzeichnung durch fünf Prozent der Mitglieder des Bundestages. Als Rechtssatz im Range unter einem Gesetz kann jedoch die GOBT die Verfassung nicht einschränken, die lediglich verlangt, dass eine Vorlage *„aus der Mitte des Bundestages"* stammt, Art. 76 Abs. 1 GG. Eine ordnungsgemäße Gesetzesinitiative ist daher zu bejahen.[8]

Hinweis

Verstöße gegen die GOBT sind für die Wirksamkeit von Gesetzen grundsätzlich folgenlos. Die GOBT ist bloßes Innenrecht, im Rang sogar unter einem formellen Gesetz. Zudem wäre die Rechtssicherheit nicht ausreichend gewährleistet, wenn bei einem Gesetzgebungsverfahren Verstöße gegen die GOBT die Nichtigkeit des Gesetzes zur Folge hätten. Denn Vorgänge innerhalb des Bundestages sind nach außen nur teilweise erkennbar.

8 Vgl. *Degenhart* Staatsrecht I Rn. 213.

Die meisten Gesetze entstehen auf **Initiative der Bundesregierung**. Am Anfang einer Initiative der Bundesregierung steht in der Regel ein Referentenentwurf des jeweils zuständigen Ministeriums. Nach Beteiligung des Bundeskanzleramtes und verschiedener Verbände beschließt das Kabinett einen Regierungsentwurf. 238

Bei Gesetzentwürfen der Bundesregierung hat der **Bundesrat** in einem sog. **ersten Durchgang** das Recht, sich noch vor dem Bundestag zu dem Entwurf zu äußern, Art. 76 Abs. 2 GG. Er kann innerhalb von sechs Wochen – in besonderen Fällen innerhalb von drei bzw. neun Wochen – eine **Stellungnahme zum Regierungsentwurf** abgeben. Die Bundesregierung legt ihre Ansicht dazu in einer **Gegenäußerung** dar. Danach leitet der Bundeskanzler den Entwurf mit der Stellungnahme und der Gegenäußerung an den Bundestag weiter.

JURIQ-Klausurtipp

Wird der erste Durchgang im Bundesrat versäumt, handelt es sich um einen Verstoß gegen das Grundgesetz, der zur Nichtigkeit führt.

Um das Gesetzgebungsverfahren abzukürzen und den ersten Durchgang im Bundestag gem. Art. 76 Abs. 2 S. 1 GG zu vermeiden, lässt die Bundesregierung den Gesetzentwurf durch eine Bundestagsfraktion einbringen: Hierin könnte eine unzulässige Umgehung der Bestimmung des Art. 76 Abs. 2 S. 1 GG liegen: Dem Bundesrat wird die Möglichkeit genommen, bereits in einem frühen Verfahrensstadium seine Vorstellungen einzubringen. Jedoch liegt in diesem Vorgehen ein zulässiges Gebrauchmachen von einer möglichen **Verfahrensgestaltung**. Das Initiativrecht des Bundestages ist nicht auf Vorlagen begrenzt, die inhaltlich von der Fraktion ausgearbeitet wurden. Schon aus Gründen der Rechtssicherheit wird in Art. 76 Abs. 1 GG allein auf den **formalen Akt der Einbringung** des Gesetzentwurfs abgestellt. Wenn sich die Fraktion eine Vorlage der Regierung zu eigen macht, so macht sie damit Gebrauch von ihren verfassungsrechtlichen Gestaltungsmöglichkeiten.

Für **Gesetzesinitiativen des Bundesrates** gilt gem. Art. 76 Abs. 3 GG ein ähnliches Verfahren. Nachdem die Mehrheit der Bundesratsmitglieder sich für einen Gesetzentwurf entschieden hat, geht der Entwurf zunächst an die Bundesregierung. Sie versieht ihn innerhalb von regelmäßig sechs Wochen mit einer **Stellungnahme** und leitet ihn dann dem Bundestag zu.

bb) Das Beschlussverfahren

Das Beschlussverfahren ist in Art. 77 GG geregelt. Es beginnt nach der Verfassung mit dem Beschluss des Bundestages nach Abs. 1 S. 1 (1. Teil) und setzt sich im Falle eines entsprechenden Beschlusses fort mit der Beteiligung des Bundesrates nach Abs. 2–4 (2. Teil). 239

Hinweis

Viele Gesetzesentwürfe der Oppositionsfraktionen scheitern schon an dem nach Art. 77 Abs. 1 S. 1 GG erforderlichen Beschluss des Bundestages, da die erforderliche Mehrheit nicht erreicht wird.

Für das Beschlussverfahren bestehen hinsichtlich der Modalitäten des Bundestagsbeschlusses neben der verfassungsrechtlichen Regelung (Art. 77 GG) weitere Regelungen in der Geschäftsordnung des Bundestages.

JURIQ-Klausurtipp

Selbst wenn sich die Staatspraxis an die GOBT orientiert und etwaige Verstöße hiergegen für ein mögliches Organstreitverfahren durchaus relevant werden könnten, gilt für die hier und in Klausurfällen regelmäßig im Vordergrund stehende Frage der **Verfassungsmäßigkeit** des Gesetzes, dass reine Verstöße gegen die GOBT nicht von Relevanz sind, sofern nicht (auch) gegen die **Verfassung selbst** verstoßen wird.

Im Beschlussverfahren wird nach den §§ 78 ff. GOBT die Gesetzesinitiative im Bundestag in **drei Lesungen** beraten.

(1) Beratung und Gesetzesbeschluss im Bundestag, Art. 42, 77 Abs. 1 GG, §§ 77 ff. GOBT

240 Bevor ein Gesetzentwurf im Bundestag beraten werden kann, muss er zunächst dem Bundestagspräsidenten zugeleitet und von der Verwaltung registriert und gedruckt werden. Als **Bundestags-Drucksache** wird er dann an alle Mitglieder des Bundestages, des Bundesrates und an die Bundesministerien verteilt und auf die **Tagesordnung des Plenums** gesetzt. In der Regel durchlaufen Gesetzentwürfe im Plenum des Bundestages **drei Lesungen**.

In der **ersten Lesung** findet eine Aussprache nur dann statt, wenn sie im Ältestenrat vereinbart oder von mindestens fünf Prozent der Abgeordneten verlangt wird. Dies geschieht meist bei besonders umstrittenen oder für die Öffentlichkeit interessanten Gesetzgebungsvorhaben. Im Normalfall werden in der ersten Lesung die Bundestagsausschüsse bestimmt, die sich mit dem Gesetzentwurf fachlich auseinandersetzen und ihn für die zweite Lesung vorbereiten. Dabei erhält ein Ausschuss die Federführung und ist verantwortlich für den Fortgang des Verfahrens. Die anderen Ausschüsse haben mitberatende Funktion, §§ 79, 80 Abs. 1 GOBT.

Die **Detailarbeit** der Gesetzgebung findet in den **Ausschüssen** statt, die mit Abgeordneten aller Fraktionen besetzt sind. Die Ausschussmitglieder beraten sich in Sitzungen und können Interessenvertreter und Experten zu öffentlichen Anhörungen einladen. Nach Abschluss der Beratungen legt der federführende Ausschuss einen Bericht mit **Beschlussempfehlungen** vor.

Vor der **zweiten Lesung** haben alle Abgeordneten die Beschlussempfehlung des federführenden Ausschusses erhalten. Jedes Mitglied des Parlaments kann Änderungsanträge stellen, die dann im Plenum direkt behandelt werden. Beschließt das Plenum Änderungen, muss die neue Fassung des Gesetzentwurfs zunächst gedruckt und verteilt werden. Mit der Zustimmung von zwei Dritteln der anwesenden Mitglieder kann dieses Verfahren jedoch abgekürzt werden. Dann kann unmittelbar die dritte Lesung beginnen.

In der **dritten Lesung** findet eine erneute Aussprache nur dann statt, wenn dies von einer Fraktion oder von mindestens fünf Prozent der Abgeordneten verlangt wird. Auch Änderungsanträge sind nun nicht mehr von einzelnen Abgeordneten, sondern nur noch von Fraktionen oder fünf Prozent der Mitglieder des Bundestages und auch nur zu Änderungen aus der zweiten Lesung zulässig.

Am Ende der dritten Lesung erfolgt die **Schlussabstimmung**. Hat der Gesetzentwurf die notwendige Mehrheit im Bundestag gefunden, wird er als Gesetz dem Bundesrat zugeleitet.

Ein Gesetz wird gem. Art. 77 Abs. 1 GG in Anwesenheit von insgesamt weniger als der Hälfte der Mitglieder des Bundestages beschlossen: Die Anzahl der Mitglieder des Bundestages ergibt sich aus Art. 121 GG i.V.m. §§ 1, 6 BWahlG und besteht aus mindestens 598 Abgeordneten zuzüglich der Überhang- und Ausgleichsmandate. Fraglich ist, ob der Bundestag dann überhaupt **beschlussfähig** ist. § 45 Abs. 1 GOBT verlangt für die Beschlussfähigkeit die Anwesenheit von mehr als der Hälfte der Mitglieder. Allerdings bestimmt § 45 Abs. 2 GOBT, dass die Beschlussunfähigkeit festgestellt werden muss. Geschieht dies nicht, ist zu fragen, welche Folgen ein Verstoß gegen § 45 Abs. 1 GOBT hat. Nach **ganz h.M.** kann die Norm als bloßes **Innenrecht des Bundestages** keinen Einfluss auf die Verfassungsmäßigkeit der vom Bundestag beschlossenen Gesetze haben. Der bloße Verstoß gegen § 45 Abs. 1 GOBT ist daher unbeachtlich. Der Bundestag war somit beschlussfähig. 241

Rechtliche Würdigung der Enthaltungen: Gemäß Art. 42 Abs. 2 S. 1 GG ist für einen Beschluss die Mehrheit der abgegebenen Stimmen erforderlich, sowie das GG nichts anderes bestimmt. „Mehrheit" meint also die Abstimmungsmehrheit, nicht die Anwesenheitsmehrheit. Die Enthaltungen wirken sich insoweit nicht aus. Ansonsten würde einer Enthaltung ein ablehnender Aussagegehalt beigemessen, der ihr gerade nicht zukommt. Die Freiheit eines Abgeordneten gem. Art. 38 Abs. 1 S. 2 GG muss ihm auch erlauben, zu einem Gesetzentwurf neutral zu bleiben Es reicht daher für die erforderliche einfache Mehrheit nach Art. 42 Abs. 2 S. 1 GG, dass für ein Gesetz mehr „Ja-" als „Nein-Stimmen" abgegeben werden. Dies wäre z.B. bei einem theoretischen Abstimmungsergebnis von nur einer Ja-Stimme bei Enthaltungen im Übrigen (also keiner Nein-Stimme) der Fall.

(2) Beteiligung des Bundesrates, Art. 77 Abs. 2, 2a GG

Durch den Bundesrat wirken die Länder bei jedem Gesetz mit. Für die Bedeutung der Entscheidung des Bundesrates ist entscheidend, ob es sich um ein Zustimmungs- oder Einspruchsgesetz handelt. 242

Maßgebender Unterschied ist, dass der **Einspruch** des Bundesrates – bei Überstimmung im Bundestag – nur zu einer zeitlichen Verzögerung des Beschlusses, die Verweigerung der **Zustimmung** jedoch zum Scheitern des Gesetzes führt. Bei Zustimmungsgesetzen ist die Zustimmung des Bundesrates **zwingend** erforderlich. Ohne ausdrückliche Zustimmung ist das Gesetzesvorhaben gescheitert.

Ein Zustimmungsgesetz liegt nur dann vor, wenn die Zustimmungsbedürftigkeit **im Grundgesetz ausdrücklich angeordnet** ist.

Beispiele

- Der Bund kann durch Gesetz nur mit Zustimmung des Bundesrates Hoheitsrechte auf die Europäische Union übertragen nach Art. 23 Abs. 1 S. 2 GG.
- Ein Gesetz zur Änderung des Grundgesetzes bedarf der Zustimmung des Bundesrates nach Art. 79 Abs. 2 GG. ■

Sofern dies nicht der Fall ist, liegt ein Einspruchsgesetz vor.

Ausgabewirksame Gesetze zu Lasten der Länder sind gem. Art. 104a Abs. 4 GG stets zustimmungspflichtig:

JURIQ-Klausurtipp

Die Zustimmungspflichtigkeit erfasst auch diejenigen Teile des Gesetzes, die, isoliert betrachtet, nicht die Zustimmungspflichtigkeit auslösen. Das Gesetz ist als gesetzgebungstechnische Einheit zu betrachten.

243 **Zustimmungsbedürftigkeit von Änderungsgesetzen, die an sich keine zustimmungspflichtigen Inhalte haben, aber ein ursprünglich zustimmungspflichtiges Gesetz ändern:** Änderungsgesetze haben die Funktion, den Inhalt oder die Dauer bereits erlassener Gesetze abzuändern. Für die Frage nach der Zustimmungsbedürftigkeit kommt es darauf an, ob auf das *Änderungsgesetz* selbst als Gegenstand des Gesetzgebungsverfahrens abgestellt wird oder ob die Eigenschaften des *abzuändernden Gesetzes* ausschlaggebend sind. Für die Zustimmungspflichtigkeit könnte sprechen, dass der Bundesrat mit seiner seinerzeitigen Zustimmung zum ursprünglichen Gesetz die Verantwortung für das Gesetz als Ganzes übernommen hat. Entscheidend wäre demnach das abzuändernde Gesetz. Dagegen spricht aber der Gesichtspunkt der **gesetzgeberischen Einheit** (hier des Änderungsgesetzes): Es kommt darauf an, ob **das jeweils in Frage stehende Gesetz** eine Zustimmungspflichtigkeit auslöst. Deshalb ist grundsätzlich auf die **Inhalte des Änderungsgesetzes selbst** abzustellen. Denn das Änderungsgesetz muss – wie jedes andere Gesetz auch – den verfahrensmäßigen Voraussetzungen genügen.[9] Enthält das **Änderungsgesetz als solches** mithin keine zustimmungspflichten Inhalte, bedarf es grundsätzlich[10] auch dann keiner Zustimmung des Bundesrates, wenn dadurch ein zustimmungspflichtiges Gesetz geändert wird.

Beispiel Ein Bundesgesetz besteht aus zehn Paragraphen. Nur der letzte § 10 – eine staatshaftungsrechtliche Norm – ist zustimmungspflichtig (vgl. Art. 74 Abs. 2, Abs. 1 Nr. 25 GG). Beim erstmaligen Erlass des Gesetzes löst § 10 eine Zustimmungspflicht für das gesamte Gesetz aus. Kommt es aber später durch ein Änderungsgesetz nur zu Änderungen der §§ 1–9, so ist das Änderungsgesetz nicht zustimmungspflichtig. ■

Der **Bundesrat** kann bei fehlender Billigung des Gesetzentwurfs den **Vermittlungsausschuss anrufen**, Art. 77 Abs. 2 S. 1 GG.

Der Bundesrat ruft den Vermittlungsausschuss gem. Art. 77 Abs. 3 S. 1, Abs. 2 GG an, legt aber erst einen Monat nach Eingang der Mitteilung nach Art. 77 Abs. 3 S. 2 GG Einspruch ein. Diese **Fristversäumung** hat nach der ausdrücklichen Regelung des Art. 78 Var. 2 GG zur Folge, dass das Gesetz trotz Einspruchs zustande gekommen ist.

Bei einem zustimmungsbedürftigen Gesetz, dem der Bundesrat die Billigung verweigert hat, können **Bundestag und Bundesregierung den Vermittlungsausschuss** einschalten, Art. 77 Abs. 2 S. 4 GG.

Der Bundesrat geht fälschlicherweise von einem zustimmungspflichtigen Gesetz aus und verweigert die Zustimmung. Den Vermittlungsausschuss ruft er nicht an: Auch in diesem Fall gilt: Verstreicht bei einem Einspruchsgesetz die Frist des Art. 77 Abs. 2 S. 1 GG

9 *BVerfGE* 37, 363, 382; vgl. auch *Voßkuhle/Kaiser* JuS 2017, 316, 317.

10 Ausnahmsweise wird eine Zustimmungspflicht des Änderungsgesetzes in solchen Fällen bejaht, wenn dadurch das ursprüngliche Gesetz eine wesentlich andere Bedeutung und Tragweite erfährt, *BVerfGE* 126, 77, 100.

ohne Anrufung des Vermittlungsausschusses, so ist das Gesetz nach Art. 78 GG zustande gekommen. Die Verweigerung der Zustimmung kann auch nicht in die Anrufung des Vermittlungsausschusses **umgedeutet** werden, da es sich bei der **verweigerten Zustimmung um etwas sachlich anderes**, ein aliud handelt.

Der **Vermittlungsausschuss** kann Vorschläge machen, nicht jedoch selbst Gesetzesänderungen beschließen.[11] Daher darf er Änderungsvorschläge nur auf der Grundlage des vorliegenden Gesetzesentwurfes unterbreiten, gänzlich neue Regelungen darf er hingegen nicht vorschlagen. Schlägt der Vermittlungsausschuss vor, das Gesetz zu ändern, muss der Bundestag über die Änderungsvorschläge abstimmen. Der Bundesrat beschließt dann über das dergestalt geänderte Gesetz. Bestätigt der Vermittlungsausschuss den Gesetzesbeschluss des Bundestages oder wird das Verfahren ohne Einigung geschlossen, muss der Bundesrat sich mit der – dann unveränderten – Vorlage befassen.

In beiden Fällen hat der Bundesrat über die Zustimmung beziehungsweise Einspruchseinlegung zu entscheiden. Den Einspruch kann der Bundestag gem. Art. 77 Abs. 4 GG zurückweisen.

Hinweis

Ein vom Bundestag beschlossenes Gesetz kommt gem. Art. 78 GG zustande, wenn
1. der Bundesrat zustimmt,
2. keinen Einspruch einlegt,
3. den Einspruch verspätet einlegt,
4. den Einspruch zurücknimmt,
5. der Bundesrat die Einberufung des Vermittlungsausschusses nicht beantragt oder
6. der Einspruch des Bundesrates vom Bundestag überstimmt wird.

JURIQ-Klausurtipp

Nutzen Sie die Servicefunktion der Vorschrift des Art. 78 GG, der die sechs Tatbestände beschreibt, unter denen ein vom Bundestag beschlossenes Gesetz zustande kommt. Wenn ein solcher Tatbestand im Klausurfall nicht vorliegt, können Sie aus Art. 78 GG im Ergebnis schließen, dass das Gesetz nicht zustande gekommen ist. Die nähere Begründung hierfür muss dann in Verbindung mit Art. 77 GG untersucht und erörtert werden.

cc) Das Abschlussverfahren

Im Abschlussverfahren wird das vom Bundestag beschlossene Gesetz zunächst von der **Bundesregierung** gegengezeichnet, Art. 58 S. 1 GG. Anschließend erhält der **Bundespräsident** das Gesetz nach Art. 82 Abs. 1 S. 1 GG zur Ausfertigung. In Kraft tritt das Gesetz schließlich mit der **Veröffentlichung im Bundesgesetzblatt**. 244

Im Abschlussverfahren stellt sich die Frage, inwieweit bei der Ausfertigung nach Art. 82 GG dem Bundespräsidenten ein Prüfungsrecht zusteht (vgl. hierzu ausführlich Rn. 173).

11 Näher hierzu *BVerfGE* 101, 297 ff.

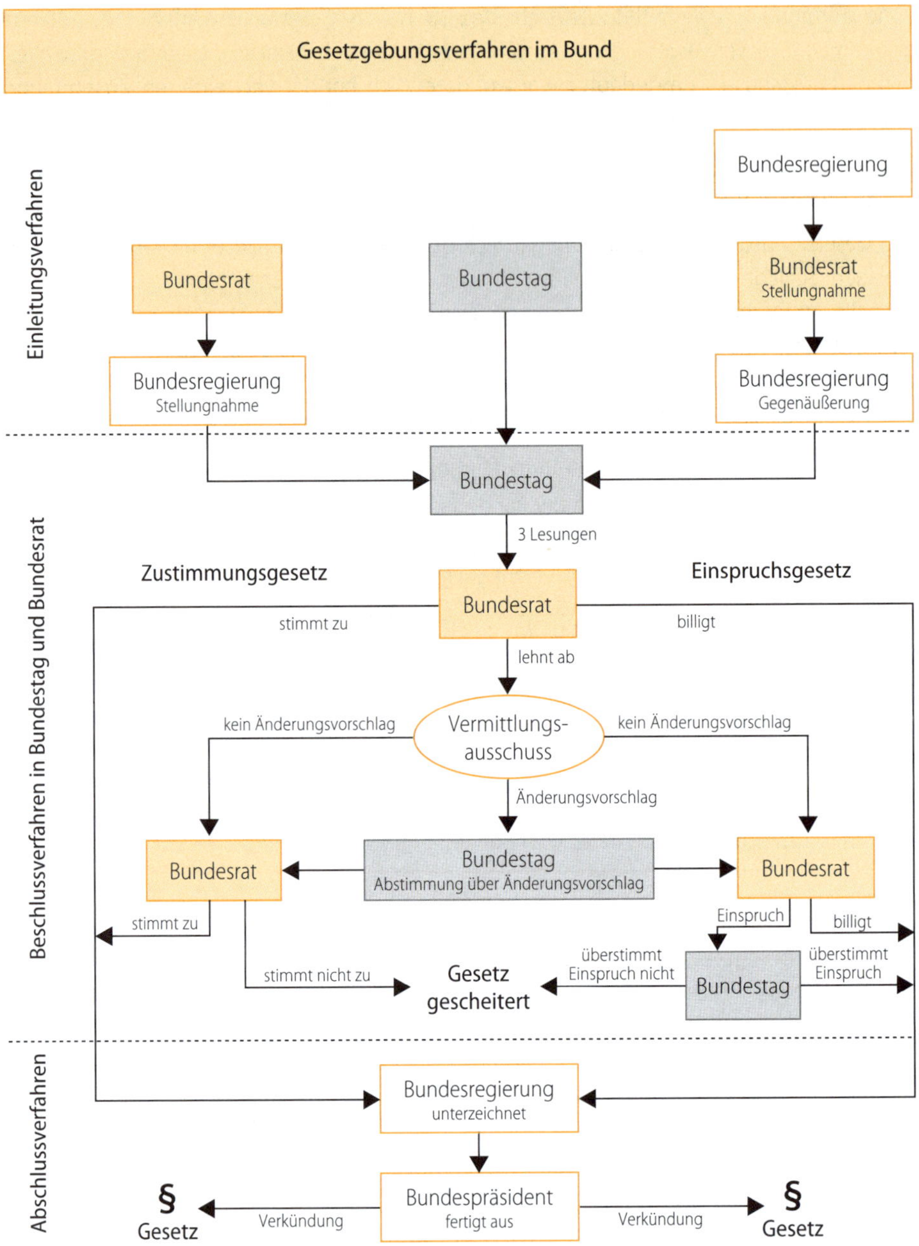

dd) Besonderheiten bei Verfassungsänderungen

245 Gesetze zur Änderung des Grundgesetzes unterliegen der ausschließlichen Gesetzgebungskompetenz des Bundes und dem Verfahren der Gesetzgebung nach den Art. 76 ff. GG. Dies ergibt sich aus Art. 79 Abs. 2 GG. Für sie gelten aber einige **Besonderheiten**, durch die sie sich vom einfachen Gesetzgebungsverfahren unterscheiden.

Verfassungsgemäßheit von Gesetzen zur Änderung des Grundgesetz

PRÜFUNGSSCHEMA

A. Formelle Verfassungsmäßigkeit
  I. Gesetzgebungskompetenz
    Ausschließliche Gesetzgebungskompetenz des Bundes kraft Natur der Sache
  II. Gesetzgebungsverfahren
    1. Grundsätzlich: wie ein normales Bundesgesetz (Art. 76 ff. GG)
    2. Besonderheiten: Art. 79 Abs. 2 GG
      a) Qualifizierte Mehrheit für Bundestagsbeschluss (2/3 der gesetzlichen Mitgliederzahl)
      b) Zustimmung des Bundesrates
      c) mit qualifizierter Mehrheit für Bundesratsbeschluss (2/3 der Stimmen)

B. Materielle Verfassungsmäßigkeit
  I. Ausdrückliche Textänderung des GG (Art. 79 Abs. 1 S. 1 GG)
  II. Kein Verstoß gegen Art. 79 Abs. 3 GG
    1. Föderative Gliederung durch Länder mit eigener Staatsqualität
    2. Mitwirkung der Länder bei der Bundesgesetzgebung
    3. Grundsätze des Art. 1 und 20 GG
  III. Art. 79 Abs. 3 GG selbst ist der Verfassungsänderung entzogen

Ein Gesetz zur Änderung des Grundgesetzes ist verfassungsgemäß, wenn es in formeller und materieller Hinsicht den verfassungsrechtlichen Anforderungen entspricht.

(1) Formelle Verfassungsmäßigkeit

Ein solches Änderungsgesetz durch den Bund ist formell verfassungsgemäß, wenn hierfür eine Bundesgesetzgebungskompetenz besteht und das verfassungsrechtlich vorgegebene Gesetzgebungsverfahren eingehalten ist. 246

(a) Gesetzgebungskompetenz Eine geschriebene Gesetzgebungskompetenz zugunsten des Bundes ist nicht formuliert. Allerdings besteht eine Gesetzgebungskompetenz **kraft Natur der Sache**, da nur der Bund das Grundgesetz – also seine eigene Bundesverfassung – ändern kann. Zudem ergibt sich die Bundeskompetenz daraus, dass für die Beschlussfassung hierüber in Art. 79 Abs. 2 GG ausschließlich Bundesorgane (Bundestag und Bundesrat) vorgesehen sind. 247

(b) Gesetzgebungsverfahren

(aa) Grundsätzlich: wie ein normales Bundesgesetz (Art. 76 ff. GG) Auch ein Änderungsgesetz zum Grundgesetz ist ein Bundesgesetz, für das grundsätzlich die Regeln der Art. 76 ff. GG gelten. 248

(bb) Besonderheiten: Art. 79 Abs. 2 GG Für das Gesetzgebungsverfahren enthält aber Art. 79 Abs. 2 GG angesichts der Bedeutung einer Verfassungsänderung einige **erhöhte Anforderungen**. 249

250 **(aaa) Qualifzierte Mehrheit für Bundestagsbeschluss (2/3 der gesetzlichen Mitgliederzahl)** Für den nach Art. 77 Abs. 1 S. 1 GG erforderlichen Bundestagsbeschluss ist nach Art. 79 Abs. 2 GG eine qualifizierte Mehrheit von zwei Dritteln der Mitglieder des Bundestages erforderlich. Maßgebliche Bezugsgröße für die Berechung der Zweidrittelmehrheit ist nach Art. 121 GG i.V.m. §§ 1, 6 BWahlG die gesetzliche Mitgliederzahl des Bundestages.

Beispiel Der neunzehnte Bundestag hat eine gesetzliche Mitgliederzahl von 709 Mandaten. Zu den 598 Abgeordenten nach § 1 Abs. 1 S. 1 BWahlG sind nach § 6 Abs. 4–6 BWahlG noch 46 Überhangmandate und 65 Ausgleichsmandate hinzuzurechnen. Für die erforderliche Zweidrittelmehrheit ist damit eine Zustimmung von 473 Abgeordneten erforderlich. ■

251 **(bbb) Zustimmung des Bundesrates** Ein verfassungsänderndes Bundesgesetz ist zustimmungspflichtig, da Art. 79 Abs. 2 GG ausdrücklich die Zustimmung des Bundesrates vorschreibt.

252 **(ccc) Qualifizierte Mehrheit für Bundesratsbeschluss (2/3 der Stimmen)** Für den nach Art. 79 Abs. 2 i.V.m. Art. 77 Abs. 2a GG erforderlichen Zustimmungsbeschluss des Bundesrates ist nach Art. 79 Abs. 2 GG eine qualifizierte Mehrheit von zwei Dritteln der Stimmen des Bundesrates erforderlich.

Beispiel Insgesamt hat der Bundesrat 69 Stimmen und demzufolge macht die notwendige Zweidrittelmehrheit 46 Stimmen aus. ■

(2) Materielle Verfassungsmäßigkeit

253 Die Änderung des Grundgesetzes müsste auch materiell, d.h. inhalich verfassungsgemäß sein.

254 **(a) Ausdrückliche Textänderung des GG (Art. 79 Abs. 1 S. 1 GG)** In formaler Hinsicht muss dafür zunächst im Text des Änderungsgesetzes ausdrücklich der Wortlaut des Grundgesetzes geändert oder ergänzt werden. Dies hat eine Warnfunktion für den Gesetzgeber und schließt Verfassungsänderungen bzw. formelles Verfassungsrecht außerhalb des Grundgesetzes aus.

255 **(b) Kein Verstoß gegen Art. 79 Abs. 3 GG** Die Ewigkeitsgarantie des Art. 79 Abs. 3 GG bedeutet, dass einige Grundprinzipien der Verfassung von einer Änderung ausgeschlossen sind. Im Einzelnen fallen darunter:

256 **(aa) Föderative Gliederung durch Länder mit eigener Staatsqualität** Damit wird die bundesstaatliche Ordnung (nicht der Bestand einzelner Länder) für unabänderlich erklärt. Den Ländern darf ihre Staatlichkeit nicht entzogen werden.

257 **(bb) Mitwirkung der Länder bei der Bundesgesetzgebung** Diese Mitwirkung erfolgt nach den Regelungen des Grundgesetzes durch den Bundesrat nach Art. 50 ff. GG. Verfassungsänderungen, die eine dem Bundesratsmodell vergleichbar effektive Mitwirkungsbefugnis der Länder bei der Bundesgesetzgebung vorsehen, werden hierdurch nicht ausgeschlossen.

(cc) Grundsätze des Art. 1 und 20 GG Vor Verfassungsänderungen geschützt sind zunächst die Grundsätze der in Art. 1 GG normierten Menschenwürde. Nicht ausdrücklich genannt sind die Einzelgrundrechte, auf die aber Art. 1 Abs. 3 GG Bezug nimmt. Dies bedeutet die Unabänderlichkeit der Grundrechte insoweit, als ihr Menschenwürdegehalt betroffen ist. 258

Beispiel Es wäre daher unzulässig, das Grundrecht auf Leben nach (Art. 2 Abs. 2 S. 1 GG) auf bestimmte Personengruppen zu beschränken. ■

Geschützt sind ebenfalls die Grundsätze der in Art. 20 GG genannten Staatsstrukturprinzipien Rechtsstaat, Demokratie, Republik, Bundesstaat und Sozialstaat.

Hinweis

Der Sperrbereich des Art. 79 Abs. 3 GG ist erst erreicht, wenn die Grundsätze berührt, d.h. grundlegend abgeändert werden, nicht schon im Fall einer bloßen Ausgestaltung oder Modifikation.[12]

(c) Art. 79 Abs. 3 GG selbst ist der Verfassungsänderung entzogen Damit die in Art. 79 Abs. 3 GG liegende Sperrwirkung für den verfassungsändernden Gesetzgeber nicht gegenstandslos wird, muss nach dem Normzweck auch Art. 79 Abs. 3 GG selbst einer Verfassungsänderung entzogen sein. 259

Beispiel[13] 1968 wurde Art. 10 Abs. 2 S. 2 in das Grundgesetz eingefügt. Zum Zwecke des Staats- und Verfassungsschutzes wird es dadurch erlaubt, in das Brief-, Post- und Fernmeldegeheimnis einzugreifen, wobei der Eingriff dem Betroffenen nicht mitgeteilt werden muss und an die Stelle einer gerichtlichen Überprüfung die Überprüfung durch ein parlamentarisches Kontrollgremium tritt. 260

Die Verfassungsänderung könnte das **Rechtsstaatsprinzip beeinträchtigen**, das von Art. 79 Abs. 3 GG gegen grundsätzliche Beeinträchtigungen geschützt wird. Nach dem BVerfG sei das Rechtsstaatsprinzip in Art. 20 GG nicht in seiner ganzen Breite niedergelegt. Insbesondere die Garantie gerichtlichen Rechtsschutzes ergebe sich nicht aus Art. 20 Abs. 1, sondern aus Art. 19 Abs. 4. Art. 79 Abs. 3 GG müsse wegen seiner weit reichenden Wirkungen eng ausgelegt werden. Er dürfe jedenfalls nicht dazu führen, dass der verfassungsändernde Gesetzgeber gehindert werde, auch elementare Verfassungsgrundsätze systemimmanent zu modifizieren. So hindere die Gewaltenteilung den verfassungsändernden Gesetzgeber nicht, exekutive Maßnahmen statt durch Gerichte durch ein parlamentarisches Gremium kontrollieren zu lassen. Die Gewaltenteilung werde unter dem Grundgesetz nicht starr praktiziert. ■

2. Die materielle Verfassungsmäßigkeit von Gesetzen

Während die formelle Verfassungsmäßigkeit eines Gesetzes das verfassungskonforme Zustandekommen hinterfragt, geht es bei der materiellen Verfassungsmäßigkeit um den Regelungs**inhalt** des Gesetzes und dessen Konformität mit dem Grundgesetz. 261

12 Vgl. hierzu: *BVerfGE* 30, 1.

13 Der Beispielsfall ist *BVerfGE* 30, 1 ff. nachgebildet.

Maßstab für die materielle Verfassungsmäßigkeit von Gesetzen ist das gesamte höherrangige Recht. Bei der Überprüfung eines formellen Bundesgesetzes ist hierbei die Konformität mit dem Grundgesetz zu prüfen. Sofern es um die Überprüfung sonstiger Gesetze gilt (z.B. Bundesrechtsverordnung oder Landesgesetze) ist neben dem Grundgesetz auch das jeweilige höherrangige einfache Gesetzesrecht zu beleuchten.

Als höherrangiges materielles Recht kommen alle **ausdrücklich im Grundgesetz benannten Vorschriften** in Betracht.

Beispiele

- Ein Steuergesetz ist wegen Verstoßes gegen Art. 3 Abs. 1 GG verfassungswidrig, wenn es ohne sachlichen Grund einzelne Steuerschuldner diskriminiert.
- Ein grundrechtsbeschränkendes Einzelfallgesetz kann in aller Regel einen gesetzlichen Grundrechtseingriff nicht rechtfertigen, weil es gemäß Art. 19 Abs. 1 S. 1 GG verfassungswidrig ist (vgl. Übungsfall Nr. 9 in Rn. 262)
- Eine Änderung des Tierschutzgesetzes, welches uneingeschränkt Versuche an Wirbeltieren zulässt, verstößt gegen die Staatszielbestimmung des Art. 20a Var. 2 GG.
- Eine Änderung des Abgeordnetengesetzes, wonach ein Abgeordneter an die Weisungen seiner Partei gebunden sein soll, ist wegen Verstoßes gegen Art. 38 Abs. 1 S. 2 GG materiell rechtswidrig.
- Die Einführung eines neuen Straftatbestandes in das Strafgesetzbuch für einen rückwirkenden Zeitpunkt verletzt Art. 103 Abs. 2 GG und ist damit unzulässig.
- Ein Änderungsgesetz des GG, welches die Menschenwürde verletzt, verstößt gegen Art. 79 Abs. 3 GG. ■

Häufig kann sich die materiell-rechtliche Verfassungswidrigkeit eines Gesetzes aber auch aus den nicht ausdrücklich benannten **Konkretisierungen der Staatsstrukturprinzipien** des Art. 20 GG ergeben. Hierbei spielen vor allem die sich aus dem Rechtsstaatsprinzip ergebenden verfassungsrechtlichen Anforderungen eine wesentliche Rolle.

JURIQ-Klausurtipp

Es ist zum Beispiel geradezu eine klassische Aufgabenstellung in der Klausur, dass ein gesetzlicher Inhalt am Maßstab des Verhältnismäßigkeitsgrundsatzes zu überprüfen ist.

Selbstverständlich können sich aber auch aus den anderen Staatsstrukturprinzipien Anlässe ergeben, den gesetzlichen Inhalt näher zu prüfen:

» Hier schließt sich der Kreis zu den materiell-rechtlichen Fragen, die im Verlaufe des Buches an zahlreichen Stellen behandelt worden sind und anhand der genannten Beispiele wiederholt werden sollten. «

Beispiele

- Eine Änderung des Parteiengesetzes, welches die staatliche Parteien*voll*finanzierung einführt, wäre wegen eines Verstoßes gegen das Demokratieprinzip materiell verfassungswidrig.
- Ein Änderungsgesetz, welches den in den Sozialleistungsgesetzen (SGB II bzw. SGB XII) nomierten Regelsatz unterhalb des menschenwürdigen Existenzminimums absenkt, würde inhaltlich gegen das Sozialstaatsprinzip i.V.m. Art. 1 Abs. 1 GG verstoßen.
- Eine Änderung der Landesverfassung in einem Bundesland, welches im Landtagswahlrecht den Grundsatz der Chancengleichheit der Parteien aufheben würde, würde nicht nur gegen Art. 28 Abs. 1 S. 2 GG, sondern auch gegen die Homogenitätsklausuel des Art. 28 Abs. 1 S. 1 GG i.V.m. dem Demokratieprinzip verstoßen. ■

3. Übungsfall Nr. 9[14]

„Die schnelle Strecke" 262

Durch Gesetz wird der Bau der „Südumfahrung Stendal" als Teilstrecke der Eisenbahn-Neustrecke Hannover – Berlin unmittelbar planungsrechtlich genehmigt. Dabei regelt das Gesetz auch, dass die Enteignung von Grundstücken zu Gunsten der BR Deutschland zulässig ist, soweit sie zur Ausführung des Baus notwendig ist. Diese Verbindung ist ein wichtiges Verkehrsprojekt im Rahmen der Deutsche Einheit. Die Gesetzesform wurde gewählt, um Verzögerungen durch ein behördliches Planungsverfahren und ein anschließendes Verwaltungsstreitverfahren zu verhindern. Eine Trassenzulassung durch Planfeststellungsbeschlüsse, also durch Verwaltungsakte, hätte mehr Zeit gekostet. Die Hessische Landesregierung hat beim BVerfG gem. Art. 93 Abs. 1 Nr. 2 GG, § 13 Nr. 6 BVerfGG beantragt, festzustellen, dass das „Gesetz über den Bau der ‚Südumfahrung Stendal' nichtig ist". Nach ihrer Auffassung ist das Gesetz mit Art. 19 Abs. 1 S. 1 GG, dem Grundsatz der Gewaltenteilung und der Rechtsschutzgarantie des Art. 19 Abs. 4 S. 1 GG nicht zu vereinbaren.

Hat der Antrag Aussicht auf Erfolg?

Lösung 263

Der Antrag hat Aussicht auf Erfolg, wenn er zulässig und begründet ist.

A. Zulässigkeit

I. Zuständigkeit

Von der Zuständigkeit des BVerfG für abstrakte Normenkontrollverfahren gem. Art. 93 Abs. 1 Nr. 2 GG, § 13 Nr. 6 BVerfGG ist auszugehen.

II. Antragsberechtigung

Die Landesregierung ist gem. Art. 93 Abs. 1 Nr. 2 GG, § 76 Abs. 1 BVerfGG antragsberechtigt.

III. Antragsgegenstand

Bei dem Gesetz handelt es sich um einen zulässigen Antragsgegenstand gem. Art. 93 Abs. 1 Nr. 2 GG, § 76 Abs. 1 BVerfGG.

IV. Antragsgrund

Die Landesregierung hält das Gesetz für nichtig, so dass ein zulässiger Antragsgrund vorliegt, Art. 93 Abs. 1 Nr. 2 GG, § 76 Abs. 1 Nr. 1 BVerfGG.

V. Form

Von der Einhaltung der Formvorschriften gem. § 23 Abs. 1 BVerfGG ist auszugehen.

VI. Zwischenergebnis

Der Antrag ist zulässig.

B. Begründetheit

I. Verstoß gegen Art. 19 Abs. 1 S. 1 GG?

Das Gesetz könnte gegen das Verbot der Einzelfallgesetzgebung des Art. 19 Abs. 1 S. 1 GG verstoßen.

1. Fraglich ist zunächst, ob es sich bei der Regelung zum Bau der „Südumfahrung Stendal" um ein Einzelfallgesetz handelt. Dies ist der Fall, wenn es nur für einen bestimmbaren Personenkreis und eine bestimmte Zahl von Fällen Wirkung entfaltet. Mit dem vorliegenden Gesetz werden konkreten Personen konkrete Eigentumspositionen entzogen. Ein objektiv feststehender, in Zukunft nicht erweiterbarer Personenkreis wird enteignet. Darauf, dass nicht die konkret betroffenen Personen ausdrücklich namentlich bezeichnet werden,

14 Der Fall ist *BVerfGE* 95, 1 ff. nachgebildet.

kommt es für den Begriff des Einzelfallgesetzes nicht an. Somit handelt es sich um ein Einzelfallgesetz.

2. Fraglich ist, ob das Einzelfallgesetz gem. Art. 19 Abs. 1 S. 1 GG unzulässig ist. Zunächst einmal kann dem Grundgesetz nicht entnommen werden, dass es von einem Gesetzesbegriff ausgeht, der nur generelle Regelungen zulässt. Dies bestätigen sowohl Art. 19 Abs. 1 S. 1 GG, der Einzelfallgesetze nicht generell, sondern nur in seinem Gewährleistungsbereich ausschließt, als auch Art. 14 Abs. 3 S. 2 GG, der dem Gesetzgeber ausdrücklich die Möglichkeit der Enteignung durch Gesetz eröffnet. Mit der Planung eines einzelnen Vorhabens greift der Gesetzgeber mithin nicht notwendig in die Funktion ein, die die Verfassung der vollziehenden Gewalt oder der Rechtsprechung vorbehalten hat.[15]

Unzulässig gem. Art. 19 Abs. 1 S. 1 GG ist ein Einzelfallgesetz im Fall von Grundrechtseingriffen. Dies ist vorliegend der Fall, da das Gesetz die Enteignung zu Gunsten der Bundesrepublik Deutschland für zulässig erklärt und somit einen Eingriff in Art. 14 GG vornimmt. Jedoch gestattet Art. 14 Abs. 3 S. 2 GG dem Gesetzgeber unter bestimmten – hier gegebenen – Voraussetzungen, eine Enteignung, also den Entzug eines konkreten Eigentums, selbst anzuordnen. Somit ist Art. 19 Abs. 1 S. 1 GG auf Legalenteignungen i.S.d. Art. 14 Abs. 3 S. 2 GG nicht anzuwenden: Gerade weil Art. 14 Abs. 3 S. 2 GG die Legalenteignung ausdrücklich vorsieht, verdrängt diese Vorschrift als speziellere Regelung Art. 19 Abs. 1 S. 1 GG.[16]

II. Verstoß gegen Grundsatz der Gewaltenteilung?

Fraglich ist, ob das Gesetz gegen den Grundsatz der Gewaltenteilung (Art. 20 Abs. 2 S. 2 Hs. 2 GG) verstößt, der auf die gegenseitige Mäßigung und Kontrolle der Staatsorgane ausgerichtet ist und somit auch grundrechtsschützende Funktionen erfüllt.

Eine Entscheidung über eine konkrete Fachplanung ist nach den einschlägigen Fachplanungsgesetzen üblicherweise der Verwaltung vorbehalten, die dafür den erforderlichen Verwaltungsapparat und Sachverstand besitzt. Das Parlament darf durch Gesetz eine solche Entscheidung nur dann an sich ziehen, wenn hierfür im Einzelfall gute Gründe bestehen, etwa weil die schnelle Verwirklichung des Vorhabens von besonderer Bedeutung für das Gemeinwohl ist. Insofern steht dem Gesetzgeber ein Beurteilungs- und Einschätzungsspielraum zu.

Vorliegend ist die Entscheidung des Gesetzgebers von der Erwägung geleitet, die Verkehrsinfrastruktur in den neuen Bundesländern so schnell wie möglich aufzubauen. Dabei hat er davon ausgehen dürfen, dass eine parlamentarische Entscheidung einen deutlichen Zeitgewinn gegenüber einer Entscheidung durch die Verwaltung bringe.

III. Verstoß gegen Art. 19 Abs. 4 S. 1 GG?

Zu prüfen ist, ob das Gesetz gegen die Rechtsschutzgarantie des Art. 19 Abs. 4 S. 1 GG verstößt.

Wählt der Gesetzgeber an Stelle der Enteignung durch Verwaltungsakt die Enteignung durch Gesetz, so schließt er damit den nach Art. 19 Abs. 4 GG garantierten Rechtsweg zu den Fachgerichten aus – obwohl sich gerade die Legalenteignung materiell als Verwaltungsmaßnahme darstellt und Sinn des Art. 19 Abs. 4 GG vor allem ist, Exekutivakte der Rechtskontrolle zu unterwerfen. Die Zulässigkeit der Verfassungsbeschwerde gegen Legalenteignungen gleicht dies nicht aus, da es nicht Aufgabe des BVerfG sein kann, wie ein Gericht der ersten Tatsacheninstanz eines Verwaltungsprozesses tätig zu werden.

Welche Folgerungen hieraus zu ziehen sind, bedarf nach der Rechtsprechung des BVerfG allerdings einer differenzierten Betrachtung:

Nach der Hamburger Deichordnungs-Entscheidung ist eine Enteignung durch Gesetz nur in eng begrenzten Fällen zulässig, nämlich dann, wenn aufgrund ungewöhnlicher Ausnahmesituationen zum allgemeinen Wohl eine sofortige Enteignung solcher Grundstücke erforder-

15 *BVerfGE* 25, 371, 398.

16 A.A. z.B. *Papier* in Maunz/Dürig GG Art. 14 Rn. 559.

lich ist, die letztlich kraft Natur der Sache die einzigen Grundstücke sind, auf denen die Aufgabe ordnungsgemäß erfüllt werden kann.[17]

Nach der Hamburger-U-Bahn-Entscheidung verlangt das Gebot effektiven Rechtsschutzes dagegen nicht, dass der Gesetzgeber Planungsentscheidungen in diejenige Rechtsform kleidet, die dem Bürger in jedem Fall verwaltungsgerichtlichen Rechtsschutz eröffnet. Allerdings verlange Art. 3 Abs. 1 GG, dass nicht willkürlich und in unvorhersehbarer Weise in demselben Planungsgebiet gleichartige Planentscheidungen mal in Gesetzesform, mal in Verwaltungsaktform ergehen.[18]

Einen vermittelnden Weg geht das BVerfG in der diesem Fall zugrundeligenden Entscheidung. Danach ist die Legalplanung und -enteignung auch im Hinblick auf Art. 19 Abs. 4 und 14 Abs. 1 GG zulässig, wenn insoweit triftige Gründe für die Annahme bestehen, dass die Durchführung einer behördlichen Planfeststellung mit erheblichen Nachteilen für das Gemeinwohl verbunden wäre, denen nur durch eine gesetzliche Regelung begegnet werden kann.[19] Nach dem Sachverhalt ergeben sich die Eilbedürftigkeit des Vorhabens und die spezielle Situation nach der deutschen Wiedervereinigung als Grund für die Wahl der Gesetzesform.

IV. Zwischenergebnis

Demnach wäre nach der Stendal-Entscheidung das Gesetz auch im Hinblick auf die Rechtsschutzgarantie nicht zu beanstanden.

C. Ergebnis

Der Antrag ist zulässig, aber unbegründet.

JURIQ-Klausurtipp

Selbstverständlich ist hier auch ein anderes Ergebnis vertretbar, wenn es gut begründet ist.

17 *BVerfGE* 24, 367, 402 f.
18 *BVerfGE* 70, 35, 56 f.
19 *BVerfGE* 95, 1, 22.

II. Der Erlass von Rechtsverordnungen

1. Definition und Funktion von Rechtsverordnungen

264 Art. 80 GG räumt der Exekutiven die Befugnis ein, unter bestimmten Voraussetzungen und in einem engen Rahmen Rechtsverordnungen zu erlassen.

> **Rechtsverordnungen** sind abstrakt-generelle Regelungen, die von der Exekutive nach parlamentsgesetzlicher Ermächtigung erlassen werden.

Es handelt sich damit um Gesetze im rein materiellen Sinne, die in der Normenhierarchie unterhalb der Gesetze im formellen Sinne stehen.

» Bitte wiederholen Sie die Ausführungen im Rahmen des Rechtsstaatsprinzips zum Gesetzesbegriff und zur Rechtsbindung der öffentlichen Gewalt (Rn. 47). «

Sie haben die **Funktion**, Einzel- und Detailregelungen zur Ausgestaltung oder Ergänzung formell-gesetzlicher Vorschriften festzulegen. Hierdurch wird die Legislative entlastet, weil anstelle des formalisierten parlamentarischen Gesetzgebungsverfahrens das weitaus einfachere Verfahren nach Art. 80 GG tritt. Damit aber die Grundsätze des Parlamentsvorbehaltes (Demokratieprinzip) und der Gewaltenteilung (Rechtsstaatsprinzip) nicht unangemessen belastet werden, knüpft Art. 80 GG die Rechtmäßigkeit einer Rechtsverordnung an enge Voraussetzungen und verlangt insbesondere, dass die wesentlichen Regelungen (vorher) durch das Parlament selbst vorgegeben werden.

2. Rechtmäßigkeit einer Rechtsverordnung

265 Nach Art. 80 Abs. 1 S. 1 GG können die **Bundesregierung**, ein **Bundesminister** oder die **Landesregierungen** (nur) durch Gesetz ermächtigt werden Rechtsverordnungen zu erlassen.

Es ist daher für die Prüfung der Rechtmäßigkeit einer Rechtsverordnung charakteristisch, dass man es hierbei gleich mit zwei Gesetzen zu tun hat:

- Zum einen geht es um das erforderliche **Parlamentsgesetz**, welches die Exekutive zum Erlass einer Rechtsverordnung berechtigt; also die Rechtsetzung an sie delegiert. Deshalb wird das Parlamentsgesetz auch **Delegationsgesetz** genannt.
- Zum anderen geht es um die **Rechtsverordnung** selbst, welches sich nur innerhalb der parlamentsgesetzlichen Vorgaben des Delegationsgesetzes bewegen darf.

Aus diesen Überlegungen folgt für die Frage nach der Rechtmäßigkeit einer Rechtsverordnung ein zweistufiger Prüfungsaufbau, der mit der Frage der Verfassungsgemäßheit des delegierenden Parlamentsgesetzes beginnt und erst dann auf die Rechtmäßigkeit der Rechtsverordnung als solche eingeht.

JURIQ-Klausurtipp

Die Prüfung erfolgt als nach dem Prinzip *„von oben nach unten"*. Wenn nämlich bereits das delegierende Parlamentsgesetz verfassungswidrig sein sollte, tritt ein Dominoeffekt ein und führt auch zur Rechtswidrigkeit der Rechtsverordnung, da deren erforderliche parlamentsgesetzliche Delegationsgrundlage unwirksam ist. Prüfungsmaßstalb für das bundesrechtliche Parlamentsgesetz kann nur die Verfassung selbst sein (deshalb Frage nach der Verfassungsmäßigkeit), während Prüfungsmaßstab der Bundesrechtsverordnung neben der Verfassung auch die Bundesgesetze im formellen Sinne sind (deshalb Frage nach der Rechtmäßigkeit).

Aufgrund dieser Zusammenhänge ergibt sich für die Frage nach der Rechtsmäßigkeit einer Bundesrechtsverordnung folgende Prüfungsstruktur:

PRÜFUNGSSCHEMA

Rechtmäßigkeit einer Bundesrechtsverordnung 266

A. Verfassungsgemäßheit des Delegationsgesetzes
- **I. Formelle Verfassungsmäßigkeit (Gesetzgebungskompetenz und -verfahren)**
- **II. Materielle Verfassungsmäßigkeit**
  1. Allgemeine Übereinstimmung mit den Vorgaben des GG
  2. Insbesondere: Einhaltung des Art. 80 Abs. 1 GG
     a) Bestimmung des Adressaten der Verordnungsermächtigung
     b) Bestimmtheitstrias (Inhalt, Zweck und Ausmaß der erteilten Ermächtigung)

B. Rechtmäßigkeit der Rechtsverordnung als solche
- **I. Formelle Rechtmäßigkeit**
  1. Zuständigkeit (zuständiger Ermächtigungsadressat?)
  2. Verfahren (Zustimmung des Bundesrates erforderlich?)
  3. Form (Ausfertigung und Verkündung nach Art. 82 Abs. 1 S. 2 GG)
- **II. Materielle Rechtmäßigkeit**
  1. Angabe der Rechtsgrundlage (Delegationsgesetz) in der Rechtsverordnung, Art. 80 Abs. 1 S. 3 GG
  2. Einhaltung der Vorgaben des Delegationsgesetzes (Inhalt, Zweck und Ausmaß)
  3. Vereinbarkeit mit höherrangigem Recht im Übrigen (GG und übrige formelle Bundesgesetze)

Eine Bundesrechtsverordnung ist rechtmäßig, wenn das delegierende Parlamentsgesetz verfassungsgemäß und die Rechtsverordnung als solche rechtmäßig ist.

a) Verfassungsgemäßheit des Delegationsgesetzes

Damit die Rechtsverordnung über ein nach Art. 80 Abs. 1 S. 1 GG erforderliches delegierendes Parlamentsgesetz verfügt, müsste dieses formell und materiell verfassungsgemäß sein. 267

aa) Formelle Verfassungsmäßigkeit (Gesetzgebungskompetenz und -verfahren)

In formeller Hinsicht müssten für das Delegationsgesetz die Gesetzgebungskompetenz des Bundes bestehen und das Gesetzgebungsverfahren für Bundesgesetze nach Art. 76 ff. GG eingehalten sein. 268

bb) Materielle Verfassungsmäßigkeit

Das delegierende Parlamentsgesetz müsste auch inhaltlich der Verfassung entsprechen. 269

(1) Allgemeine Übereinstimmung mit den Vorgaben des GG

Hierfür sind die allgemeinen verfassungsrechtlichen Anforderungen, insbesondere die Staatstrukturprinzipien und die Grundrechte zu berücksichtigen. 270

(2) Insbesondere: Einhaltung des Art. 80 Abs. 1 GG

271 Für Gesetze, die die Exekutive zum Erlass von Rechtsverordnungen berechtigen, sind die besonderen Anforderungen des Art. 80 Abs. 1 GG zu beachten.

272 **(a) Bestimmung des Adressaten der Verordnungsermächtigung** Die Zuständigkeit für den Erlass einer Rechtsverordnung folgt aus dem ermächtigenden Gesetz. Mögliche Adressaten einer **Verordnungsermächtigung** sind gem. Art. 80 Abs. 1 GG die Bundesregierung, einzelne Bundesminister oder auch die Landesregierungen.

Beispiel § 6 Abs. 1 Nr. 1 des Straßenverkehrsgesetzes enthält als Delegationsgesetz folgende Verordnungsermächtigung:

Das Bundesministerium für Verkehr und digitale Infrastruktur wird ermächtigt, Rechtsverordnungen mit Zustimmung des Bundesrates zu erlassen über die Zulassung von Personen zum Straßenverkehr, insbesondere über... ■

Das Parlamentsgesetz kann die Landesregierung dazu ermächtigen, die Verordnungsbefugnis an einen Landesminister weiter zu übertragen (Art. 80 Abs. 1 S. 4 GG). Soweit **Landesregierungen** ermächtigt werden, Rechtsverordnungen zu erlassen, sind die Länder nach Art. 80 Abs. 4 GG zu einer Regelung auch durch Gesetz befugt. Macht ein Landesparlament von dieser Befugnis Gebrauch, entfällt die Zuständigkeit der Landesregierung für den Erlass der Verordnung.

273 **(b) Bestimmtheitstrias (Inhalt, Zweck und Ausmaß der erteilten Ermächtigung)** Das Delegationsgesetz muss nach Art. 80 Abs. 1 S. 2 GG **Inhalt, Zweck** und **Ausmaß** der erteilten Ermächtigung im Gesetz bestimmen. Insbesondere hierdurch soll gewährleistet werden, dass der parlamentarische Gesetzgeber die wesentliche Richtung vorgibt und so dem Parlamentsvorbehalt und dem Gewaltenteilungsprinzip nachkommt. Nach Ansicht des **BVerfG**[20] verlangt dies, dass

- der Gesetzgeber den sachlichen Regelungsbereich der Verordnung umgrenzt,
- den Zweck der Verordnung festlegt und
- die möglichen Rechtsfolgen hinreichend vorherbestimmt.

Beispiel Der Bundestag möchte zugunsten alternativer Energieformen aus der Nutzung der Braunkohle aussteigen, um dadurch völkerrechtlich vereinbarte Klimaziele zu erreichen. Er beschließt deshalb ein Gesetz, das den Bundeswirtschaftsminister ermächtigt, per Verordnung aus der Braunkohleförderung zu einem von ihm für richtig gehaltenen Zeitpunkt auszusteigen.

Das Gesetz könnte wegen Verstoßes gegen Art. 80 GG materiell verfassungswidrig sein. Adressat des Gesetzes ist der Bundesumweltminister, was gem. Art. 80 Abs. 1 S. 1 GG zulässig ist.

Ferner müsste die Ermächtigung bzgl. **Zweck, Inhalt und Ausmaß** bestimmt sein, Art. 80 Abs. 1 S. 2 GG. Das bedeutet, dass die Ermächtigung so präzise gefasst sein muss, dass schon aus ihr und nicht erst aus der auf sie gestützten Verordnung im Grundsatz **erkennbar und voraussehbar** ist, was der Inhalt der zu erlassenden Verordnung ist. In einer Verordnungsermächtigung kann dem Adressaten grundsätzlich Ermessen in der Frage eingeräumt werden, ob er von der Ermächtigung Gebrauch machen will. Dieses Ermessen darf jedoch nicht soweit gehen, dass der Verordnungsgeber darüber entscheidet, ob das

20 *BVerfGE* 58, 257 ff.

Gesetz überhaupt zur Anwendung kommt. In der vorliegenden Form stellt der Gesetzgeber dem Verordnungsgeber einen „Blankoscheck" aus. Aufgrund der Ermächtigung ist nicht vorhersehbar, wann der Zeitpunkt des Ausstiegs aus der Braunkohleförderung sein wird. Dies ist nach Art. 80 Abs. 1 S. 2 GG verfassungsrechtlich unzulässig. In grundrechtswesentlichen Bereichen wie dem vorliegenden, ergibt sich die Notwendigkeit einer gesetzlichen Regelung, die die Frage der Nutzung der Braunkohleförderung in ihren Grundzügen regelt, auch aus dem Wesentlichkeitsvorbehalt.

Folglich ist ein solches Gesetz, das den Bundeswirtschaftsminister ermächtigt, per Verordnung aus der Braunkohleförderung zu einem von ihm für richtig gehaltenen Zeitpunkt auszusteigen, im Ergebnis nicht verfassungsgemäß. ■

b) Rechtmäßigkeit der Rechtsverordnung als solche

Die Rechtsverordnung als solche müsste formell und materiell rechtmäßig sein. **274**

aa) Formelle Rechtmäßigkeit

In formeller Hinsicht sind die Vorgaben hinsichtlich der Zuständigkeit, des Verfahrens und der Form einzuhalten. **275**

(1) Zuständigkeit (zuständiger Ermächtigungsadressat?)

Es ist zunächst zu prüfen, ob der im Delegationsgesetz für zuständig erklärte Adressat der Verordnungsermächtigung auch tatsächlich die Rechtsverordnung erlassen hat. **276**

(2) Verfahren (Zustimmung des Bundesrates erforderlich?)

Die in Art. 80 Abs. 2 und 109 Abs. 4 GG aufgeführten Rechtsverordnungen bedürfen grundsätzlich der **Zustimmung des Bundesrates**. Der Bundesgesetzgeber kann das Mitwirkungsrecht des Bundesrates auch auf weitere Fälle erstrecken. **277**

(3) Form (Ausfertigung und Verkündung nach Art. 82 Abs. 1 S. 2 GG)

Gemäß Art. 82 Abs. 1 S. 2 GG werden Rechtsverordnungen von der Stelle, die sie erlässt, ausgefertigt und vorbehaltlich anderweitiger gesetzlicher Bestimmungen im Bundesgesetzblatt verkündet. **278**

bb) Materielle Rechtmäßigkeit

Die Rechtsverordnung müsste auch in inhaltlicher Sicht den Rechtmäßigkeitsanforderungen entsprechen. **279**

(1) Angabe der Rechtsgrundlage (Delegationsgesetz) in der Rechtsverordnung, Art. 80 Abs. 1 S. 3 GG

Hierfür ist zunächst erforderlich, dass die Rechtsgrundlage des Delegationsgesetzes in der Verordnung angegeben werden muss (Art. 80 Abs. 1 S. 3 GG); sog. **Zitiergebot**. **280**

Beispiel Die Eingangsformel des Bundesministers für Verkehr zur Fahrerlaubnis-Verordnung als Rechtsverordnung des Bundes lautet wie folgt:

Das Bundesministerium für Verkehr… verordnet auf Grund des § 6 Absatz 1 Nummer 1 des Straßenverkehrsgesetzes … ■

(2) Einhaltung der Vorgaben des Delegationsgesetzes (Inhalt, Zweck und Ausmaß)

281 Der inhaltliche Regelungsgegenstand wird durch die Vorgaben des Delegationsgesetzes hinsichtlich Inhalt, Zweck und Ausmaß bestimmt. Verlässt die Exekutive diesen Rahmen, so hat das die materielle Rechtswidrigkeit der entsprechenden Bestimmung der Rechtsverordnung zur Folge.

(3) Vereinbarkeit mit höherrangigem Recht im Übrigen (GG und übrige formelle Bundesgesetze)

282 Wie jedes Gesetz muss auch eine Bundesrechtsverordnung mit allen höherrangigen Gesetzen in Einklang stehen. Prüfungsmaßstäbe sind alle einschlägigen Bundesgesetze im formellen Sinne und hierbei insbesondere das Grundgesetz.

B. Verwaltung

283 Wir haben soeben gesehen, wie die **Bundesgesetze** zustandekommen. Es ist nunmehr zu klären, wer diese Gesetze **ausführt**. Dies kann nach dem Grundsatz der Gewaltenteilung nicht auch noch die Legislative machen, sondern ist der exekutiven Gewalt vorbehalten. Hierfür kommen nur die Bundes- oder die Landesverwaltung in Betracht, da die Ausübung der staatliche Befugnisse, nach Art. 30 GG Bund und Ländern vorbehalten ist.

Hinweis

Dieser Befund kollidiert auf dem ersten Blick mit der Verwaltungspraxis, nach der in vielen Fällen weder Bundes-, noch Landesbehörden wichtige Bundesgesesetze ausführen, sondern dies von der **Kommunalverwaltung** gemacht wird. So wird z.B. das Sozialhilferecht (Bundesgesetz SGB XII) von den Gemeinden ausgeführt. Auch die Fahrerlaubnis erhält man nach bestandener Prüfung nicht etwa von einer Bundes- oder Landesbehörde, sondern von der kreisfreien Stadt bzw. vom Kreis als zuständiger Fahrerlaubnisbehörde. Dies erklärt sich daraus, dass das an sich zuständige Land diese Aufgabe nach landesgesetzlichen Bestimmungen auf seine Kommunen **übertragen** kann (vgl. für die genannten Beispiele in NRW: § 1 AG-SGB XII NRW bzw. § 21 der Verordnung über Zuständigkeiten im Bereich Straßenverkehr und Güterbeförderung NRW).

I. Grundsätzliche Kompetenzarten beim Vollzug von Bundesgesetzen

284 Es ist daher zu klären, ob der Bund sein Gesetz selbst ausführt oder ob dieses von der Landesverwaltung ausgeführt wird, die es dann wiederum durch Landesgesetz auf die Kommunalverwaltung übertragen könnte. Diese Fragen beantworten die Art. 83 ff. GG.

Hinweis

Für die Ausführung von *Landes*gesetzen sind die Länder selbst zuständig. Dies folgt aus Art. 30 GG, wonach die Ausübung der staatlichen Befugnisse grundsätzlich Sache der Länder selbst ist.

Für den Vollzug der **Bundes**gesetze sehen die Art. 83 ff. GG drei verschiedene Kompetenzarten vor:

- Vollzug durch die Länder als eigene Angelegenheiten (Art. 84 GG)
- Vollzug durch die Länder im Auftrag des Bundes (Art. 85 GG)
- Vollzug durch den Bund selbst (Art. 86 GG).

Gemäß Art. 83 GG ist der **landeseigene Vollzug** der Bundesgesetze (Art. 84 GG) der Regelfall, während die anderen beiden Formen nur dann zur Anwendung kommen, wenn das Grundgesetz dies ausdrücklich bestimmt oder zulässt. Diese Grundregel führt dazu, dass der Bund die meisten Bundesgesetze nicht selbst ausführt, sondern dies durch Landesbehörden bzw. im Falle der landesgesetzliche Delegation durch Kommunalbehörden geschieht.

Hinweis

Diese Regelung ist im Sinne des kooperativen Bundesstaates grundsätzlich sinnvoll und bewährt, ist aber nicht selbstverständlich. Es wäre z.B. auch denkbar, dass – wie in den Vereinigten Staaten – eine strikte Trennung zwischen der Ausführung von Bundesgesetzen durch die Bundesverwaltung und der Ausführung von Landesgesetzen durch die Landesverwaltung stattfindet. Das hat allerdings auch zur Folge, dass die Bundesregierung der Vereinigten Staaten über 87 500 (!) Behörden, Ämter und Abteilungen hat.

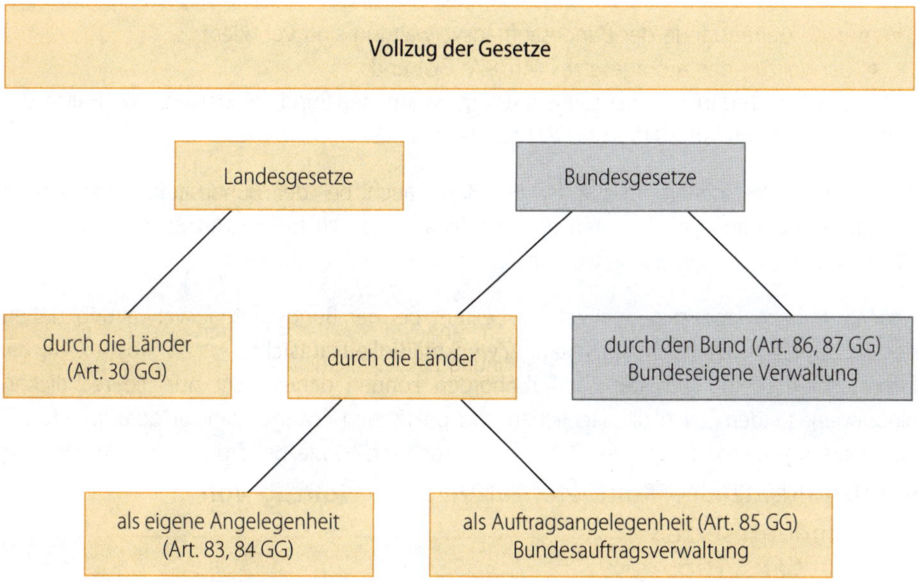

1. Landeseigener Vollzug von Bundesgesetzen

Im Regelfall des **landeseigenen Vollzugs** der Bundesgesetze obliegt es den Ländern nicht 285
nur die Bundesgesetze zu vollziehen, sondern auch das zugrunde zu legende Verfahrensrecht und die Behördenorganisation zu bestimmen (vgl. Art. 84 Abs. 1 S. 1 GG). Eine vollständige Gleichstellung mit dem Vollzug der Ländergesetze besteht jedoch nicht. Art. 84

GG entlässt den Bund nicht aus seiner Verantwortung für die Ausführung der von ihm erlassenden Gesetze, da er

- nach Abs. 1 S. 2 Verfahrens-, Organisations- und Zuständigkeitsvorschriften selbst erlassen und damit den Vorrang der Länder verdrängen kann,
- Verwaltungsvorschriften nach Abs. 2 für die Gesetzesausführung erlassen kann und
- nach Abs. 3 eine Rechtsaufsicht über die Gesetzesausführung hat. Hierzu kann die Bundesregierung einen Beauftragten entsenden, der Auskünfte einholen, Akten einsehen oder Zeugen vernehmen kann (Abs. 3 S. 2). Werden dabei Mängel festgestellt, die trotz eines entsprechenden Verlangens der Bundesregierung nicht beseitigt werden, muss der Bundesrat und unter Umständen auch das BVerfG eingeschaltet werden (Abs. 4). Eine eigene Weisungsbefugnis hat die Bundesregierung nur unter den engen Voraussetzungen des Art. 84 Abs. 5 GG.

2. Auftragsverwaltung

286 Neben dem landeseigenen Vollzug der Bundesgesetze gibt es eine zweite Möglichkeit, aufgrund derer die Länder Bundesgesetze ausführen: Die **Bundesauftragsverwaltung** nach Art. 85 GG. Bei dieser bestehen weitergehende Regelungs- und Aufsichtsbefugnissen des Bundes. Die Länder vollziehen hier die Bundesgesetze im Auftrag des Bundes, der im Vergleich zum landeseigenen Vollzug deutlich stärkere Aufsichts- und Weisungsbefugnisse hat. Wann Bundesauftragsverwaltung stattfindet, muss im Grundgesetz ausdrücklich normiert sein.

Beispiele Gegenstände der Bundesauftragsverwaltung sind vor allem

- der Vollzug des Atomgesetzes (Art. 87c GG) und
- die Ausführung von Leistungsgesetzen, wenn der Bund mindestens die Hälfte der Kosten trägt (Art. 104a Abs. 3 S. 2 GG. ■

Wie beim landeseigenen Vollzug ist der Bund auch bei der Bundesauftragsverwaltung befugt, Regelungen zum Verfahren und zur Organisation zu treffen (Art. 85 Abs. 1 GG) und allgemeine Verwaltungsvorschriften (Art. 85 Abs. 2 S. 1 GG) zu erlassen

Anders als beim landeseigenen Vollzug besteht bei der Bundesauftragsverwaltung neben der Rechtmäßigkeitsaufsicht auch eine **Zweckmäßigkeitsaufsicht** (Art. 85 Abs. 4 GG). Bei Ermessensentscheidungen der Länderbehörden können daher nicht nur die rechtlichen Bindungen, sondern auch die sachlichen und politischen Erwägungen für oder wider eine Entscheidung überprüft werden. Daher unterliegen die Landesbehörden in vollem Umfang den Weisungen des Bundes (Art. 85 Abs. 3 GG).

JURIQ-Klausurtipp

Bei Prüfungen aus dem Bereich der Ausführung von Bundesgesetzen steht die Bundesauftragsverwaltung mit Abstand an erster Stelle. Ein Standardproblem ist hierbei die Reichweite des Weisungsrechts des Bundes nach Art. 85 Abs. 3 GG. Sofern Bund und Land bei der Ausführung des betreffenden Bundesgesetzes unterschiedlicher Auffassung sind – was bei Klausursachverhalten in aller Regel der Fall ist – sind auch prozessuale Kenntnisse zum Bund-Länder-Streit nach Art. 93 Abs. 1 Nr. 3 GG sowie allgemeine Kenntnisse aus dem Bundesstaatsprinzip (z.B. Grundsatz der Bundestreue) wichtig und deshalb zu wiederholen (vgl. Rn. 72, 223, s. auch Übungsfall Nr. 10).

Für die Prüfung der **Verfassungsgemäßheit einer Bundesweisung** im Rahmen der Bundesauftragsverwaltung kann folgendes Prüfungsschema verwandt werden:

Vefassungsgemäßheit einer Bundesweisung 287

PRÜFUNGSSCHEMA

A. Ermächtigungsgrundlage: Art. 85 Abs. 3 S. 1 GG

B. Formelle Verfassungsmäßigkeit der Bundesweisung

I. Zuständigkeit des Anweisenden

Nach Art. 85 Abs. 3 S. 1 GG: die zuständige oberstes Bundesbehörde

II. Richtiger Weisungsadessat

Nach Art. 85 Abs. 3 S. 2 GG: die oberstes Landesbehörde

III. Ungeschriebene Voraussetzung: vorherige Anhörung des Landes

Die vorherige Anhörung, mit der dem Land Gelegenheit zur Stellungnahme gegeben wird, hat das BVerfG aus dem Grundsatz der Bundestreue abgeleitet.

C. Materielle Verfassungsmäßigkeit

Einschränkung des Weisungsrechts auf objektiv recht- oder zweckmäßige Weisungen?

I. Grundsatz

Aufgrund der umfassenden Rechts- u. Zweckmäßigkeitsaufsicht (Art. 85 Abs. 4 S. 1 GG) bestehen grundsätzlich keine inhaltlichen Schranken, selbst wenn das Land die Weisung für rechtswidrig oder zweckwidrig hält: Der Bund hat dadurch die Möglichkeit, die Zweckmäßigkeit vollumfänglich selbst zu bestimmen und rechtliche Zweifelsfragen verbindlich zu entscheiden.

II. Ausnahme

Die Weisung muss inhaltlich bestimmt sein (Gebot der Weisungsklarheit) und es darf kein Rechtsmissbrauch des Bundes bestehen (hiervon kann in aller Regel nicht ausgegangen werden).

3. Bundeseigene Verwaltung

Der letzte Fall der Ausführung von Bundesgesetzen ist in Art. 86 GG normiert und betrifft die **bundeseigene Verwaltung**. Dies erfolgt entweder 288
- unmittelbar durch Behörden des Bundes oder
- mittelbar durch zwischengeschaltete selbstständige Körperschaften oder Anstalten.

Die **Gegenstände** bundeseigener Verwaltung sind in den Art. 87 bis 90 GG benannt.

Beispiele
- Unmittelbare bundeseigene Verwaltung: Auswärtiger Dienst, die Bundesfinanzverwaltung und die Bundeswasserstraßenverwaltung (Art. 87 Abs. 1 S. 1 GG)
- Mittelbare bundeseigene Verwaltung: Sozialversicherungsträger nach Art. 87 Abs. 2 GG ■

II. Übungsfall Nr. 10[21]

289 „Der ungehorsame Minister"

Die im Bundesland N ansässige Schnell-Brüter-Kernkraftwerksgesellschaft mbH (SBK) lässt im gleichen Bundesland ein Kernkraftwerk des Typs Schneller Brüter errichten. Hierzu erteilte der für das Genehmigungsverfahren nach §§ 7, 24 Abs. 2 S. 1 Atomgesetz (AtomG) zuständige Landesminister L Teilgenehmigungen, unter anderem für das Reaktorgebäude, das Reaktornotkühlsystem und den Reaktortank. Zur Fertigstellung und Inbetriebnahme des Kernkraftwerks bedurfte es aber noch zwei weiterer – seit längerem beantragter – Teilgenehmigungen.

Vor dem Hintergrund der Nuklearkatastrophe in Fukushima hat der Bund inzwischen den Atomausstieg beschlossen und das AtomG entsprechend angepasst. Dennoch kündigt Landesminister L die Erteilung der ausstehenden Teilgenehmigungen an. Er verweist auf mehrere positive Gutachten, die eine überaus hohe Sicherheit des geplanten Kernkraftwerks hervorheben. Auch genieße die SBK aufgrund der bereits erteilten Genehmigungen und getätigten Investitionen Vertrauensschutz. Seiner Auffassung nach lägen die rechtlichen Voraussetzungen vor, um die restlichen Teilgenehmigungen zu erteilen.

Der Bundesumweltminister B verweist demgegenüber auf den beschlossenen Atomausstieg. Er wendet sich daher an den Landesminister L und teilt ihm mit, die bislang eingeholten Gutachten der „Atomlobby" überzeugten ihn nicht. Die Inbetriebnahme neuer Atomkraftwerke sei nicht zulässig. Die Teilgenehmigungen dürften daher nicht erteilt werden.

B führt daraufhin noch mehrere Gespräche mit L, ohne diesen jedoch überzeugen zu können. Zudem weist er im Rahmen einer Pressekonferenz auf die ihm verfassungsrechtlich zustehende Möglichkeit einer Weisung hin. Nachdem L dennoch weiterhin ablehnt, weist B ihn schließlich an, die ausstehenden Teilgenehmigungen zu versagen.

L ist entsetzt. Da es sich hier um Vertrauensschutz handele und die Sicherheit nachgewiesen sei, dürften die Teilgenehmigungen nicht versagt werden. Die gegenteilige Weisung verstoße gegen die Rechte des betroffenen Bundeslandes aus Art. 85 Abs. 3 GG und überschreite die Weisungskompetenz des Bundes. Im Übrigen verkenne die Weisung aber auch die Reichweite und Bedeutung der grundrechtlichen Schutzpflichten aus Art. 14 GG gegenüber der SBK. Die Landesregierung des Landes N möchte dies verbindlich vom BVerfG klären lassen.

Hat der Antrag der Landesregierung N Aussicht auf Erfolg?

21 Der Fall ist *BVerfGE* 81, 310 ff. nachgebildet.

Übungsfall Nr. 10

Lösung

290

In Betracht kommt hier ein Bund-Länder-Streit nach Art. 93 Abs. 1 Nr. 3 GG, §§ 13 Nr. 7, 68 ff. BVerfGG.[22] Der Antrag hat Erfolg, wenn er zulässig und begründet ist.

A. Zulässigkeit

I. Zuständigkeit des BVerfG

Das BVerfG entscheidet gem. Art. 93 Abs. 1 Nr. 3 GG bei Meinungsverschiedenheiten über Rechte und Pflichten des Bundes und der Länder, insbesondere bei der Ausführung von Bundesrecht durch die Länder und bei der Ausübung der Bundesaufsicht – sog. Bund-Länder-Streit. Eine solche Konstellation liegt hier vor.

Hinweis

Anders als bei der abstrakten Normenkontrolle handelt es sich beim Bund-Länder-Streit nicht um ein rein objektives Kontrollverfahren, sondern um ein kontradiktorisches (zweiseitiges) Verfahren, d.h. die Verletzung von Rechten bzw. Kompetenzen ist erforderlich. Insoweit bestehen starke Parallelen zum Organstreitverfahren, weshalb nach § 69 BVerfGG auch auf die dafür einschlägigen Regelungen verwiesen werden kann.

II. Parteifähigkeit, Art. 93 Abs. 1 Nr. 3 GG i.V.m. § 68 BVerfGG

Antragsteller und Antragsgegner im Bund-Länder-Streit können nur sein: für den Bund die Bundesregierung, für ein Land die Landesregierung. Die Landesregierung des Bundeslandes N ist deshalb als Antragstellerin, die Bundesregierung als Antragsgegnerin parteifähig.

Hinweis

Der Bundesminister B allein wäre hingegen nicht parteifähig.

III. Streitgegenstand, §§ 69, 64 Abs. 1 BVerfGG

Antragsgegenstand im Rahmen des Bund-Länder-Streits kann jede rechtserhebliche Maßnahme oder Unterlassung des Antragsgegners sein. Die Weisung des B ist ein möglicher Antragsgegenstand.

IV. Antragsbefugnis, §§ 69, 64 Abs. 1 BVerfGG

Die Landesregierung muss geltend machen, durch die angegriffene Maßnahme des Bundes in ihren durch das Grundgesetz übertragenen Rechten und Pflichten verletzt oder unmittelbar gefährdet zu sein, §§ 69, 64 Abs. 1 BVerfGG. Dabei genügt es, dass sich aus dem Sachvortrag des Antragsstellers die Möglichkeit einer Verletzung oder Gefährdung eines Rechts aus einem Bund und Land umschließenden materiellen Verfassungsrechtsverhältnis ergibt. Die Rechtsposition selbst muss dem Land in der von ihm geltend gemachten Art jedoch zustehen.[23]

Aus Art. 85 GG folgt das Recht bzw. die Kompetenz des Landes, das AtomG als Auftragsangelegenheit auszuführen. Dem Bund stehen nur Weisungen unter den Voraussetzungen des Art. 85 Abs. 3 GG zur Verfügung. Insoweit liegt eindeutig eine dem Land zugewiesene Rechtsposition vor.

Angesichts des Vortrags der Landesregierung, der B habe mit der Weisung Voraussetzungen und Schranken für die Ausübung der Weisungskompetenz des Bundes missachtet und dadurch die im Rahmen der Art. 30, 85 GG gewährleistete Eigenstaatlichkeit des Landes (Art. 20 Abs. 1 GG) verletzt, erscheint auch eine Verletzung der Rechte des Landes möglich.

Hinweis

Ein behaupteter Verstoß gegen das einfache Atomrecht durch den Bund hingegen würde im Bund-Länder-Streit nicht zu einer Antragsbefugnis führen.

22 Zum Bund-Länder-Streit siehe Rn. 223 ff.

23 *BVerfGE* 81, 310, 329.

V. Form, §§ 23 Abs. 1, 69, 64 Abs. 2 BVerfGG

Verfahrenseinleitende Anträge bedürfen gem. § 23 Abs. 1 BVerfGG der Schriftform und sind zu begründen. Gem. §§ 69, 64 Abs. 2 BVerfGG ist die Bestimmung des Grundgesetzes zu bezeichnen, gegen die durch die beanstandete Maßnahme oder Unterlassung des Antragsgegners verstoßen wird. Hier sind keine Probleme zu erwarten.

VI. Frist, §§ 69, 64 Abs. 3 BVerfGG

Der Antrag im Bund-Länder-Streit muss binnen sechs Monaten nach Bekanntwerden der beanstandeten Maßnahme gestellt werden, §§ 69, 64 Abs. 3 BVerfGG. Von der Fristeinhaltung ist auszugehen.

VII. Zwischenergebnis

Der Antrag der Landesregierung ist im Rahmen des Bund-Länder-Streits vor dem BVerfG zulässig.

B. Begründetheit

Der Antrag der Landesregierung ist begründet, wenn das Land durch die Weisung des B in seinen verfassungsrechtlichen Positionen verletzt worden ist.

Weisungen sind grundsätzlich allein nach Art. 85 Abs. 3 GG, d.h. nur im Rahmen der Bundesauftragsverwaltung zulässig. In besonderen Fällen sind Weisungen allerdings auch dann zulässig, wenn die Bundesländer Bundesgesetze als eigene Angelegenheiten ausführen, Art. 84 Abs. 5 GG. Deshalb kommt es zunächst darauf an, ob es sich vorliegend um eine Bundesauftragsverwaltung handelt.

Hinweis

Auch die Bundesauftragsverwaltung ist eine Form der Landesverwaltung. Die Länder sind auch insoweit nicht etwa Organe des Bundes, sondern üben eigene Landesstaatsgewalt aus.[24] Allerdings ist die **Eigenständigkeit der Länder** im Rahmen der Auftragsverwaltung deutlich begrenzt: Während bei einer Ausführung der Bundesgesetze durch die Länder als **eigene Angelegenheiten** (Art. 84 GG) dem Bund als Kontrollbefugnis nur eine Rechtsaufsicht zukommt und Weisungsrechte nur für besondere Fälle vorgesehen sind (Art. 84 Abs. 5 GG), unterstehen die Länder bei der **Bundesauftragsverwaltung** von vornherein und ohne besonderes Verfahren den Weisungen der zuständigen obersten Bundesbehörden in Bezug auf Rechtmäßigkeit und Zweckmäßigkeit der Gesetzesausführung (Art. 85 Abs. 4 S. 1 GG). Die Bundesregierung kann zu diesem Zwecke Berichte und Aktenvorlage verlangen und Beauftragte zu allen Behörden entsenden (Art. 85 Abs. 4 S. 2 GG).

I. Vorliegen einer Bundesauftragsverwaltung

Die Erteilung atomrechtlicher Genehmigungen müsste von den Ländern im Auftrag des Bundes ausgeführt werden. Nach Art. 30, 83 GG ist die Ausführung der Bundesgesetze Sache der Länder, soweit nicht das Grundgesetz etwas anderes bestimmt oder zulässt. Die Länder führen hierbei die Bundesgesetze grundsätzlich als eigene Angelegenheiten aus, Art. 83, 84 GG. Daneben sieht das Grundgesetz für bestimmte, von ihm selbst festgelegte oder ausdrücklich zugelassene Materien eine Ausführung „im Auftrage des Bundes" vor, Art. 85 Abs. 1 GG.

Das ist vorliegend der Fall. Gem. Art. 87c GG i.V.m. § 24 Abs. 1 AtomG betrifft das atomrechtliche Genehmigungsverfahren Bundesrecht, das von den Ländern im Auftrag des Bundes ausgeführt wird. Eine Bundesauftragsverwaltung lag damit vor. Damit ist die Möglichkeit der Erteilung einer Weisung grundsätzlich gegeben.

II. Formelle Anforderungen an die Erteilung einer Weisung

1. Zuständigkeit für die Weisung

Weisungen im Rahmen des Art. 85 Abs. 3 GG können nur von der zuständigen obersten Bundesbehörde erteilt werden. B ist zuständiger Minister.

24 *BVerfGE* 81, 310, 331.

2. Richtiger Weisungsadressat

Weisungen sind nach Art. 85 Abs. 3 S. 2 grundsätzlich, außer in Fällen besonderer Dringlichkeit, an die oberste Landesbehörde zu richten. Die Weisung richtete sich laut Sachverhalt an den zuständigen Landesminister L. Die Anforderungen sind daher im vorliegenden Fall erfüllt.

3. Verfahrensrechtliche Schranken aus dem Grundsatz der Bundestreue

Weisungen unterliegen zusätzlich zu den in Art. 85 Abs. 3 GG genannten auch ungeschriebenen, aus dem Grundsatz des bundesfreundlichen Verhaltens abgeleiteten, formellen Anforderungen. Der Grundsatz des bundesfreundlichen Verhaltens wird dem Bundesstaatsprinzip entnommen. Er verpflichtet sowohl den Bund als auch die Länder, bei der Wahrnehmung ihrer Kompetenzen die gebotene und ihnen zumutbare Rücksicht auf das Gesamtinteresse des Bundesstaates und auf die Belange der Länder zu nehmen. Im Hinblick auf die Erteilung von Weisungen hat das BVerfG aus diesem Grundsatz weitere verfahrensrechtliche Anforderungen hergeleitet:

So muss dem Land regelmäßig Gelegenheit gegeben werden, seine Auffassung vor dem Weisungserlass darzulegen. Diese Stellungnahme muss vom Bundesminister in die Entscheidung einbezogen werden. Dies ist im vorliegenden Fall laut Sachverhalt geschehen. Der gebotenen Rücksichtnahme entspricht es ferner, dass das Land auf die Möglichkeit einer Weisung hingewiesen wird, um so die Tragweite des Konflikts abschätzen zu können. Auch dies ist vorliegend durch die Pressekonferenz des B erfolgt. Grundsätzlich irrelevant ist nach dem Grundsatz des bundesfreundlichen Verhaltens jedoch, dass das Bundesland die Sachentscheidung selbst treffen wollte.[25]

III. Materielle Rechtmäßigkeit der Weisung

Inhaltliche Grenzen können sich hinsichtlich des Gegenstands der Weisung ergeben (1.). Die konkrete Weisung muss dem Bestimmtheitsgrundsatz genügen (2.). Darüber hinaus ist zu klären, welche Folgen es hat, dass L die Weisung für rechtswidrig hält (3.).

1. Der Gegenstand des Weisungsrechts

Gegenstand der bundesaufsichtlichen Weisung gem. Art. 85 Abs. 3 GG kann sowohl die nach außen wirksame Sachentscheidung selbst wie auch vorbereitendes internes Verwaltungshandeln sein. Daher ist die an L gerichtete Weisung, die Teilgenehmigungen zu erteilen, grundsätzlich zulässig.

2. Bestimmtheitsgrundsatz

Art. 85 Abs. 3 GG stellt an die rechtmäßige Inanspruchnahme der Weisungskompetenz weitere Voraussetzungen, die sich aus der Funktion der Weisung als Instrument der Verwaltungssteuerung und der damit verbundenen Verlagerung von Sachkompetenz ergeben. Hierzu gehört, dass die angewiesene Behörde erkennen können muss, dass ihr gegenüber eine Weisung erteilt worden ist und welche Vorgaben für welches Verwaltungshandeln diese Weisung enthält. Der Adressat muss unter Zuhilfenahme seiner Erkenntnismöglichkeiten den objektiven Sinn der Weisung ermitteln können, wofür auch vorausgegangene Kontakte von Bedeutung sein können. Da klar zum Ausdruck gebracht wurde, dass und welcher Beschluss ergehen soll, bestehen gegen die gegenüber L erteilte Weisung keine Bedenken.

3. Anforderungen an die Rechtmäßigkeit der Weisung

Fraglich ist, ob sich das Land darauf berufen kann, dass die Weisung des Bundes rechtswidrig und daher nicht bindend sei.

a) Nach der Rechtsprechung des BVerfG[26] hat eine mögliche Rechtswidrigkeit keinen Einfluss auf die Verpflichtung des Landesministers, diese auszuführen. Die Kompetenz für die Sachbeurteilung und Sachentscheidung bei der Bundesauftragsverwaltung liegt zwar zunächst beim Land. Der Bund kann sie aber durch Inanspruchnahme des Weisungsrechts an sich ziehen, mit der Folge, dass das Land

25 *BVerfGE* 81, 310, 338.

26 *BVerfGE* 81, 310, 332.

sachlich nicht mehr in der Verantwortung steht. Eine Verletzung eigener Rechte des Landes kommt somit nicht in Betracht, wenn das Land zu inhaltlich rechtswidrigem Verhalten angewiesen wird. Der behauptete Verstoß gegen das Atomrecht ist also für die Begründetheitsfrage irrelevant.

Hinweis

An dieser Stelle mussten Sie erkennen, dass es auf die Prüfung komplexer atomrechtlicher Genehmigungsvoraussetzungen nicht ankommt.

b) Etwas anderes ergibt sich auch nicht aus der in Anspruch genommenen grundrechtlichen Schutzpflichtdimension. Dabei kann vorliegend dahinstehen, ob überhaupt die Weisung als eine Verletzung verstanden werden muss. Denn die Rechtsposition des Landes wird in keinem Fall verletzt. Die Länder sind nicht Träger von Grundrechten. Sie können auch nicht „Sachwalter" eines ansässigen Wirtschaftunternehmens bei der Wahrnehmung seiner Grundrechte sein. Die Grundrechte binden die Länder zwar bei der Wahrnehmung bestehender Kompetenzen, begründen jedoch nicht selbst Kompetenzen.[27]

c) Eine Grenze alleiniger Sachverantwortlichkeit des Bundes im Rahmen der Bundesauftragsverwaltung ergibt sich in dem äußersten Fall, dass der Bund unter grober Missachtung der ihm obliegenden Obhutspflicht zu einem unverantwortbaren Tun oder Unterlassen anweist. Diese Grenze folgt daraus, dass bei der Ausführung der Bundesgesetze Bund und Länder – unbeschadet bestehender Kompetenzverteilungen – eine gemeinsame Verantwortung für den Bestand des Staates und seiner Verfassungsordnung sowie für die Abwehr kollektiver Existenzgefährdungen tragen.[28]

Ein solcher besonderer Ausnahmefall liegt bei der Weisung des B nicht vor. Schlechthin unverantwortbares Verwaltungshandeln ist hier keinesfalls ersichtlich, da sich der B auf den Atomausstieg und die damit einhergehenden Gesetzesänderungen stützen kann. Es handelt sich nicht um eine völlig unvertretbare Position, die einen Ausnahmefall rechtfertigen würde.

C. Ergebnis

Damit war die Weisung verfassungsgemäß. Das Bundesland N kann somit keine Verletzung verfassungsrechtlich begründeter Rechte geltend machen. Der Bund-Länder-Streit ist zwar zulässig, aber unbegründet.

27 *BVerfGE* 81, 310, 333 f.

28 *BVerfGE* 81, 310, 334.

C. Rechtsprechung

Neben der Gesetzgebung (Legislative) und der Gesetzesausführung (Exekutive) ist die Recht- 291
sprechung **(Judikative)** die dritte Staatsfunktion. Im Sinne des Gewaltenteilungsprinzipes hat diese gegenüber den anderen Gewalten eine **Kontrollfunktion** und muss deshalb nach Art. 92 GG i.V.m. Art. 97 GG unabhängigen Richtern anvertraut werden.

Rechtsprechung ist die zur Wahrung des Rechts dienende verbindliche Entscheidung von Rechtsstreitigkeiten durch unabhängige, allein an Recht und Gesetz gebundene Dritte in einem besonderen Verfahren.

Die erforderliche **Unabhängigkeit der Richter** wird durch Art. 97 Abs. 1 GG gewährleistet. Danach sind sie unabhängig und nur dem Gesetz unterworfen. Die Rechtsbindung der Rechtsprechung insgesamt ergibt sich aus Art. 20 Abs. 3 GG, wonach diese an Gesetz und Recht und gebunden ist.

Die Kompetenzverteilung zwischen Bund und Ländern bei der **Gerichtsorganisation** ergibt sich aus Art. 92–96 GG und folgt der allgemeinen Regel des Art. 30 GG, wonach der Bund nur insoweit zuständig ist, als er ausdrückliche Kompetenzen im Grundgesetz zugewiesen bekommt. Im Übrigen sind die Länder zur Rechtsprechung berufen.

Als **Bundesgerichte** fungieren neben dem Bundesverfassungsgericht die in Art. 95 und 96 GG aufgeführten Bundesgerichte (insbesondere Bundesgerichtshof, Bundesverwaltungsgericht etc.). Der wesentliche Teil der Rechtsprechung erfolgt durch die Gerichte der Länder.

Hinweis

Die Errichtung von Bundesgerichte an der Spitze der jeweiligen gerichtlichen Instanzenzüge soll die Wahrung der Rechtseinheit im Bundesgebiet gewährleisten.

Sachverzeichnis

Die Zahlen verweisen auf die Randnummern.